Instructor's Manual

W9-DEU-420

ANGELA LABARCA · RAQUEL HALTY PFAFF

University of Delaware   *Simmons College*

Convocación de palabras

▼

LECTURA Y REDACCION

Heinle & Heinle Publishers
A division of Wadsworth, Inc.
Boston, Massachusetts 02116, USA

Manufactured in the United States of America.

Heinle & Heinle Publishers is a division of Wadsworth, Inc.

ISBN 0-8384-2203-9

10   9   8   7   6   5   4   3   2   1

Table of Contents

Introduction

Convocación de palabras has been designed to promote the development of writing and reading skills, as well as to enhance the student's awareness of contemporary Hispanic culture in intermediate to advanced Spanish courses. To assist you in the implementation of the numerous features the text offers and to provide you with additional information related to the contents, this **Instructor's Manual** is divided into two parts.

The first part contains the **Notes for the Instructor**. Keeping in mind that the text's approach can accommodate a variety of teaching styles, learning strategies, and pedagogical objectives, the notes are intended to provide a wide range of suggestions, background information, new vocabulary, and bibliographical sources on a chapter-by-chapter basis. You should feel free to use those suggestions and activities that are best suited for your course and for the level of your students.

The reading selections are organized around six broad topics: **En familia, ¿Qué significa ser mujer?, Desencuentros, Ser y estar: Identidad, La trama social y La política y el individuo.** Within each topic, readings are graded according to difficulty as Level I (▾), Level II (▾ ▾), and Level III (▾ ▾ ▾). The book can therefore be used horizontally across topics at any level, or vertically, by choosing readings of increasing difficulty within each unit.

In the **Notes for the Instructor**, you will also find background information and some basic comprehension questions that may used to introduce the paintings found on the opening page of each unit of the text. All of these are the work of Adolf Halty Dubé, a Uruguayan artist who is the father of author Raquel Halty Pfaff.

The second part contains the **Audiovisual Materials,** which are presented on a chapter-by-chapter basis. Items included here have been annotated to help you decide what is best suited for your class. The list is by no means exhaustive and we encourage you to make use of your own personal resources as well as those of your school when looking for additional films, videos, and recordings related to the readings.

Notes for the Instructor

Portada: Mujer con una flor
This work was painted in the United States during the 1960's. Note the bold lines and the use of different colors. Some questions to introduce the painting to students are:

1. ¿Qué sugiere la pose de esta mujer?
2. ¿Le recuerda a alguna otra obra de arte?
3. ¿Qué adjetivos usaría para describir a esta mujer?

PRIMERA PARTE: Aquí en familia

Ilustración: La familia
The painting is a portrait of the artist's own family in 1947. The following questions may be used to guide a discussion on the painting and its relationship to the readings in Part I:

1. ¿Qué vemos en el cuadro?
2. ¿Cree que la posición relativa de los miembros de la familia revela algo?
3. ¿Qué tipo de figura geométrica sugiere este cuadro? ¿Por qué usará un círculo el pintor? ¿Qué denota?

Level I: El amigo de Él y Ella

Introducción
a. Note that the author has chosen to use an accent on "Él", even though it is quite common for accents to be dropped on capital letters in Spanish.
b. The Spanish Civil War (1936-1939) profoundly affected Mihura and his contemporaries. They reacted to the horrors of war by creating a type of theater that the critic José Moleón described as "evasivo e ingenioso". Such a description may help explain the tone of this short story.

Es conveniente saber: La familia
Fraternidad is not necessary in the strict sense, while **mutua ayuda** and **contacto continuo** are needed for family dynamics to apply. Other students will want to leave out **lazos de sangre**, which may also be appropriate. **Familia** comes from the ancient Roman concept equivalent to **casa** and therefore includes everybody who is related to a house or home.

Hay que fijarse bien
11. Palabra para indicar lo remoto y lo lejano: aquel, aquella, aquello.
12. Palabras o expresiones que aparecen en el cuento que están asociadas con las de la lista que sigue:

tedio = bostezar, aburrido
enfadarse = (la serpiente) estaba violenta; contestaban fríamente; estaban
   disgustados; disgustarse
conversar de cualquier cosilla = charlar, hablar, tertulia
destrozar = estropear el ambiente, desorganizar los proyectos
lo que no existía en el paraíso = tres personas, temas de que hablar, el
   matrimonio, penas, disgustos, contrariedades, malas pasiones, señores en
   pijama
dar un paseo = hacer excursiones

Level I: Homenaje a los padres chicanos

Es conveniente saber: Padres e hijos.
Exercise 2: Skip if student doesn't have a father; if married or head of family,
student can refer to himself/herself.

Es conveniente saber: La poesía
Depending on the type of course for which the text is being used, it may be
useful to discuss the concept of **meter** at this point. For an excellent introduction
to the rules of Spanish versification see: Rafael Lapesa Melgar, *Introducción a
los estudios literarios*, (Salamanca: Anaya, 1970), págs. 63-118.

Los personajes y sus papeles
5. This would be a good place to comment on the male-oriented nature of
   Hispanic culture. See the notes on **machismo** and **marianismo** on pages 72
   and 83 of the text.

Más allá del texto
Additional activity: Try to find photos of several well-known chicanos like
César Chávez, Nancy López, etc. to do the following activity:

Un semblante chicano: Para poder describir bien a las personas, es necesario
ampliar nuestro vocabulario básico. Con un(a) compañero(a) hagan una
descripción de uno de los personajes chicanos que apartecen en las fotos, en
versos o en prosa. Usen versos como los de Delgado y algunas de las siguientes
palabras:

semblante, rostro	surcos en su frente/ceño
ceño	aguante
frente arrugada/lisa	apoyo
lacerado, magullado	veneración
ampollado	

Level II: La familia

Additional Notes on the Reading

This text has been taken from one of Rigoberta's speeches and has not been edited. Depending on the type of course for which the text is being used, you may point out some of the errors which indicate that Spanish is not Rigoberta's native language. See Domitila Barrios' text as well on page 73 of the text.

El Norte: Show the first part of the film *El Norte* (available on videotape) before assigning the selection. Have students discuss the reasons why the brother and sister must leave Guatemala. Some important questions to ask are:

1. ¿Dónde y para quién trabaja(n) el padre (la gente del pueblo)?
2. ¿Qué quieren hacer los trabajadores del cafetal (plantación de café)? ¿Quién los delata y por qué?
3. ¿Quiénes matan al padre de los chicos? ¿Por qué? ¿Qué hace el hijo?
4. ¿Qué le ocurre a la madre? ¿Por qué? ¿Qué hace la hija?
5. ¿Qué deciden hacer los hermanos al final de la primera parte? ¿Por qué? ¿Qué peligro/riesgo corren si se quedan en su país?
6. ¿Qué conexión hay entre los terratenientes (*land owners*) y los militares/el ejército? ¿Cómo afecta esto a los campesinos?

Es conveniente saber: Los mayas.

National Geographic magazine has a number of interesting articles with excellent photographs on the Maya. Some of the most recent are: "Río Azul", Vol. 169, No. 4 (April 1986); "La Ruta Maya", "Copán: A Royal Tomb Discovered", "City of Kings and Commoners: Copán", vol. 176, No. 4 (October 1989); "America's Ancient Skywatchers" (includes the Maya, among others), vol. 177, No. 3 (March 1990).

Suggestions for Reading the Text

a. Have students identify the various episodes (family origins, grandmother's story, growing up in a migrant household, Rigoberta's parents' efforts to earn their living, etc.).
b. If time is limited, have pairs or small groups of students work on one or two episodes, thus dividing the task into manageable segments.

Más allá del texto

5. En vivo y en directo

If students have access to video equipment on campus, it would be an excellent idea for them to work in groups to produce a short video segment. Provide students with some of the following standard television lead-ins in Spanish:

...Aquí estamos en vivo y en directo desde la comunidad de...
...Estamos transmitiendo directamente del barrio de.../el vecindario de...

...¡Este es un tema de candente actualidad!

...Vamos a ver ahora qué opinan los vecinos sobre...

...Como siempre, tratamos de presentarle información veraz y de última hora/ y al día sobre...

Level II: En la redoma

Before reading: Refer students to the illustration and present some of the vocabulary included in it. Recreate for the entire class the atmosphere of an old house in order to help students understand some of the key terms without using a dictionary.

En torno al texto: Hay que fijarse bien
1. c. One does not know for certain.

Temas de ensayo
An interesting topic to develop for a paper is to have students make a comparison between the house and characters in "En la redoma" and those in *Casa de campo* by Donoso and *La casa de los espíritus* by Isabel Allende, also a Chilean writer.

Level III: La salud de los enfermos

Es conveniente saber: Tú o vos
To practice the **voseo**, have students complete the following chart:

	Nombrar	Querer	Tener	Saber	Escribir
Yo	nombro	quiero	tengo	sé	_____
tú	nombras	quieres	_____	_____	
vos	_____	_____	_____	_____	escribís
Ud.	nombra	quiere	_____	_____	_____
ustedes	_____	_____	_____	_____	_____
Imperativo	nombrá	(queré)*	tené	sabé	escribí

* This form is not commonly used, except among lovers who will say to each other: **"quereme"**. The **tú** form is also not used, except when saying **"quiéreme"**.

En torno al texto: Hay que fijarse bien
6. r. This is ambiguous; other interpretations are possible.

SEGUNDA PARTE: ¿Qué significa ser mujer?

Ilustración: Mujer sentada
It was painted in 1954, following Halty's return to Uruguay after having spent five years in the U.S. (California and Ohio) and France. Some basic comprehension questions are:

1. ¿Qué sugiere la posición de la mujer? ¿Se sentirá cómoda? ¿Segura de sí misma?
2. ¿Qué refleja su expresión?
3. ¿Qué comparación se puede hacer entre ella y los personajes femeninos que aparecen en las siguientes selecciones?
4. ¿Creen Uds. que la mujer es vista de este modo porque la pinta un hombre? ¿Cómo la habría pintado una mujer?

Level I: Lección sobre ruedas

Es conveniente saber: El machismo.
Paragraph 2: You may refer students to the biographical notes on Storni, Castellanos and Burgos and their work. Their defense of women's rights exacted a heavy toll on their personal life.

Paragraph 3: Depending on the particular interest of your students, you might want to stress the influence this cultural trend has had on various literary periods as well as which aspects are enhanced at different points in time. For instance, in the XV and XVI centuries, **honor** became one of the predominant themes in literature. **Honor,** of course, demands that a woman be pure, faithful and obedient, not independent. Breaking these precepts could (and still nowadays, can) only be punished or cleansed by spilling the blood of the offending party, because it not only disgraces the whole family but, most importantly, it erodes the fundamental role of the male. The dramatic power of such conflicts was artfully exploited by numerous playwrights, like Lope de Vega, Tirso de Molina, Calderón de la Barca and others.

If any of your students are majoring in Women's Studies, you could assign the following activity: Look through several Spanish newspapers for news stories related to **honor**, its loss or restitution. Bring the news item to class and discuss it among your classmates.

Level I: Kinsey Report N°6

Castellanos as a "feminista"
Feminist movements in the Hispanic world generally exist as part of the political agenda of liberal groups or reflected in the personal struggle of outstanding women like Rosario Castellanos and Elena Poniatowska. Sometimes, the movements take the form of campaigning for social benefits and support (mainly

subsidized day care) that perpetuate a woman's role, not change it. Leftist and Marxist-oriented governments such as in Cuba (1959-   ) and briefly in Chile (1970-1973) have promoted legislation and practices that ensure equal participation by women at all levels. Many governments guarantee equal pay for equal work through highly centralized salary systems. If either you or some of your students are associated with a Women's Studies Program on campus, you might have them do some research on this topic. See the Bibliography on page 285.

"Kinsey Report" poems
Dr. Kinsey and his team interviewed thousands of males and females throughout the United States. When their findings were published in *Sexual Behavior of the Human Male* (1948) and *Sexual Behavior of the Human Female* (1953), public reaction was generally one of surprise and outrage.

Es conveniente saber: Señores, señoras, señoritas
a. For instance, speakers of the **ríoplatense** dialects use "señor Humberto" to show both respect and a certain degree of intimacy while they use "señor Santana" to establish more distance between them. For dialects that cannot use "señor" with a first name, "don" is used instead; "don Humberto" therefore falls within the family range, while "señor Santana" is more distant and formal. These rules may or may not be applied to women, so close observation of the speakers is always recommended. For example, in the central Chilean dialect, the pattern is:

	More distant (formal)	**Closer** (less formal)
Masculine:	Señor Santana	Don Humberto
Feminine:	Señora Alvarez or	Señora Hilda/Hildita*
	Señora Santana	

*   Doña Hilda would connote an old, rather comandeering woman or a distant (in the sense of social distance), but highly respected public figure.

b. The personal pronoun that may be used in all of the above cases is **usted**, which indicates that the socio-linguistic gradation is still out of the range of the familiar (**tú**) and the intimate (**vos**), for this dialect. Other dialects have reversed the pronoun system and use **usted** for intimate contact and **tú** for public. (See Torrejón and Uber in the Bibliography, and Domitila Barrios' strategic switch from **tú** to **vos** in "¿Por qué me odias tú?", page 192).

c. When providing this kind of explanation to students, it is important to emphasize that dialectal variations are not deviations but commonly accepted patterns that are part of the speaker's native intuition at the structural and social level. Pedagogical simplifications (**usted**=formal / **tú**=informal) should thus be viewed by learners of Spanish as mere methodological constructs that must be verified in each situation encountered in daily life. You should encourage students that have frequent contact with native speakers to study the title and pronoun system they use both in family and public life.

d. Depending on the level of your students, you may want to introduce other titles such as:

Formal and Official Titles

su merced	vuestra eminencia
su eminencia	su majestad
su santidad (el Papa)	vuestra majestad
vuestra santidad	vuestra merced
su excelencia	su señoría
vuestra excelencia	vuestra señoría

Informal Family Titles

hijo(a)	compadre/comadre
sobrino(a)	padrino/madrina
amigo(a)	ahijado/ahijada

When presenting these titles, guide the discussion by asking the following question to highlight the importance of establishing good interpersonal relationships in Hispanic cultures, as well as the value attached to names and last names: **¿Por qué cree Ud. que hay tanta variedad en los títulos en español?**

Level II: Tú me quieres blanca

Aproximaciones al texto

1. De colores.

a. As with other similar phrases, point out that elements are reversed when Spanish and English are contrasted. Compare:

Spanish	English
blanco y negro	black and white
blanco, azul y rojo	red, white and blue
agua y jabón	soap and water

b. **Blanco, azul y rojo** can also evoke other countries like Great Britain, the United States, Chile and Cuba, but these alternatives would depend on how close the native Hispanic feels to each of these cultures. This may also happen with other colors and color combinations. Point out that there is a wide range of possibilities because of the diversity and size of the Hispanic world.

Level III: A Julia de Burgos

Suggested Procedure for Reading the Poem

a. Have students read the poem in class on their own (even if you have assigned it for homework). Then do the activities in **Hay que fijarse bien**.

b. Emphasize the conflict between a woman and her motivations and the society in which she lives by having students dramatize this poem. Ask them to write a script in which both "yo" and "tú" take turns speaking. Tension can be built by having one interrupt the other, by raising the tone of voice, etc. This technique is useful whenever there is a counterpoint, overt or covert.

    If you already have introduced some ideas about feminism in Hispanic countries (see above note on "Kinsey N°6" introduction), you can point out that the last stanza of this poem alludes to some kind of political action to be taken.

TERCERA PARTE: Desencuentros

Ilustración: Orfeo y Eurídice

Painted in 1955, the work is based on the Greek legend of Orpheus and Eurydice. According to the legend, he played the lyre so beautifully that wild beasts were soothed, trees danced, and rivers stood still. Orpheus married the nymph Eurydice. When Aristaeus tried to violate her, she fled, was bitten by a snake, and died. Orpheus descended into Hades to search for her. He was granted the chance to regain Eurydice if he could refrain from looking at her until he had taken her back to the sunlight. Orpheus could not resist and Eurydice was lost to him forever. Grieving inconsolably, he became a recluse and wanderer for many years. Some questions to ask are:

1. ¿Por qué lleva una lira en la mano Orfeo?
2. ¿Por qué no está mirando a Eurídice?
3. ¿Por qué están de la mano, sin embargo?
4. ¿Qué relación hay entre este cuadro y las lecturas que se incluyen en esta parte?

Level I: Soneto de la muerte N°2

Aproximaciones al Texto
3. Suggest horoscopes, tea leaf reading, palm reading, graphology, if necessary.

Es conveniente saber: Actitudes hacia la muerte
Have students bring to class an obituary from the local paper. Have them contrast this with the announcements; point out that obituaries generally emphasize the deceased's life, not death.

Más allá del texto

1. **Opuestos:** Help students with some of the definitions if they are finding them difficult. Make them aware that there is room for some ambiguity in the terms.

   alma <--> cuerpo
   largo cansancio <--> briosamente
   cavan una tumba <--> contentos de vivir
   esperaré estar cubierta <--> y después hablaremos
   tu carne no madura <--> hondas huesas
   sin fatiga <--> dormir
   zona oscura <--> luz
   signo de astros en la alianza <--> roto el pacto

Level I: Una carta de amor

Additional Notes on the Reading

a. In Hispanic countries it used to be inappropriate (particularly 25 years ago) for a man to approach a woman he had not been formally introduced to. Note that the male character in the story gives the letter to the **guardia** (in Uruguay, the ticket seller in a bus) so he can avoid giving it to her directly.

b. After students read the text once, point out to them how the characters' social standing is revealed by the type of clothes they are wearing. He wears the same suit every day while she wears cheap earrings. Have students find where this appears in the letter.

c. Depending on the type of course being offered, you may want to introduce derivatives such as **golpazo, caderazo, cabezazo, portazo** from "me encajó un codazo en el hígado" or **madurez, niñez, robustez** from "¿No le tiene miedo a una vejez solitaria?"

Footnote on Batlle y Ordóñez

During the two terms in office of president Batlle y Ordóñez, a great many innovative social reforms were implemented for the first time in any Latin American country. The most important are: establishment of an 8-hour work day, the divorce law (which as early as 1907 gave women some legal and economic rights), the creation of provincial high schools and health care and social services systems available to all citizens.

Más allá del texto

1. **Asociaciones:** The purpose of the exercise is not so much to practice local idioms or slang but to allow students to make full use of their creativity by "playing" with the language.

Level II: El amante

Introducción: El Cono Sur

This is a distinct cultural and geographical area in the southern part of South America consisting of Uruguay, Argentina and Chile. A combination of circumstances, such as smaller and less sophisticated native populations, enormous influx of European immigration and sizeable tracts of extremely fertile land set this region apart from the Andean, Amazonian, and Caribbean areas of South America. The city of Buenos Aires is considered the most important in this region

Es conveniente saber: ¿Tú o vos?

Have students complete the following table which summarizes the different present tense forms of "you" and "you all" in Spanish. (Also, see note in "La salud de los enfermos", p. 49).

	esperar	volver	ser	tener	saber	vestirse
yo	espero	vuelvo	soy	tengo	sé	me visto
tú	esperas	vuelves	eres	tienes	sabes	_____
vos	_____	_____	sos	tenés	_____	te vestís
Ud.	espera	_____	_____	_____	_____	_____
ustedes	_____	_____	_____	_____	_____	_____
Imperativo:	esperá esperame*	volvé	sé	tené	sabé	vestite*

*   Cuando el imperativo de las forma **vos** lleva algún pronombre, no lleva acento.

Level III: La guerra y la paz

Additional Notes on the Reading

When a married man has a mistress, she is often called **la Otra**. If he keeps a house for her, it is called **la otra casa** or **la casa chica**.

Level III: Las sutiles leyes de la simetría

Warning: Certain passages in this short story contain vulgar language in Spanish. Should this be offensive to any students, you may decide not to use it.

Additional Notes

Tusquets presents sex roles from a much more modern viewpoint. The male protagonist views himself as "liberated" when he affirms that he and his lover are engaged in an "open" relationship; he even encourages her to have affairs with

men he approves of. However, it becomes clear that he is still tied to the
traditional male role when she herself starts a new relationship out of his control.
Thus, in his eyes, she becomes a **puta** (whore). The story illustrates the gap that
exists between intellectual and legal acceptance of a new role and the emotional
changes which must take place in an individual.

En torno al texto: Hay que fijarse bien
Have students work in pairs; groups are bound to disagree on title placement
which will generate interesting discussions. If necessary, guide the discussion.

CUARTA PARTE: Ser y estar identidad

Ilustración: Autorretrato
It was painted in the mid fifties, probably in Uruguay. It is the second of two
self-portraits. The first one shows the artist's crossed legs, arms and hands, or
the only parts of his body he could see without a mirror. The second self-portrait
is more conventional and shows his face and body in bold lines that vaguely
suggest a caricature. Some questions you may ask are:

1. ¿Les parece realista este autorretrato?
2. Describa al artista en dos frases.
3. ¿Cree Ud. que este autorretrato refleja una visión irónica o humorística del
    artista?

Level I: Balada de los dos abuelos

Aproximaciones al texto
2. **Nuestros antepasados:** Help students draw their own family trees by having
    them use the following outline:

    I.   "Yo"
    II. Padres
    III. Abuelos paternos y maternos
    IV. Bisabuelos

    Point out that in Hispanic cultures, one commonly refers to yet another level,
    "tatarabuelos" (great, great grandparents), and sometimes even go beyond
    that. Point out that this is the reason why many Hispanic children learn how
    to write their names using four or more last names.

Es conveniente saber: El negro en Hispanoamérica.
a. The Portuguese, followed by the Dutch, the French and the British competed
    for different **asientos**. These **asientos** were very valuable not only because of
    the business they generated, but also because they opened the door for
    contraband and other illicit operations. You can also point out that many

slaves were brought to the New World by means other than the normal channels.

b. When Blacks and Indians mix, their descendants are called **zambos**. When Blacks and Whites mix, their children are **mulatos**.

Level II: Autorretrato

Procedure for Reading the Text
a. Before reading, prepare students by asking them the following question: **¿Qué hace Ud. sólo por cumplir con las normas sociales de su grupo?**

b. Have students read and do the **Hay que fijarse bien** section.

c. Emphasize the conflict between a woman and her motivations and the society in which she lives by having students dramatize this poem. Ask them to write a script in which both **"yo"** and **"tú"** take turns speaking. Tension can be built by having one interrupt the other, by raising the tone of voice, etc. This technique is useful whenever there is a counterpoint, overt or covert.

En torno al texto: Temas de ensayo
Critics consider Castellanos a **feminista**. Have students research the meaning of **feminista** in Hispanic culture as opposed to the meaning given to it in the United States. Assign this as an essay topic.

Elena Poniatowska and Sara Sefchovich are leaders of the feminist movement in Mexico. This is not a grass roots movement, however, since it is limited primarily to intellectual circles. The magazine published by the group is called *Fem*.

Nowadays, there is increasing interest in many Hispanic countries in women's issues. For example, the International Institute Foundation in Madrid, Spain has been organizing a Conference called **Coloquio de la mujer** every spring for the past several years. The conference offers panels and presentations on various women's issues. Working class women also participate actively and have asked for their problems to be addressed.

Level II: Borges y yo
Use one of the films listed in the **Audiovisual Materials** to introduce the story.

Reading Strategies
You can help the students understand the story having them do a dramatization. Ask them to write a script in which both "yo" and "Borges" take turns speaking in the first person. Tension can be created by having one interrupt the other and by raising the tone of voice, having both narrators disagree etc.

Level III: Muy contento
En torno al texto: Hay que fijarse bien

1. Help students express or flesh out their ideas. Make them understand that we can understand the present only through the analysis of the past. Also, that his comments allow us to see what he is really thinking. Other answers may be centered on his ability to keep a low profile and acquiesce, or reveal his sharp criticism of society and/or the establishment.

2. If students disagree, have them defend their choices and argue their differences in small groups. Point out to them that many interpretations may be valid and that different points of view should be considered.

QUINTA PARTE: La trama social
Ilustración: Las lavanderas
The work was painted in the late sixties in Northridge, California, where Halty lived and taught since June of 1962. Over the course of his life, Halty travelled extensively throughout Latin America. His fascination with the Andean countries and Mexico can be seen in this painting. In December of 1973, while on vacation in Montevideo the artist was diagnosed with cancer. He died in Uruguay in November 1974. Questions to introduce the painting are:

1. ¿Qué representa este cuadro?
2. ¿A qué grupo socioeconómico pertenecen estas mujeres?
3. Si han visto la película *El norte*, ¿hay alguna semejanza entre este cuadro y alguna escena de la primera parte de esa película?

Level I: ¿Por qué me odias tú?
Es conveniente saber: La Hispanoamérica indígena
Map labelling activity: Use the map provided or use a wall map to have students label all Spanish-speaking countries as follows. First: Paraguay, Bolivia, Peru, Ecuador, Mexico, Guatemala, El Salvador. Then: Colombia, Venezuela, Puerto Rico, Nicaragua, and all remaining countries. You can also have them label each country by areas: **Cono Sur**, Paraguay, los países andinos, los países caribeños, los países centroamericanos, México.

Notes on the Reading
a. Point out to students the subtle class tensions present in this reading. A working class woman feels out of place when she participates in an international women's conference and meets with women from the middle and upper classes. Note that the waiter treats her rudely because he assumes (from her physical appearance) that she is a worker and believes she has overstepped her bounds. The other employee is willing to help her and sees her as an equal perhaps because they are both in the kitchen area.

b. This text is a direct transcription of Domitila's actual conversations and has not been edited. Depending on the level of your class, you may point out some of the errors which may indicate that the author has had contact with another language of the area, perhaps Aymará, or shows some degree of bilingualism. See Rigoberta Menchú's text as well on page 192 of the text.

Level II: El delantal blanco

Vodanović has also written for television: *Una familia feliz* (miniserie), *Los títeres* (telenovela), *Secreto de familia* (telenovela), *La intrusa* (telenovela) and *La torre de los Torres* (miniserie).

Más allá del texto
5. **Proverbs:** Have students work in groups of two or three. After studying the list, have them choose one of the proverbs, write a short scene in which it is used and have them act it out in front of the class.

Level II: Ritmos negros del Perú

Aproximaciones al texto
a. If you can obtain the record (see **Audiovisual Materials**), have students listen to the recording before reading the poem. As they listen for the first time, have them focus on rhyme and cadence. Finally, play it once more to pay attention to the poem itself (lyrics).
b. This chapter lends itself to discussing Afro-American music in the Caribbean, Central America and South America. Have students bring their tapes and/or provide your own. Encourage students to find out more about the various types of music and dance. Mention the following: **samba, cumbia, merengue, raggae, salsa, tamborito, bossa nova,** etc.

Level III: Que hay otra voz y Convocación de palabras

Aproximaciones a los textos
4. **Los hispanos:** Provide students with a list of adjectives of nationality or origin (**gentilicios**):

hispano	a Spanish-speaking person; anyone of Hispanic descent.
hispano de los EE.UU.	a person of Hispanic descent living in the United States (may or may not speak Spanish)
latino	hispano de los EE.UU. (outside of the U.S., the term is used to refer to the French or Italians
hispanoamericano	a person from any of the Spanish-speaking countries in the Americas, except the U.S.
iberoamericano	a person from any of the Spanish- or Portuguese-speaking countries in the Americas, except from the U.S.; from **Iberoamérica**

latinoamericano	a person from any of the American countries, except Canada and the U.S. (may speak any of a number of languages); from **Latinoamérica**
americano	a person from the Americas; also commonly used to refer to someone from the U.S.
sudamericano	a person from **Sudamérica**
centroamericano	a person from **Centroamérica**
norteamericano	in a broad sense, anybody from Canada, Mexico, or the U.S.
estadounidense	a person from the United States
chicano, méxico- americano	a person of Mexican origin living in the U.S.
neorriqueño	a person of Puerto Rican descent living in New York

SEXTA PARTE: La política y el individuo

Ilustración: Artigas

As with *Las lavanderas* and *Mujer con una flor*, this work is richly textured using oil on plaster of Paris. **Artigas** is the hero of Peri Rossi's story and is known as the liberator of Uruguay. (For more information on this historic figure see page 18 of this **Instructor's Manual**). Some questions to introduce the painting are:

1. ¿Qué importancia tienen en todos los países los retratos, esculturas y otras representaciones de los héroes nacionales?
2. ¿Qué diferencia hay entre los retratos "oficiales" de estos héroes y otras interpretaciones? ¿Por qué cree que existen estas diferencias?
3. ¿Por qué se representa a Artigas desenvainando una espada?

Level I: Nagasaki

Aproximaciones al texto

1. La energía atómica

Vocabulario bélico: The following words and expressions related to war and weaponry may be useful for students. Have them guess the meanings by categorizing these words using the following headings: **aparatos, proyectiles, armas,** and **aviones.**

radar	bombas incendiarias
sistema de sonar	silos de lanzamiento
bombarderos atómicos	tanques
cañones	ametralladoras
submarinos atómicos	bombas
gas letal	aviones espías
misiles	fusiles
proyectiles a control remoto	cohetes

3. A favor o en contra?
Several rankings are possible; have students defend their own points of view.

Más allá del texto
3. Crónica del horror.
Bring to class several Spanish newspaper articles to show students some examples of the use of the present tense or past participle in headlines such as, **"Mueren 370 en accidente"**; **"Asesinado gerente de..."**; **"Revelado escándalo de..."**, etc.

Level II: La United Fruit Co.
Aproximaciones al texto
1. El tercer mundo.
Other related terms are: **países desarrollados o con tecnología, países industrializados, países en vías de desarrollo, países tercermundistas.**

Es conveniente saber: "Algunas moscas sanguinarias"
Anastasio Somoza's nickname was "Tacho". Accordingly, his son was nicknamed "Tachito".

Más allá del texto
6. Una multinacional.
a. Remind students that there are also Japanese, German, French, British, Dutch, and Italian multinational corporations as well.

b. Point out to students that the reference section of most libraries usually has almanacs, guides and travel books with information about which foreign companies operate in particular cities or countries. Many libraries also have the telephone books of major foreign cities. Depending on the students' personal interests and area of study, you can also refer them to International Business and Political Science professors who may provide more sources.

Level II: Fuera del juego
Padilla presently lives in the U.S. and is the editor of the literary journal *Linden Lane Magazine* in Princeton, New Jersey.

Aproximaciones al texto
You can have students listen to "La guantanamera" as an introduction or as part of the activity. Point out that the song describes the aspirations of common people. The words are taken from an untitled poem in José Martí's *Versos sencillos* (1891). In addition to being a poet, Martí (1853-1895) was also an essayist. His political beliefs landed him in jail at an early age and forced him to leave Cuba. He lived in New York City for many years and was killed fighting for Cuba's independence from Spain. He is considered a martyr by both pro- and anti-Castro Cubans.

Temas de ensayo
Essays 3 and 4 are ideally suited for students majoring in Political Science or
International Relations.

3. Provide students with sources for additional information, ie: U.S. government
    documents, Amnesty International publications, U.N. office of the Council
    for Refugees.

Level III: El prócer

Ilustración: Artigas

El prócer: José Gervasio Artigas is the national hero of Uruguay and a key figure
in the struggle for this nation's independence. A **caudillo gaucho** of the **Banda
oriental**--name given to what today is known as the **República Oriental del
Uruguay** when it was still part of the Viceroyalty of the **Río de la Plata**--he
joined the war against Spain in 1811 becoming the leader of the **Orientales**. He
resisted the efforts of Buenos Aires to dominate the River Plate area, seeking the
formation of a federation of autonomous provinces in **La Plata**. In 1815, the
rulers of Buenos Aires abandoned these efforts, evacuated Montevideo, and left it
in Artigas' hands. He was no ordinary **caudillo**, since he not only was
instrumental in obtaining his country's independence but also sought to achieve
significant social reforms. In 1815, he unveiled a plan for distributing lands
belonging to royalists to the landless, with preference given to blacks, Indians,
zambos and poor whites. However, because Brazil invaded Uruguay in 1817, he
was unable to implement this radical program. Artigas had to flee to Paraguay,
where the dictator Francia granted him asylum. He was never allowed to return
and died in Paraguay thirty years later.

In Montevideo, in the center of the **Plaza Independencia**, one finds the statue
which illustrates "El prócer". Given the troubled economic and political
atmosphere of the sixties in Uruguay and the neighboring countries, Peri Rossi's
text--written before the *coup d'état*--is a foreshadowing of future events. As
previously noted, Artigas represents the forces of independence, social justice,
and equality, and is therefore the perfect example to use to describe the conditions
prevailing at the time this **"indicio"** was written.

Level III: El general en su laberinto

Aproximaciones al texto
a. If possible, have students read the entire novel before introducing this
    fragment.
b. Introduce Bolívar as the legendary figure he was: intelligent, aggressive,
    astute, indefatigable, a visionary who dreamed of a Pan American
    confederation uniting all of Spain's former colonies. Have students think
    about how this could have affected the relationship between the United States
    and Spanish-speaking America.

c. Point to a map of South America to show the enormous challenge that the mountains and geographic size of the territories under his rule represented. Remind them that at that time transportation was limited to the horse, horse and carriage and steamships.

Audiovisual Materials

This section presents audiovisual materials that are thematically related to the chapters in *Convocación de palabras*. A brief bibliography on Hispanic cinema covering both Spain and Latin America is also provided. Lists of films, videos, records, television programs, and film distributors are not intended to be exhaustive, but rather offer the most readily available works specifically related to the topics in the text.

  The suggested items can be used to introduce or close any particular unit or chapter. Instructors may make a selection from the list depending on the class level and time availability. While some pieces are readily usable, most require some preparatory activities for better comprehension by students.

I. En familia

Películas

- *Crónica de un niño solo* ("Chronicle of a Lonely Child"), argentina.
- *Esperando la carroza* ("Awaiting the Pallbearers"), argentina. Farsa sobre la vida de una familia de clase media basada en una obra teatral de Jacobo Langsner. Se supone que la anciana madre de tres hijos ya adultos ha muerto. Vemos los conflictos que surgen mientras que esperan la carroza funeraria.
- *La muralla verde* ("The Green Wall"), peruana. Véase **V. La trama social.**
- *La tregua* ("The Truce"), argentina. Véase **III. Desencuentros.**

Videos

- *El Norte*, méxico-estadounidense. Véase **VI. La política y el individuo.**
- *Julio Cortázar*. En español, sin subtítulos. Conversación de Cortázar con el crítico Julio Sosnowski. Cortázar habla elocuentemente de la presencia del lector en su ficción y su trayectoria de lo individual a lo colectivo. Se refiere también a la importancia de la revolución cubana y de las obligaciones del intelectual en el contexto latinoamericano.

II. ¿Qué significa ser mujer?

Películas

- *Lucía*, cubana. Véase **VI. La política y el individuo.**
- *Piel de verano* ("Summer Skin"), argentina. Véase **III. Desencuentros.**
- *Solas o mal acompañadas* ("Alone or in Bad Company"), argentina. Documental filmado por mujeres. Trata de madres jóvenes que viven solas; aunque provienen de ambientes distintos, tienen problemas semejantes. A través de sus experiencias individuales se nos revela una sociedad en que existe un enorme sexismo, aunque éste no es reconocido.

Videos

- *Camila*, argentina. Basada en una historia verdadera, esta película examina las restricciones impuestas sobre la mujer, los valores morales y la hipocresía en la sociedad argentina del siglo pasado. La trama gira alrededor de Camila, hija de una familia aristocrática de terratenientes, que se enamora de un sacerdote y se escapa con él. Son descubiertos, llevados presos y condenados a muerte.
- *La historia oficial* ("The Official Story"), argentina. Véase **VI. La política y el individuo.**
- *Mujeres al borde de un ataque nervioso* ("Women on the Verge of a Nervous Breakdown"), española. Ganadora del *Golden Globe Award*. Trata el tema del papel de los dos sexos y las relaciones actuales entre hombre y mujer. Almodóvar crea un mundo en el cual las mujeres son histéricas y los hombres son mentirosos e infieles. Cuando el amante de Pepa la deja por otra mujer, Pepa está desesperada por hablarle. Sabe que sí lo logra, podrá convencerlo de que regrese. El problema es que no puede dar con él sino que da con la máquina contestadora. A raíz de esta situación, se desarrolla toda una comedia de errores.

III. Desencuentros

Películas

- *Fin de fiesta* ("The Party is Over"), argentina. Véase **V. La trama social.**
- *Las sorpresas*, argentina. Versión de tres cuentos de Benedetti: "Cinco años de vida", "Corazonada" y "Los pocillos".
- *La tregua* ("The Truce"), argentina. En esta película (basada en la novela de Mario Benedetti) la rutina de la oficina se rompe por la relación amorosa entre un viudo que está por jubilarse y una joven secretaria. Vemos también las reacciones de los hijos y las convenciones sociales y sexuales de la pequeña burguesía uruguaya. Recibió un Oscar como Mejor Película Extranjera.
- *Piel de verano* ("Summer Skin"), argentina. Torres Nilsson, el famoso director argentino, explora el mundo del veraneo, los días calurosos y las fiestas en la playa. En la película se desarrolla una cruel historia de amor y se examinan las emociones de una joven aparentemente desalmada. La película se basa en una novela de la argentina Beatriz Guido.

Videos

- *Mujeres al borde de un ataque nervioso* ("Women on the Verge of a Nervous Breakdown"), española. Véase **II. ¿Qué significa ser mujer?**

IV. Ser y estar: Identidad

Películas

- *Lucía*, cubana. Véase **VI. La política y el individuo.**

Videos

- *Jorge Luis Borges*. En español, sin subtítulos. Borges dialoga con la novelista argentina Reina Roffe. Borges habla de su obra, su estética y su filosofía de la literatura. Vemos a Borges en los cafés y las calles de Buenos Aires, y lo oímos hablar de cuentos inéditos que tratan de las aventuras de los gauchos en la pampa, tanto como de los movimientos de vanguardia de principios de siglo. También lee cinco poemas suyos.
- *Borges para millones*: Este video examina lo popular en la obra misteriosa, esotérica y a veces violenta de Borges. También se analiza al escritor mismo.
- *Borges: Profile of a Writer*: En inglés. Combina escenas dramatizadas de algunos de los cuentos del famosísimo autor argentino con una entrevista. Además se trata de reconciliar la "persona" pública de Borges con Borges, el hombre (o sea "Borges y yo").

Discos

- *En la voz de Nicolás Guillén: "El son entero"*. Buenos Aires: Colección Los Poetas, N°4, DISTEX. S.A.C.I.F.

V. La trama social

Películas

- *Esperando la carroza* ("Awaiting the Pallbearers"), argentina. Véase I. **Aquí, en familia.**
- *La muralla verde* ("The Green Wall"), peruana. Esta película se basa en las experiencias de Armando Robles Godoy, quien va a tomar posesión de unas tierras (*homestead*) en la selva peruana. Vemos sus problemas para vencer a la burocracia de Lima y luego su lucha contra la naturaleza que no cede al hombre. Esta película es considerada una obra maestra del cine hispanoamericano.
- *La Patagonia rebelde* ("Rebellion in Patagonia"), argentina. Trata de una huelga en el sur de la Patagonia en 1920. Está filmada desde el punto de vista de los trabajadores. Fue prohibida en la Argentina, pero recibió el Oso de Plata en el Festival de Cine de Berlín en 1974.
- *La tregua*, argentina. Véase III. **Desencuentros.**
- *Lucía*, cubana. Véase VI. **La política y el individuo.**
- *Yawar Mallku* ("Blood of the Condor"), boliviana. Esta película analiza las relaciones entre la mayoría indígena de la región andina y la minoría europeizada. Muestra la explotación de las masas y sugiere como solución la revolución.

Videos

- *Camila*, argentina. Véase II. **¿Qué significa ser mujer?**
- *El norte*, méxico-estadounidense. Véase VI. **La política y el individuo.**
- *Los españoles en la costa atlántica antes de 1607*. Describe y analiza la influencia española en la costa atlántica de los Estados Unidos antes de 1607.

- *Los olvidados*, mexicana. Esta película del gran director español Luis Buñuel se desarrolla en México. Cuenta la historia de unos niños húerfanos que viven en la calle, roban, y aún llegan a matar para sobrevivir en una sociedad violenta.
- *The Incas Remembered. Introduction by Edwin Newman.* United States: Creative Projects, The Jarvis Collection, 1986. Documental narrado en inglés. Trata de la historia, cultura, arte y arquitectura del imperio incaico y muestra algo de la vida de los indígenas andinos de hoy. Subraya también el contraste entre la vida en la ciudad de Lima y la del campesino, así como entre blancos e indígenas o mestizos.

Discos
- *América canta en Salta.* Argentina: Odeon SLDB-116. Nicomedes Santa Cruz canta "Ritmos Negros del Perú"; también incluye otras canciones del Perú y otros países de Hispanoamérica.
- *Calchakis.* Les Flutes Indiennes, vol. 4. France: Arion 30 U 126. (Música de la región andina).
- *Kingdom of the Sun: Peru's Inca Heritage.* New York: Nonesuch, Explorer Series, H-72029. (Nonesuch Records/1855 Broadway/New York, N.Y.).
- *Le Chant des Andes par Atahualpa Yupanqui.* France: Le Chant du monde, LDX 7 4439.
- *Yma Sumac...The Voice of the Xtabay.* U.S.A.: Capitol Rocords, DW 648.

VI. La política y el individuo
Películas
- *El exilio de Gardel* ("Tangos: The Exile of Gardel"), argentina. El director de esta película la llama una "tanguedia", o sea una mezcla de tango, tragedia y comedia. Su visión del exilio mezcla estas tres formas. La trama trata de un grupo de exiliados argentinos en París que quiere poner en escena una obra musical.
- *La noche de los lápices* ("The Night of the Pencils"), argentina. Película que se basa en el testimonio real de un joven estudiante de liceo que es encarcelado, junto con otros compañeros, durante la dictadura militar. Nos presenta una visión de un infierno sobre la tierra.
- *La Patagonia rebelde* ("Rebellion in Patagonia"), argentina. Véase **V. La trama social.**
- *Lucía*, cubana. Esta película combina una interpretación de la Revolución Cubana y una reinterpretación del pasado, junto con una perspectiva femenina. Cada una de las tres partes de esta película gira alrededor de la participación de una mujer llamada Lucía en tres episodios importantes de la historia de la isla: la Guerra de la Independencia en 1895, la lucha contra el régimen de Machado en 1933 y la campaña de alfabetización de 1960.
- *Pedro y el capitán*, mexicana. Obra de teatro de Mario Benedetti llevada al cine. Pedro es un "subversivo" que está preso y está siendo interrogado por

el capitán entre sesiones de tortura. A lo largo de la obra, Pedro se deteriora físicamente pero, irónicamente, va cobrando control de la situación a través de su fuerza moral. Por el contrario, el capitán va perdiendo el control por su cobardía e hipocresía.

- *Yawar Mallku* ("Blood of the Condor"), boliviana. Véase **V. La trama social.**

Videos

- *El norte*, méxico-estadounidense. En español y maya con subtítulos en inglés. Trata de una familia indígena campesina cuya vida cambia radicalmente cuando el padre--que está tratando de organizar una rebelión contra los grandes terratenientes--muere asesinado por las tropas del gobierno. Ilustra claramente la dura vida de los campesinos, los problemas y la tristeza de los exiliados políticos, de los indocumentados (*illegal aliens*), el machismo, los papeles de hombres y mujeres, la importancia de la familia, los choques culturales, etc.
- *Gabriel García Márquez: La magia de lo real*. Analiza *El otoño del patriarca* y *Cien años de soledad*. Se filmó en Aracataca (Macondo), la zona bananera, Ciénaga y Barranquilla. Vemos al propio García Márquez y la gente sobre quien escribió.
- *La historia oficial*, argentina. Ganadora de un Oscar a la Mejor Película Extranjera. Toca los temas del autoritarismo, el machismo, la influencia de la política en la vida familiar y la lucha de una mujer por ganar su propia independencia intelectual. Trata el tema de los hijos de los "desaparecidos" nacidos en prisión y adoptados por gente influyente.
- *Lejanía*, cubana. Describe el choque cultural entre los cubanos que salieron exilados y los que se quedaron en Cuba, por medio de la historia de una madre que vuelve a visitar a su hijo después de vivir muchos años en los Estados Unidos.
- *Nobody listened*, estadounidense. Reportaje de PBS. Testimonios sobre abusos de los derechos humanos en la Cuba de Castro. Entrevistas con presos políticos. PBS la presentó por primera vez el 8 de agosto de 1990. 53 min.
- *No habrá más penas ni olvido*. ("Funny Dirty Little War") Irrumpe una disputa entre distintas facciones peronistas en un pueblo de provincia, en esta película que denuncia el fanatismo político. El guión se basa en la novela de Osvaldo Soriano. Ganó un premio en Berlín.
- *Permuta*, cubana. Jocosa autocrítica de la situación actual en Cuba, basada en la búsqueda de casa para una pareja joven.
- *Simón Bolívar: The Great Liberator*. Excelente documental que examina cómo y por qué perdió España sus colonias, así como los acontecimientos históricos y héroes nacionales que los llevaron a cabo.
- *The Uncompromising Revolution*, estadounidense. Reportaje de Saul Landau del Institute for Foreign Studies. Entrevista con Castro sobre los últimos acontecimientos de 1990. Presenta una visión pro-castrista.

- *Yo soy Pablo Neruda*. Estudia los temas de la poesía de Neruda: su mujer, los objetos que lo intrigan, la genta cuyo diario heroísmo canta, y el mundo perdido de Macchu Picchu.

Discos

- *Atahualpa Yupanqui: Preguntitas sobre Dios*. France: Le Chant du monde,G.U. LDX 7 4415. (Canciones de protesta).
- *Canciones chuecas. Viglietti*. Uruguay: Orfeo, SULP 90558. Canciones de protesta. Incluye "Canatalicio en un bar" de Nicolás Guillén y Daniel Viglietti; "Cielito de los muchachos" de Mario Benedetti-Daniel Viglietti).
- *Inti-Illimani, 3. Canto de los pueblos andinos*. New York: Monitor Records, MFS 787. (156 Fifth Avenue, New York, N.Y. 10010).
- *Inti-Illimani, 5. Canto de los pueblos andinos*. New York: Monitor Records, MFS 802. (Véase el anterior).
- *Pablo Neruda Reading His Poetry*. En español. U.S.A.: Caedmon, TC 1215. (Caedmon Records, Inc. 505 Eighth Avenue, New York, N.Y. 10018.)
- *Quilapayún: El pueblo unido*. New York: Monitor Records MFS 773. (Monitor Records. 156 Fifth Avenue, New York, N.Y. 10010). (Canciones de protesta).
- *Uruguay: Canciones para mi América*. France: Le Chant du monde, LDX 7-4362. (Canciones de protesta de Daniel Viglietti. Incluye "Dale tu mano al indio", "A desalambrar", y "Me matan si no trabajo").
- *Víctor Jara: Vientos del pueblo*. New York: Monitor Records MFS 778.(Canciones de protesta del propio Jara y otras de otros autores). (Monitor Records. 156 Fifth Avenue, New York, N.Y. 10010).

Bibliography on Hispanic Cinema

Alvarez, Carlos. *Sobre cine colombiano y latinoamericano*. Bogotá: Universidad Nacional de la República, 1989.

Aranda, Francisco. *Luis Buñuel: A Critical Biography*. New York: Da Capo Press, 1976.

Buache, Freddy. *The Cinema of Luis Buñuel*. Trans. Peter Graham. London: Tantivy Press, 1973.

Buñuel, Luis. *The Exterminating Angel, Nazarín and Los Olvidados: Three Films by Luis Buñuel*. Trans. Nicolás Fry. New York: Simon and Schuster, n.d.

Burns, E. Bradford. *Latin America Cinema: Film and History*. Los Angeles: University of California, 1975.

Burton, Julianne. *Cinema and Social Change in Latin America: Conversations with Filmmakers*. Austin: University of Texas Press, 1986.

_____. *The New Latin American Cinema: An Annotated Bibliography of Sources in English, Spanish and Portuguese. 1960-1980*. New York: Smyrna Press, 1983.

Chanan, Michael, ed. *Chilean Cinema*. London: BFI Books, 1976.

_____. *Twenty-five Years of the New Latin American Cinema*. London: BFI Books, 1983.

Film and Video Finder, Vol. I: Subject Section & Directory of Producers/ Distributors. Albuquerque: Plexus Publishing, 1989.

Gumucio Dagron, Alfonso. *Cine, censura y exilio en América Latina*. La Paz: CIMCA, 1984.

Higgens, Susan Joy, comp. *A Latin American Filmography*. Austin: University of Texas Press, 1978.

Mellen, Joan, ed. *The World of Luis Buñuel*. New York: Oxford University Press, 1978.

Molina-Foix, Vicente. *New Cinema in Spain*. London: BFI Books, 1977.

Film and Video Distributors

The *Media Center* on campus can help you locate additional catalogues and distributors. Professional organizations such as ACTFL, MLA and The Northeast Conference also have resource centers.

Films

Facets Multimedia
1517 West Fullerton Ave.
Chicago, IL 60614
Telephone: (312) 281-9075
Toll Free: (800) 311-6197

Festival Films
2841 Irving Avenue S.
Minneapolis, MN 55408
Telephone: (612) 870-4744

Films Incorporated
(Northeast Region)
35 West Street
Mount Vernon NY 10550
(800) 223-6246/(914) 667-0800

Films Incorporated
(Central, Western, and Southern Regions)
5547 North Ravensworth Ave.
Chicago, IL 60640-1199
Toll free: (800) 323-4222, Ext.42
In Illinois, call collect:
(312) 878-2600, Ext. 42

Kino International
233 West 39th Street, Suite 503
New York, NY 10018
Telephone: (212) 629-6880
FAX: (212) 714-0871

New Yorker Films
43 West 61st. Street
New York, NY 10023.

Tricontinental Film Center
P.O. Box 4430
Berkeley, CA 94704.

Videos

Films for the Humanities
P.O. Box 2053
Princeton, NJ 08543
Toll free: (800) 257-5126
In New Jersey: (609) 452-1128

World Video
P. O. Box 30469
Knoxville, TN 37930-0469
Telephone: (615) 691-9827
FAX: (615) 694-9292

ANGELA LABARCA · RAQUEL HALTY PFAFF

University of Delaware   *Simmons College*

Convocación de palabras

▼

LECTURA Y REDACCION

Heinle & Heinle Publishers
A division of Wadsworth, Inc.
Boston, Massachusetts 02116, USA

Publisher: Stanley J. Galek
Editorial Director: A. Marisa French
Assistant Editor: Erika Skantz
Production Coordination: Hispanex
Production Supervisor: Patricia Jalbert
Manufacturing Coordinator: Lisa McLaughlin
Internal and Cover Design: Mia Saunders
Cover Illustration: Adolfo Halty Dubé
Maps and Illustrations: Susan Avishai

Photo Credits

p. 32, L. Navarro; p. 49, UPI/Bettmann Newsphotos; p. 78, Editorial Suramericana, S.A.; p. 84, Stuart Cohen; p. 89, Peter Menzel; p. 104, The Hispanic Society of America; p. 118, Ernesto Monteavaro; p. 154, Center for Cuban Studies Archives; p. 164, Editorial Suramericana, S.A.; p. 171, UPI/Bettmann Newsphotos; p. 178, P.R.I.S.A., Diario El País; p. 201, Peter Menzel; p. 204, Ronald Arias Díaz; p. 226, Tino Villanueva; p. 228, Arlene Collins: Monkmeyer Press Photo Service; p. 240, P.R.I.S.A., Diario El País; p. 246, UPI/Bettmann Newsphotos; p. 263, Cristina Peri Rossi; p. 275, UPI/Bettmann Newsphotos

Manufactured in the United States of America.

Heinle & Heinle Publishers is a division of Wadsworth, Inc.

ISBN 0-8384-1977-1

10 9 8 7 6 5 4 3 2 1

Indice

Preface

Convocación de palabras is an intermediate-to-advanced Spanish textbook designed to develop writing proficiency and critical thinking through reading and discussion of representative literary texts from Spain and Spanish-speaking America. The program aims to return reading and writing to a more central place in the Spanish language curriculum while continuing to promote oral proficiency development. *Convocación de palabras* is suitable for second- or third-year college Spanish or for an Advanced Placement Spanish curriculum in the secondary school.

The text focuses on teaching students strategies with which to read a literary selection, analyze it for meaning, and finally react to it in personal ways, providing ample opportunity for creative expression. Thus, it guides students in their understanding of the reading selections at the textual and at the cultural level, while helping them to appreciate the diversity as well as the unifying forces of the culture that produced the texts. All of the reading selections are authentic and were written by and for native speakers of Spanish. While glosses are provided, the texts themselves have not in any way been altered. The readings are organized around six broad topics: **Aquí, en familia, ¿Qué significa ser mujer?, Desencuentros, Ser y estar: Identidad, La trama social** and **La política y el individuo.** Within each topic, readings are graded according to their level of difficulty. The book can therefore be used horizontally across topics at any level, or vertically, by choosing readings of increasing difficulty within each unit. This allows for a great deal of flexibility by providing at least two ways to tailor selections to the needs, abilities and interests of each class.

The readings reflect different aspects of contemporary Hispanic culture and were also chosen to represent all areas of the Spanish-speaking world: Spain, the Hispanic community in the United States, Mexico, the Caribbean, Central and South America. In addition, selections were also chosen to represent both women and men, as well as writers of different ethnic and racial origins. The range of genres is also wide: short story, poetry, drama, testimonial literature, excerpts from novels, and a humorous piece. In most cases, the entire work is given. In some instances, however, the selection is a fragment of a longer work, such as in the case of «En la redoma», the first chapter of Donoso's novel *Este domingo* or the first chapter of *Me llamo Rigoberta Menchú y así me nació la conciencia.* In such instances, care has been taken to ensure that the reading can stand alone and that relevant background information has been provided.

Organization

The book is divided into six thematic parts, each of which has four to five chapters. Chapters within each part are organized by level of difficulty and identified as follows: level I (▼), level II (▼▼), and level III (▼▼▼). The core of each chapter is a reading selection, which is preceded and followed by a variety of activities. At the end of the book, there is a **Glosario de términos literarios** and a **Bibliografía** which includes critical and biographical works on the authors presented in the chapter as well as sources for further study of the topic under discussion. Based on our experience, both the Glossary and the Bibliography are useful to complete the essays suggested at the end of each chapter.

Chapters are headed by a **Ficha personal,** where relevant data on the writer are provided in schematic form. This is followed by an introduction, in which each author and his/her selected piece is placed in the context of his/her period, life story and work. After this introductory material, chapters are divided into three major parts:

I. A pre-reading section called **Aproximaciones al texto,** which helps the instructor build the necessary cultural, linguistic and strategic background for the reading. The literary selection is placed immediately after this section. The text in its original form is accompanied by glosses (mainly in Spanish) and notes when necessary. Often, glosses are not synonyms of the terms, but rather explain them in context.

II. The reading section is called **En torno al texto** and its function is to help the student read the text by completing *guided* reading tasks. Unlike most readers, this section encourages students to read analytically instead of merely testing their comprehension. Within this section are activities which help the instructor with the following:

- develop reading skills and independence in the students
- sharpen student linguistic and cultural insights
- teach how to analyze different aspects of the text

In this manner, students not only comprehend the main story line, but, among other things, become aware of the importance of specific uses of language, characters and their roles, author motives, succession of events and their overall impact, and the gradual building of an internal momentum.

III. The post-reading section, **Más allá del texto,** helps to expand or elaborate upon the ideas, events, and issues found in the work. The activities in this section vary in format and degree of difficulty, involving the student both individually or as part of a group. Some can be developed orally or in writing; many require interaction and collaboration, others require approaching the ideas from a different angle; still others help the student prepare for a final writing exercise.

Activities have been designed to personalize the issues in ways relevant to the student, helping him/her apply the concepts presented in new ways. Most importantly, they have been created to help the student gather the language, information and ideas necessary to undertake a more extended analysis of the piece and its impact on the reader.

The last section in **Más allá del texto** invites the student to write an essay for which he/she has been gathering momentum. In **Temas de ensayo** instructors and students are offered a wide variety of essay topics designed to approach the piece from another angle.

Inserted at various points within each chapter, readers can also find two subsections that contain relevant background or useful vocabulary.

1. **Es conveniente saber** sections provide useful information and explain important cultural values and issues that are important to the topic or a specific reading. They invite the student to apply or analyze the issue in more depth through involvement in some brief activity. Occasionally, this section may introduce literary concepts or analyze a different aspect of a known linguistic feature such as personal pronouns.

2. **Por si acaso** sections contain vocabulary and constructions needed to develop an activity. They can be used as a springboard for developing better written or oral pieces.

An **Instructor's Manual** accompanies this textbook. It not only provides background information and further ideas on how to expand or work with the texts and illustrations, but also gives bibliographical data as well as information on where to obtain films, videos, and other audio materials related to the reading selections.

This book has been conceived on the premise that comprehension and enjoyment of literature rest heavily on the preparation, guidance and direction provided by the materials. Rather than limit reading activities to comprehension questions centered on discrete information regarding events found in a story, activities in this textbook help students develop strategies for approaching literature more effectively by enchancing their learning strategies and linguistic abilities.

To the Student

This book will help you develop reading, writing and comprehension skills in Spanish as well as insights on Hispanic cultures. It may also help you increase your oral proficiency. It is important that you complete all assigned activities in **Aproximaciones al texto** and **En torno al texto** for a given selection, since this will allow you to better develop the oral and written activities that appear in **Más allá del texto.** You will often be asked to work with one or more classmates since this will provide diverse points of view. Most of all, this book should help heighten your interest in Hispanic people and their most fundamental concerns. We hope you enjoy these materials as much as our students did during the preparation phase of this book.

Note on the Artist:

Adolfo Halty Dubé, Uruguayan painter and sculptor, was born in 1915 in San Carlos and died in 1974 in Montevideo. He graduated from the *Facultad de Arquitectura* of the *Universidad de la República* and studied painting with Fernand Léger in New York City in the early 1940's. His work has won many prizes and has been exhibited widely in the United States, Latin America, and Europe.

Acknowledgements

Convocación de palabras began to take shape as a result of discussions with Stan Galek and Kris Swanson at Heinle & Heinle, so we would like to first thank them both for their support. Many thanks to Kris, whose enthusiasm, constant flow of ideas and guidance were so valuable. The poet Tino Villanueva also deserves special recognition for the gift of an inspiring title for this book.

We would also like to express our sincere appreciation to Marisa French who ably took over the editor's role and has taken the project to final completion; her help and patience are deeply appreciated. Many thanks also to José A. Blanco, production coordinator, whose painstaking attention to detail is reflected in many aspects of this book. Thanks are also due to Gretje Ferguson, Theresa Chimienti, copyeditor, and particularly to Erika Skantz, who cheerfully and efficiently helped us with the myriad details that kept us moving ahead.

We would also like to express our sincere appreciation to the reviewers who read the manuscript at different stages and whose useful suggestions greatly enriched and enhanced the text. In particular, we are indebted to Elmer A. Rodríguez Torres, *University of Delaware*, Vicki Galloway, *Georgia Institute of Technology*, Nancy Anderson, *Educational Testing Service*, Michael Brookshaw, *Winston-Salem State University*, Gail Guntermann, *Arizona State University*, Esther Levine, *College of the Holy Cross*, Beth Pollack, *New Mexico State University*, Leslie L. Schrier, *University of Iowa*, Joyce Tolliver, *University of Illinois*, Carmen Vigo-Acosta, *Pima Community College*, and Beth Wellington, *Simmons College*.

Most importantly, we want to thank the students of Vicki Galloway, Angela Labarca and Raquel Halty Pfaff for their spontaneous reactions to the materials. They were indeed memorable and invaluable.

We would also like to thank the children of Adolfo Halty Dubé, Jaime Mario Halty and Raquel Halty Pfaff, for permission to use reproductions of the following paintings on the cover and as unit openers: **Artigas, Autorretrato, La familia, Lavanderas, Mujer con una flor, Mujer sentada** and **Orfeo y Eurídice.**

Finally, we are delighted to have had the opportunity of publishing this book with Heinle & Heinle Publishers, a company that is truly dedicated to "Setting the Pace…" in foreign language textbooks.

Con cariño a Angela Bravo Murphy vda. de Labarca, quien me transmitió su pasión por las palabras de nuestro idioma, y a John F. Pfaff, por su apoyo y comprensión a lo largo de este proyecto.

Angela Labarca Bravo
Raquel Halty Pfaff

La familia

Adolfo Halty Dubé

PRIMERA PARTE

Aquí, en familia

El amigo de Él y Ella

MIGUEL MIHURA

Nombre:	Miguel Mihura (1905–1979)
Nacionalidad:	Español
Ocupación:	Dramaturgo, periodista, cuentista, guionista, director de cine
Obras principales:	*Tres sombreros de copa* (1932) *El caso de la señora estupenda* (1953) *¡Sublime decisión!* (1955) *Mi adorado Juan* (1956) *Carlota* (1957) *Maribel y la extraña familia* (1959) *Ninette y un señor de Murcia* (1964)
Otros datos:	Fundó dos revistas: *La Ametralladora* (1936–1939) y *La Codorniz* (1942–45); ambas tuvieron mucho éxito en España. También adaptó los diálogos de más de cincuenta películas dobladas al español.

FICHA PERSONAL

Mihura formó parte del mundo del teatro desde muy pequeño, puesto que su padre era uno de los actores cómicos más conocidos de su época y Miguel lo acompañaba a los ensayos y representaciones de las obras en que actuaba. El propio Mihura explica en su Introducción a *Tres sombreros de copa* que ya de niño le encantaba el teatro y que no se podía imaginar una vida diferente. De hecho, es considerado uno de los mejores humoristas del teatro español del siglo XX porque maneja muy bien el lenguaje caricaturesco y absurdo. A pesar de estar identificado sobre todo con el teatro, hoy en día Mihura es muy apreciado por su prosa—cuentos, artículos periodísticos—así como por sus historietas, dibujos y películas.

El cuento titulado «El amigo de él y ella (Cuento persa de los primeros padres)», que se publicó en 1942, nos presenta su versión humorística del mito de Adán y Eva en el Paraíso. Aquí no sólo aparecen Adán, Eva y la serpiente, sino que tenemos un personaje más—don Jerónimo—el amigo al que alude el título. Don Jerónimo, que se parece a muchos personajes de las obras de teatro de Mihura, es una mezcla de pícaro e ingenuo, aprovechado y liberal, un hombre común que vive su vida feliz, sin tener idea de los designios superiores o la fuerza de la tradición que nos rige. Como no tiene nada que hacer, se entremete en todo y cambia fundamentalmente el desarrollo de la historia sobre el Paraíso que se cuenta en el *Génesis*.

Aproximaciones al texto

1. **Convenciones culturales.** En toda cultura la gente está de acuerdo con ciertas nociones básicas para describir el mundo y la realidad. En la tradición cultural occidental, existe una descripción muy clara del lugar perfecto, donde nada malo ocurre y donde todas las cosas funcionan perfectamente. En este mundo no existe ni el Bien ni el Mal, y no hay que trabajar ni sufrir.

   a. ¿Cómo se llama este lugar en la tradición judeo-cristiana? ¿Quiénes viven allí? ¿Qué pasa allí?

   b. ¿Cómo describiría Ud. este lugar perfecto? En la lista que sigue, subraye las palabras que servirían para describirlo mejor. Luego, escriba un párrafo con una descripción general de este lugar.

verde	húmedo	soleado	ventoso	fresco
fácil	puro	inquietante	desolado	seco
lejano	inmenso	de campo	cercano	lindo
bellísimo	simple	de montaña	solitario	fértil
raro	entretenido	de costa	aburrido	absurdo

   c. ¿Cómo se puede perder este lugar ideal? ¿Qué lo puede destruir o acabar?

2. **Planes (im)perfectos.** Hay ciertos planes que están prácticamente predeterminados. Por ejemplo, en la tradición cultural hispana, se espera que los hombres trabajen y mantengan a la familia y que las mujeres trabajen y se ocupen de los hijos, la casa y la transmisión de valores importantes—además de mantener buenas relaciones interpersonales con la gente y otras cosas que veremos en las Partes 2 y 4 de este libro.

a. Piense en algún plan suyo que nunca resultó. Luego, escriba un resumen de su plan y explique por qué no salió tal como lo había planeado. En la nota llamada *Por si acaso*, le damos algún vocabulario útil para responder a esta pregunta.

b. Según su propia tradición, ¿qué se espera de un muchacho o una muchacha de su edad? ¿Qué se espera de una pareja joven? ¿Qué se espera de un ejecutivo/una ejecutiva de éxito? Exprésalo en un párrafo corto.

c. Haga una lista de las cosas que pueden suceder que nos hacen cambiar de planes.
   Por ejemplo: Hay que cambiar de planes cuando…
   uno se siente mal
   uno no tiene…
   hace mucho…

. . . .

Es conveniente saber

La familia. La familia hispana incluye a los familiares, los parientes, y los amigos de la familia. No es necesario que todos vivan en la misma casa, aunque muchas veces tratan de vivir cerca unos de otros. Lo que convierte a toda esta gente en grupo familiar son los estrechos lazos que mantienen entre sí y la gran interdependencia que hay entre toda la gente, pues se ayudan casi a diario para resolver distintos problemas. Parece que hay tres condiciones necesarias para la existencia de una familia hispana entonces; elíjalas de las alternativas que siguen.

lazos de sangre	fraternidad	contacto continuo
cantidad de parientes	igualdad	vivir juntos
mutua ayuda		

. . . .

▼ El amigo de Él y Ella

MIGUEL MIHURA

(Cuento persa de los primeros padres)

Él y Ella estaban muy disgustados en el Paraíso porque en vez de estar solos, como debían estar, estaba también otro señor, con bigotes, que se había hecho allí un hotelito muy mono,° precisamente enfrente del árbol del Bien y del Mal.

bonito

Aquel señor, alto, fuerte, con espeso bigote y con tipo de ingeniero de Caminos, se llamaba don Jerónimo, y como no tenía nada que hacer y el pobre se aburría allí en el Paraíso, estaba deseando hacerse amigo de Él y Ella para hablar de cualquier cosilla por las tardes.

reja

Todos los días, muy temprano, se asomaba a la tapia° de su jardín y les saludaba muy amable, mientras regaba los fresones y unos arbolitos frutales que había plantado y que estaban ya muy majos.°

bonitos

de buena fuente

Ella y Él contestaban fríamente, pues sabían de muy buena tinta° que el Paraíso sólo se había hecho para ellos y que aquel señor de los bigotes no tenía derecho a estar allí y mucho menos de estar con pijama.

Don Jerónimo, por lo visto, no sabía nada de lo mucho que tenía que suceder en el Paraíso, e ingenuamente, quería hacer amistad con sus vecinos, pues la verdad es que en estos sitios de campo, si no hay un poco de unión, no se pasa bien.

aburrimiento

Una tarde, después de dar un paseo él solo por todo aquel campo, se acercó al árbol en donde estaban Él y Ella bostezando de tedio,° pero siempre en su papel importante de Él y Ella.

—¿Se aburren ustedes, vecinos? —les preguntó cariñosamente.

—Pchs... Regular.

—¿Aquí no vive nadie más que ustedes?

—No. Nada más. Nosotros somos la primera pareja humana.

—¡Ah! Enhorabuena. No sabía nada —dijo don Jerónimo. Y lo dijo como si les felicitase por haber encontrado un buen empleo. Después añadió, sin conceder a todo aquello demasiada importancia:

—Pues si ustedes quieren, después de cenar, nos podemos reunir y charlar un rato. Aquí hay tan pocas diversiones y está todo tan triste...

—Bueno —accedió Él—. Con mucho gusto.

Y no tuvieron más remedio que reunirse después de cenar, al pie del árbol, sentados en unas butacas° de mimbre.

sillones

Aquella reunión de tres personas estropeaba ya todo el ambiente del Paraíso. Aquello ya no parecía Paraíso ni parecía nada. Era como una reunión en Recoletos, en Rosales o en la Castellana. El dibujante que intentase pintar esta estampa del Paraíso, con tres personas, nunca podría dar en ella la sensación de que aquello era el Paraíso, aunque los pintase desnuditos° y con la serpiente y todo enroscada al árbol.

sin ropa

Ya así, con aquel señor de los bigotes, todo estaba inverosímilmente estropeado.

. . .

Él y Ella no comprendían, no se explicaban aquello tan raro y tan fuera de razón y lógica. No sabían qué hacer. Ya aquello les había desorganizado todos sus proyectos y todas sus intenciones.

destruido   Aquel nuevo y absurdo personaje en el Paraíso les había destrozado° todos sus planes; todos esos planes que tanto iban a dar que hablar a la Humanidad entera.

La serpiente también estaba muy violenta y sin saber cómo ni cuándo intervenir en aquella representación, en la que ella desempeñaba tan principal papel.

Por las mañanas, por las tardes y por las noches don Jerónimo pasaba un rato con ellos, y allí sentado, en tertulia, hablaban muy pocas cosas y sin interés, pues realmente, en aquella época, no se podía hablar apenas de nada, ya que de nada había.

—Pues, si… —decían.

—Eso.

—¡Ah!

—Oveja.

—Cabra.

—Es cierto.

cometido un error   De todas formas no lo pasaban mal. Él y Ella, poco a poco, distraídos con aquel señor que había metido la pata° sin saberlo, fueron olvidando que uno era Él y la otra Ella. Y hasta le fueron tomando afecto a don

generoso   Jerónimo, que, a pesar de todo, era un hombre simpático y rumboso.° Y los tres juntos hacían excursiones por los ríos y los valles y reían alborozados de vivir allí sin penas, ni disgustos, ni contrariedades, ni malas pasiones.

. . .

Una vez don Jerónimo les preguntó:

—Ustedes ¿están casados?

Y ellos no supieron qué contestar, ya que no sabían nada de eso.

casados   —¿Pero no son ustedes matrimonio?°

—No. No lo somos —confesaron al fin.

—Entonces, ¿son ustedes hermanos?

—Sí, eso —dijeron ellos por decir algo.

aumentó   Don Jerónimo, desde entonces, menudeó° más las visitas. Se hizo más

Se vestía, Arreglaba   alegre. Presumía° más. Se cambiaba de pijama a cada momento. Empezó a contar chistes y Ella se reía con los chistes. Empezó a llevarle vacas a Ella. Y Ella se ponía muy contenta con las vacas.

Ella tenía veinte años y además era Primavera. Todo lo que ocurría era natural.

▼

—La quiero a usted —le dijo don Jerónimo a Ella un atardecer, mientras le acariciaba una mano.

—Y yo a usted, Jerónimo —contestó Ella, que, como en las comedias, su antipatía° primera se había trocado° en amor.

rechazo/convertido

A la semana siguiente, Ella y aquel señor de los bigotes se habían casado.

Al poco tiempo tuvieron dos o tres chiquitines que enseguida se pusieron muy gordos, pues el Paraíso, que era tan sano, les sentaba admirablemente.

Él, aunque ya apreciaba mucho a don Jerónimo, se disgustó bastante, pues comprendía que aquello no debía haber sido así; que aquello estaba mal. Y que con aquellos niños jugando por el jardín aquello ya no parecía Paraíso, ni mucho menos, con lo bonito que es el Paraíso cuando es como debe ser.

animales
a causa de

La serpiente, y todos los demás bichos,° se enfadaron mucho igualmente, pues decían que aquello era absurdo y que por culpa de° aquel señor con pijama no había salido todo como lo tenían pensado, con lo interesante y lo fino y lo sutil que hubiese resultado.

Pero se conformaron, ya que no había más remedio que conformarse, pues cuando las cosas vienen así son inevitables y no se pueden remediar.

El caso es que fue una lástima.

En torno al texto

Hay que fijarse bien

Con uno(a) o dos compañeros(as) copien las frases o expresiones donde aparece lo siguiente o, por lo menos, subrayen lo indicado. Luego, usen las frases identificadas en sus ejercicios de redacción y en los ensayos.

1. ¿Qué tipo de frases se usa repetidamente para describir el aspecto físico de don Jerónimo y lo que lleva?
2. ¿Dónde se dice que el plan se había establecido de antemano?
3. ¿Dónde se dice que Él y Ella son los únicos habitantes de este lugar?
4. ¿Dónde se dice que ésta era la época ideal para enamorarse?
5. ¿Dónde se dice que el nuevo personaje no tenía idea del plan original? Subraye los verbos.
6. ¿Dónde se describe la rutina diaria de Él y Ella? ¿Y la de don Jerónimo? ¿Y la de ellos tres? Subraye los verbos.
7. ¿Cómo se dice que no les quedaba otra solución que juntarse con el recién llegado y charlar un rato?
8. ¿Qué símbolo se usa para indicar que don Jerónimo vino a cambiar el destino original de Él y Ella?
9. ¿Cómo se dice que una buena representación del paraíso debiera incluir hasta la serpiente?

---

10. ¿Cómo se dice que si algo ya ocurrió, es necesario conformarse?
11. ¿Qué palabra se usa muchas veces para indicar que todo esto no es muy concreto y que ocurrió hace muchísimo tiempo? Por supuesto, esta palabra aparece en sus formas masculina, femenina y neutra, singular y plural.
12. Anoten todas las palabras o expresiones que aparecen en el cuento que están asociadas con las de la lista que sigue. Después pueden usarlas en sus ejercicios de redacción.

tedio _____
enfadarse _____
conversar de cualquier cosilla _____
destrozar _____
lo que no existía en el paraíso _____
dar un paseo _____

En términos generales

1. ¿De qué plan perfecto habla este cuento? ¿Cómo se suponía que iban a suceder las cosas?
2. ¿Quiénes formaban parte del plan y quiénes no?
3. ¿Quiénes conocían y quiénes no conocían el plan perfecto? ¿Por qué?
4. ¿Qué efecto tiene el nuevo personaje en este cuento?
5. ¿Cómo lo pasaban Él y Ella en este lugar antes y después de conocer a don Jerónimo? ¿De qué conversaban?
6. ¿Por qué cree Ud. que don Jerónimo llevaba pijama? ¿Por qué se lo empezó a cambiar más a menudo? ¿Por qué plantó árboles frutales y fresas?
7. ¿Qué error específico cometieron Él y Ella que resultó en un cambio fundamental de su historia?
8. ¿En qué parte del cuento se acepta el nuevo destino como algo inevitable? ¿Qué sabe Ud. de esta tradición?
9. ¿Qué semejanzas y diferencias hay entre esta versión de la Creación y los planes que hacemos nosotros a veces?

Los personajes y sus papeles

1. ¿A quiénes representan Él y Ella?
2. ¿Qué representa don Jerónimo? ¿Por qué actuó de esta manera?
3. ¿Qué papel tenía la serpiente en el cuento original? ¿Qué papel tiene en este cuento?
4. ¿Qué función tenía el árbol en el cuento original? ¿Y en este cuento?
5. ¿Qué función tienen las vacas?
6. ¿Por qué le cae tan mal a Él la llegada de los chiquitines al Paraíso? ¿Estará celoso de los niños o es porque él hubiera querido ser el padre?

7. ¿Por qué cree Ud. que el autor decidió escribir esta versión de la Creación? ¿De qué se estará burlando? ¿Qué querrá mostrarnos? No se olvide de la importancia que tiene todo esto en el mundo hispano, de fuerte tradición católica.

Más allá del texto

1. **Nuevos papeles.** Diga a quién se refiere cada descripción, a Él, a Ella, a la serpiente o a don Jerónimo. Si hay desacuerdo entre los alumnos, aclaren por qué.

   Por ejemplo: más ganó
   No cabe duda que... *la que más ganó fue Ella.*

más frustrado(a)	más común y corriente
más feliz	más desamparado(a)
más ingenuo(a)	más desorientado(a)
más ganó	más sanos(as) y gorditos(as)

2. **El paseo diario.** En las culturas hispanas, la gente da un paseo casi todos los días o, al menos, los domingos. En este cuento se nombran Recoletos, Rosales y la Castellana como lugares típicos donde la gente va de paseo y a tomar algo en Madrid. ¿Dónde va la gente en su propia ciudad? ¿Cuándo van y qué hacen? Explique oralmente.

3. **No es como yo pensaba.** Explique por qué le parecía aburrido el Paraíso a don Jerónimo. ¿Qué esperaba él de un lugar como aquél? Diga si Ud. está de acuerdo o no. Escriba al menos un párrafo.

4. **Acabo de volver.** Imagínese que la semana pasada Uds. pasaron unos dos o tres días en el Paraíso. Con dos compañeros(as) escriban la conversación/las conversaciones que tuvieron con Él, don Jerónimo o Ella. Recuerden que en el Paraíso no hay mucho de qué hablar. Después pueden representar la conversación para toda la clase.

5. **Con la serpiente y todo.** Describa su propio Paraíso o lugar ideal detalladamente. ¿Qué hay allí? ¿Qué hace la gente todos los días? ¿De qué hablan? ¿En qué se entretienen? ¿Qué ropa llevan? ¿Por qué? ¿Hay un árbol del Bien y del Mal? ¿Hay una serpiente? Escriba al menos tres párrafos.

6. **Dios propone y el Diablo dispone.** Explique por qué no le resultó algo que había planeado con mucho cuidado.

7. **Una visita inesperada.** Imagínese que el Creador que puso a Él y a Ella en el Paraíso llega de visita por unos días. Con dos compañeros(as) escriban la conversación en que ellos le cuentan al Creador el gran cambio que ha ocurrido. Cuando tengan un buen guión *(script)*, representen la escena en clase.

8. **Veinte años después.** Imagínese que ya han pasado veinte años desde el matrimonio de Ella y don Jerónimo. Describa cómo están las cosas ahora, qué hace cada uno de los personajes, qué ha cambiado y qué no ha cambiado y qué ha pasado con los chiquitines. Escriba por lo menos tres párrafos.

9. **¡Qué escándalo!** Imagínese que una de las chiquitinas ya tiene veinte años, es Primavera y se ha enamorado. Escriba un cuento y describa toda la situación y la reacción de todos los otros personajes, inclusive de la serpiente.

Temas de ensayo

Elija uno de los siguientes temas según las instrucciones de su profesor(a). Use sus apuntes sobre el texto, especialmente lo que anotó en la sección **En torno al texto.** Cada vez que copie una frase del texto, póngala entre comillas («...») e indique en qué página aparece.

1. Escriba un ensayo en que Ud. analice cómo ha desarrollado el autor el personaje femenino en este cuento. O bien, escriba sobre Él/Jerónimo y lo masculino en este cuento. Apóyese en citas del texto; no se olvide ni de poner todas las citas entre comillas ni de dar la página en que aparecen.

2. Según esta obra, ¿qué piensa el autor acerca de la familia? ¿Piensa Ud. que, después de todo, sus ideas son bastante tradicionales o no? Analice su actitud hacia la familia en este cuento. No se olvide de respaldar sus opiniones con citas del texto.

3. Examine las ideas del Bien y del Mal en esta obra. ¿Piensa Ud. que el Bien triunfó sobre el Mal, o al revés? ¿Cuál es la actitud del autor hacia estos conceptos? Use citas del cuento para ilustrar su visión del tema. Ponga todas las citas entre comillas e indique en qué página aparecen.

4. Estudie el uso de la ironía (véase el *Glosario*) en este cuento. ¿En qué se basa? ¿Está bien desarrollado o no? Use citas del texto.

Homenaje a los padres chicanos

ABELARDO DELGADO

FICHA PERSONAL	
Nombre:	Abelardo Barrientos Delgado (1931–)
Nacionalidad:	Estadounidense (nacido en México)
Ocupación:	Poeta, cuentista, novelista, ensayista, editor, maestro, profesor, empleado, director de varios programas comunitarios en El Paso, Texas, trabajador social, activista chicano
Obras principales:	*Chicano: 25 Pieces of a Chicano Mind* (1969)
	It's Cold: 52 Cold-Thought Poems of Abelardo (1974)
	Totoncaxihuitl, A Laxative: 25 Laxatives of Abelardo (1978)
	Letters to Louise (1982)
	The Chicano Movement: Some Not Too Objective Observations (1971)
Otros datos:	En 1970 fundó Barrio Publications porque las grandes casas editoriales se resistían a publicar a los escritores chicanos.

Abelardo Delgado—«Lalo» para sus amigos—nació en 1931 en La Boquilla de Conchos, Chihuahua, México, donde vivió hasta 1943, año en que emigró con su madre a El Paso, Texas, donde se recibió de profesor y donde permaneció hasta 1969. Actualmente, trabaja en Colorado y además da clases en Aims Community College.

A raíz de las experiencias vividas durante los diez años en que fue director de un programa comunitario, Delgado abrazó el Movimiento Chicano y se dedicó a luchar por los pobres y marginados. Por eso es que al principio su poesía tiene como tema principal la crítica social. Con ella trata de concientizar a su pueblo y se convierte en un cronista (*chronicler*) de la experiencia chicana. Sus mejores poemas de esta época defienden al campesino, al indocumentado y al habitante del «barrio», a la vez que exploran temas propios de la cultura hispana (el compadrazgo, la red familiar, las tradiciones) y de la identidad chicana (el chicanismo, el carnalismo o la fraternidad, la estrecha relación con la tierra).

Al principio de la década de los 70, su poesía se torna más personal e íntima. En *Mortal Sin Kit* y *Reflections* aparece el tema del amor en todas sus formas: filial, maternal, sexual. Pero con *It's Cold: 52 Cold-Thought Poems of Abelardo*, el poeta regresa a los temas de tipo social, aunque también incluye poemas de amor. Es precisamente de este volumen que proviene «Homenaje a los padres chicanos», poema en que se combinan las dos vertientes de su obra: sus preocupaciones sociales y el amor, que en este caso es el amor filial.

Aproximaciones al texto

1. **Mi padre, mi amigo.** Señale qué adjetivos elegiría Ud. para describir a su padre, a su padrastro, a su abuelo o a un tío o amigo de la familia que Ud. conozca bien.

Características físicas		Características psicológicas	
alto	bajito	callado	conversador
delgado	fornido	serio	divertido
deportivo	fuerte	distante	voluntarioso
debilucho	pequeño	tranquilo	calculador
de hombros anchos		trabajador	emprendedor
de grandes manos		reservado	comunicativo
de pelo canoso		dominante	asequible

Ahora escriba un párrafo y describa a esta persona usando los adjetivos que escogió y otros que sean necesarios.

Por ejemplo: *Mi padre es/era bajito y más bien debilucho, de manos delicadas y finas. No es/era nada de deportivo, porque no sabe/sabía ni nadar. Con nosotros es/era un poco distante y...*

2. **Dos mundos.** Hay mucha gente que vive en dos mundos, porque hablan dos idiomas en la familia o en la comunidad. También hay muchos estudiantes de idiomas que viven en dos mundos mientras estudian. Con dos compañeros hagan una lista de las palabras que Uds. prefieran decir en español y que, a veces, mezclan con el inglés.
Por ejemplo: *Let's have a fiesta on Friday.*

Es conveniente saber

Chicano. El término «chicano» ha tenido varias acepciones a lo largo de los años y ha llevado distintas cargas afectivas. Históricamente, se ha usado para referirse a los estadounidenses de ascendencia mexicana y sobre todo a aquéllos de ascendencia indígenomexicana.

Durante los años 60 y 70, con el surgimiento del Movimiento Chicano (también llamado «La Causa» y «La Raza»), «chicano» se identifica con la toma de conciencia de este grupo. Otros aspectos importantes que caracterizan al chicano son su bilingüismo, su biculturalismo y lo que algunos llaman su «bisensibilismo» y «bivisualismo». Las dos últimas características son producto del biculturalismo, que hace que el chicano vea, sienta y reaccione a las cosas de dos maneras: con la sensibilidad de su propia cultura y con la de la cultura anglosajona que lo rodea.

Padres e hijos. Es cosa sabida que en la cultura hispana se dedica mucho tiempo y esfuerzo a mantener estrechas relaciones interpersonales. Estas relaciones son aún más importantes cuando se trata de los miembros de una familia (véase el concepto de la familia en la página 4). El cariño entre padres e hijos o entre nietos y abuelos tiene ciertas características que se deben examinar un poco porque este poeta invoca a su padre y a todos los padres de una manera sumamente conmovedora.

1. En la siguiente lista, indique qué expresiones se podrían usar entre padres e hijos y cuándo se usarían.
   Por ejemplo: «Te echo de menos, papá». *Cuando el hijo se va de viaje a un país lejano.*

   a. «Te quiero, papá».
   b. «Te echo de menos, papá».
   c. «Papá, te llamé para decirte que te quiero mucho».
   d. «Sólo tú me puedes enseñar a arreglar esto, papá».
   e. «Lo que tú me has enseñado, papá, me ha servido mucho».
   f. «Papá, tú eres mi mejor amigo».

2. En la siguiente lista marque lo que recibe Ud. de su padre o del jefe de la familia.

   _____ dinero _____ orientación sobre un trabajo
   _____ consejos _____ estímulo para ser mejor
   _____ compañía _____ práctica en una habilidad o destreza
   _____ reprensiones   específica
   _____ críticas duras _____ enseñanzas sobre las tradiciones
       familiares

La poesía. La lectura que sigue pertenece al género literario llamado **poesía.** Para hablar de un poema es necesario aprender los términos apropiados. Para empezar, aquí tenemos tres: **verso, estrofa** y **rima.** (Véase las definiciones en el Glosario).

Estío

estrofa {

Cantar del agua del *río* ——————— *verso*
Cantar continuo y sonoro; —————— *rima consonante*
Arriba bosque sombrío
Y abajo arenas de *oro.* ——————— *rima consonante*

Cantar...
De alondra escondida
Entre el oscuro pinar.

Cantar...
Del viento en las ramas
Floridas del retamar.

Cantar...
De abejas ante el repleto
Tesoro del colmenar.

Cantar...
De la joven tahonera
Que al río viene a lavar.

Y cantar, cantar, cantar
De mi alma embriagada y loca
Bajo la lumbre solar.

(Juana de Ibarbourou, *Obras Completas*)

1. ¿Cuántos versos tiene este poema?
2. ¿Cuántas estrofas tiene?
3. Una todos los versos que riman.

«Homenaje a los padres chicanos» es un poema escrito en **verso libre** o **blanco,** es decir versos que no tienen esquema de rima ni medida específica. Como verán más adelante, otras formas poéticas, como el **soneto,** obedecen a esquemas estrictos de medida y rima.

. . . .

▼ Homenaje a los padres chicanos

Abelardo Delgado

cara	con el semblante° callado
buenos consejos	con el consejo bien templado,°
	demandando siempre respeto,
lastimada, con ampollas	con la mano ampollada° y el orgullo repleto,
	así eres tú y nosotros te hablamos este día,
	padre, papá, apá, jefito, dad, daddy…father,
	como acostumbremos llamarte, eres el mismo.
dice	la cultura nuestra dicta°

que el cariño que te tenemos

lo demostremos poco

y unos hasta creemos

que father's day

es cosa de los gringos,[1]

pero no…

tu sacrificio es muy sagrado
para dejarlo pasar hoy en callado.

transpiración	tu sudor° es agua bendita
buen consejo	y tu palabra sabia,°
honesta	derecha° como esos surcos

que con fe unos labran día tras día,
nos sirve de alimento espiritual
y tu sufrir por tierras
y costumbres tan extrañas,

sufrimiento/protección	tu aguante,° tu amparo,° tu apoyo,

todo eso lo reconocemos y lo agradecemos
y te llamamos hoy con fuerza

para que oigas

even	aun° si ya estás muerto,

aun si la carga fue mucha

o la tentación bastante

y nos abandonaste

aun si estás en una cárcel
o en un hospital…
óyeme, padre chicano, oye también a mis hermanos,

te queremos muchísimo	hoy y siempre, papá, te veneramos.°

---

[1]los estadounidenses de origen nórdico, germánico, británico, etc., que tienen otra tradición cultural

---

En torno al texto

Hay que fijarse bien

1. Lea otra vez el poema y con un(a) compañero(a) ubiquen dónde se dice lo siguiente.

   a. con una mirada tranquila y un poco distante y un buen consejo a flor de labios
   b. tienes manos de trabajador del campo
   c. muchas maneras de decir «papá» en dos idiomas
   d. no importa qué nombre te demos, todos los padres chicanos son iguales
   e. celebrar el Día del Padre es una tradición norteamericana
   f. en nuestra cultura no le demostramos el afecto al padre
   g. tú transpiras mucho pero tu trabajo es sagrado
   h. tus consejos son buenos
   i. los consejos son claros y muy justos
   j. tu sacrificio es muy grande porque vivimos en otro país
   k. quiero que escuches aunque estés muerto
   l. quiero que escuches aunque te hayas ido de casa porque la tensión era demasiado grande
   m. quiero que escuches aunque te hayas ido de casa con otra mujer

2. Unan los versos que riman con una línea. Dividan el poema en tres partes según el contenido. Subrayen las palabras que parecen tener más fuerza en cada parte.

3. Estudien los versos que empiezan en la mitad de la línea. ¿Por qué los ha colocado en esa posición el poeta? ¿Por qué no usa letras mayúsculas? ¿Qué efectos consigue?

4. Además de la rima, ¿en qué versos se consigue marcar el compás de la melodía del poema?

En términos generales

1. ¿De qué trata este poema? ¿Para quién es?
2. ¿Quién escribió este poema? ¿Por qué lo escribió? ¿Qué fecha será?
3. ¿De qué clase social será esta familia? ¿Qué ocupación parece tener el padre? ¿Y la madre? ¿Cómo se sabe?

Los personajes y sus papeles

1. El personaje principal de este poema es el padre. Descríbalo lo más completamente que pueda en base a lo que dice el poema. Indique hasta qué verso llega esta descripción del padre.

2. Dé dos razones mencionadas por el poeta que indican que la vida del padre no ha sido ni es fácil.
3. ¿Qué dice el poeta acerca del transplante cultural del padre?
4. ¿Qué influencia tiene la tierra en este poema?
5. Según este poema, ¿cree Ud. que los hispanos tengan un Día del Padre? ¿Por qué? ¿Y tendrán Día de la Madre?

Más allá del texto

1. **De tal palo, tal astilla.** Con dos compañeros hagan una lista de padres e hijos famosos, especialmente de aquéllos que tengan la misma ocupación o profesión. Expliquen qué hacen y por qué son famosos. **Por ejemplo:** *John F. Kennedy y su padre. Los dos se dedicaron a la política y eran demócratas.*

2. **Sólo para hombres.** Con dos compañeros discutan los siguientes aspectos del poema. Cuando terminen, preséntenle sus conclusiones a la clase.

   a. ¿Por qué acepta con facilidad el poeta el hecho de que el padre puede haber caído en la tentación de irse con otra mujer?
   b. Habría tenido la misma actitud si el poema hubiera sido para las madres?

3. **Amor de padre.** Escriba un poema o un párrafo de homenaje a los hijos de este padre chicano. Piense en lo que significa crecer en una familia de trabajadores agrícolas que no tiene tierra propia y que va de campo en campo cosechando vegetales y frutas, según la estación del año. Refiérase a los sentimientos de estos niños o adolescentes.

Es conveniente saber

Los trabajadores migrantes. Por razones históricas y culturales, los trabajadores agrícolas migrantes, por lo general, no tienen tierra propia, sino que trabajan de **braceros** (trabajan con sus brazos) o **piscadores** (cosechadores de fruta y verduras) para granjeros o grandes hacendados o compañías. Sus salarios son extremadamente bajos y, comúnmente, no gozan de ninguna de las garantías sociales (seguro médico, jubilación) que tienen los obreros de otros sectores de la economía. Por lo tanto, cuando se habla del trabajador agrícola o del campesino no se puede pensar en la idea tradicional norteamericana del granjero que trabaja su propia tierra con sus hijos u otros familiares.

Muchos chicanos son trabajadores agrícolas en distintas partes de Estados Unidos, desde los estados fronterizos del sudoeste hasta las empacadoras de tomate de Ohio, los huertos de la Florida y las granjas de Pensilvania o Nueva York. Esta vida de migrantes es muy dura y las condiciones de trabajo suelen ser malísimas. Además, a menudo, los niños tienen que trabajar junto a sus padres para que la familia pueda sobrevivir económicamente. Los frecuentes cambios de colegio y de casa, consecuencia de la migración, y el hecho de que estos niños muy a menudo son monolingües cuando entran en la escuela, tiene un efecto negativo sobre su experiencia escolar. (Véanse también los poemas de Tino Villanueva en las págs. 229 y 234).

. . . .

4. **Yo también soy poeta.** Escriba un poema de homenaje a su padre o a alguna figura masculina que Ud. admire. Incluya una buena descripción de la persona, tanto de sus características físicas como psicológicas, su manera especial de aconsejarlo a Ud., y su lucha para adaptarse a su ambiente y proteger y criar a sus hijos. Si Ud. es varón, tenga cuidado de mantener el tono apropiado para dirigirse a otro varón.

Temas de ensayo

Elija uno de los siguientes temas según las instrucciones de su profesor(a). Use sus apuntes sobre el texto, especialmente lo que anotó en la sección **En torno al texto.** Cada vez que copie un verso del texto, póngalo entre comillas («...») e indique en qué página aparece.

1. Si a Ud. le interesa la literatura escrita en español en Estados Unidos, analice la obra de escritores como Abelardo Delgado y Tino Villanueva. Estudie la influencia que han tenido su vida y sus experiencias en su obra y temática.

2. Compare la experiencia descrita en este poema con la suya o la de otra persona. Describa el trabajo de los inmigrantes, sus problemas en la comunidad (incluyendo la educación de sus hijos bilingües) y el dilema que se presenta cuando hay que decidir entre mantener la identidad personal y cultural o integrarse a la cultura principal. Use ejemplos de su familia o de alguien que Ud. conozca bien.

3. Si a Ud. le interesan las perspectivas sociológicas o políticas de los problemas de los grupos hispanos estadounidenses, haga un trabajo de investigación en que use la obra de algunos escritores chicanos para ilustrar o explicar las luchas sociales de los chicanos en el sudoeste.

4. Mucha gente que tiene dos culturas siente la tensión entre sus dos mundos y tiene sentimientos encontrados de amor y de odio hacia la cultura que les es más extranjera. Analice este tema en el poema leído.

La familia

RIGOBERTA MENCHÚ CON ELIZABETH BURGOS

De Me llamo Rigoberta Menchú y así me nació la conciencia

Nombre:	Rigoberta Menchú (1962–)
Nacionalidad:	Guatemalteca de origen maya quiché
Ocupación:	Luchadora por los derechos de los indígenas
Obra:	*Me llamo Rigoberta Menchú y así me nació la conciencia* (1985), relato de su vida hecho en París a Elizabeth Burgos, psicóloga y etnóloga de origen venezolano-francés.
Otros datos:	Aprendió el español a los 20 años de edad para poder dar a conocer la situación de su pueblo.

FICHA PERSONAL

La lectura que sigue representa un tipo de literatura que se llama *literatura testimonial*. Es decir, se trata de un texto que es la recopilación o transcripción de la narración oral (testimonio) de una persona. Si Ud. lee el relato con cuidado, se dará cuenta de que Rigoberta le está hablando a otra persona y no escribiendo, porque la estructura de sus párrafos y frases es oral y no escrita (véase el primer párrafo). En este testimonio, vemos ilustrados el dolor de la separación de la familia, el racismo y la discriminación en contra de los indígenas.

El relato de Rigoberta es doblemente importante, ya que no sólo nos describe la vida de los indígenas en Guatemala sino que, con algunas variantes, describe la vida y los problemas del indígena en todo el continente americano. Como todos ellos—en realidad, como la mayoría de la gente de color—Rigoberta y su pueblo sufren discriminación cultural y económica (aunque muchísimos hispanoamericanos lo negarían vehementemente). Burgos señala que Rigoberta quiere hacernos ver que en los países hispanos con una gran población indígena existe actualmente lo que podría llamarse un «colonialismo interno que se ejerce en detrimento de las poblaciones autóctonas» (Prólogo).

«La familia» es el primer capítulo del relato oral de Rigoberta, y en él ya aparecen muchos indicios de lo dura que ha sido la vida para su familia y su pueblo. Lo que no nos cuenta sino hasta más adelante es que pierde a su padre en una masacre de indios quichés que habían viajado a la Ciudad de Guatemala para dar a conocer sus problemas a las autoridades. Después de la muerte del padre, también pierde a su hermano de doce años y a su madre a manos del ejército. La primera parte de la película *El Norte* presenta una situación muy parecida y sería bueno que la viera en clase o en casa.

Aproximaciones al texto

1. **Tiempos difíciles.** Haga una lista de por lo menos cuatro problemas o complicaciones que causan dificultades para una familia.
   Por ejemplo: *Cuando se pierde…*
   Cuando una de las personas está…
   Cuando se necesita…
   Cuando no hay nadie que… (pueda/tenga/vaya)
   Cuando no hay nada que… (sirva/ayude/valga)

2. **De mi propio pecunio.** Pregúntele a dos compañeros(as) si trabajan y por qué lo hacen. Después, escriba un párrafo con sus respuestas.
   Por ejemplo: *Mi compañero Enrique dice que trabaja para ahorrar dinero y poder ir a Bermuda en las vacaciones de primavera. Sin embargo, Julia dice que tiene que trabajar para pagar el alquiler de su apartamento y para comprarse ropa.*

3. **Un adolescente típico.** Con un(a) compañero(a) escriban un párrafo que describa las experiencias de un adolescente típico. Expliquen cómo dividen el día y la semana y den ejemplos de las actividades más populares entre ellos y en las que ocupan la mayor parte de su tiempo.
   Por ejemplo: *En general, los adolescentes pasan un tercio del día en el colegio, un tercio con los amigos y un tercio… Las actividades más importantes para ellos son… (hablar por teléfono/hacer los quehaceres de la casa/ayudar a…/trabajar para…).*

Cuando lea el fragmento de Rigoberta Menchú, piense en las diferencias que existen entre estos adolescentes y los que describe la autora.

4. **Mi segundo idioma.** Explique por qué quiere Ud. aprender el español. Escriba un párrafo o dé un informe oral dando sus razones.
Por ejemplo:

$$Quiero\ aprender\ más\ español\ para\ poder \begin{cases} enseñar\ español\ en... \\ trabajar\ con\ hispanos. \\ hacer\ negocios\ en... \\ ser\ buen(a)\ enfermero(a). \\ ser... \end{cases}$$

$$Estoy\ estudiando\ español\ porque \begin{cases} mis\ padres... \\ mi\ novio(a)... \\ mi\ amigo(a)\ también... \\ mi\ jefe(a)\ quiere\ que... \\ mi\ facultad\ exige\ que... \end{cases}$$

5. **La pobreza.** Según su opinión, ¿cuándo es pobre una persona? Haga una lista de la condiciones que deben cumplirse, según Ud.
Por ejemplo: *Una persona es pobre cuando... (no tiene.../no puede...)*
... o cuando tiene que... (pedir dinero/préstamos/tener dos trabajos...)

- -

Es conveniente saber

Los mayas. Aunque hoy en día podamos visitar las magníficas ruinas de sus centros urbanos y religiosos y admirar el arte maravilloso de los mayas, sabemos muy poco acerca de otros aspectos de su cultura. Por ejemplo, no resulta claro por qué decayeron y desaparecieron los mayas de ciertas áreas de Mesoamérica, ni tampoco se ha descifrado su sistema de escritura jeroglífica. Gran cantidad de la información que tenemos ahora proviene de la versión española del *Popol Vuh* o «Biblia maya», una especie de recopilación de los hechos históricos y legendarios así como de las creencias más importantes.

Lo que sí sabemos es que la cultura maya no sólo es muy antigua, sino también extraordinariamente avanzada. Basta estudiar su aporte a la arquitectura, el arte, el dominio asombroso de las matemáticas, la astronomía y otras ciencias y la avanzada organización de los grandes centros religiosos como Chichén Itzá, Uxmal, Copán—cuyas ruinas asombran a los científicos de hoy, tanto como asombraron a los españoles desde 1511. A pesar de que ya habían pasado su edad de oro, les costó mucho trabajo a los españoles llegar a dominarlos (1527–1697).

- -

▼▼ La familia

RIGOBERTA MENCHÚ CON ELIZABETH BURGOS
De *Me llamo Rigoberta Menchú y así me nació la conciencia*

«Siempre hemos vivido aquí: es justo que continuemos viviendo donde nos place y donde queremos morir. Sólo aquí podemos resucitar; en otras partes jamás volveríamos a encontrarnos completos y nuestro dolor sería eterno».

Popol Vuh

Me llamo Rigoberta Menchú. Tengo veintitrés años. Quisiera dar este testimonio vivo que no he aprendido en un libro y que tampoco he aprendido sola ya que todo esto lo he aprendido con mi pueblo y es algo que yo quisiera enfocar. Me cuesta mucho° recordarme toda una vida que he vivido, pues muchas veces hay tiempos muy negros y hay tiempos que, sí, se goza también pero lo importante es, yo creo, que quiero hacer un enfoque que no soy la única, pues ha vivido mucha gente y es la vida de todos. La vida de todos los guatemaltecos pobres y trataré de dar un poco mi historia. Mi situación personal engloba toda la realidad de un pueblo.

es muy difícil

En primer lugar, a mí me cuesta mucho todavía hablar castellano ya que no tuve colegio, no tuve escuela. No tuve oportunidad de salir de mi mundo, dedicarme a mí misma y hace tres años que empecé a aprender el español y a hablarlo; es difícil cuando se aprende únicamente de memoria y no aprendiendo en un libro. Entonces, sí, me cuesta un poco. Quisiera narrar desde cuando yo era niña o incluso desde cuando estaban en el seno de mi madre, pues, mi madre me contaba como nací porque nuestras costumbres nos dicen que el niño, desde el primer día del embarazo de la mamá ya es un niño.

En primer lugar en Guatemala existen veintidós etnias indígenas, y consideramos que una de las etnias también son los compañeros ladinos,° como les llaman, o sea, los mestizos; serían veintitrés etnias, veintitrés lenguas también. Yo pertenezco a una de las etnias que es la etnia° Quiché, tengo mis costumbres, costumbres indígenas quichés, pero sin embargo he vivido muy cerca de casi la mayor parte de las otras etnias debido a mi trabajo organizativo con mi pueblo. Soy de San Miguel/ Uspantán, Departamento El Quiché. El Quiché se ubica en el Noroccidente del país. Vivo en el Norte del Quiché, o sea cerca de Chajul. Pueblos que tienen largas historias de lucha. Camino seis leguas, o sea veinticinco kilómetros a pie para llegar a mi casa, desde el pueblo de Uspantán. La aldea,° es la aldea Chimel, donde yo nací. Precisamente mi tierra es casi un paraíso° de todo lo lindo que es la naturaleza en esos lugares ya que no hay carreteras, no hay vehículos. Sólo entran personas. Para transportar las cargas son los caballos o nosotros mismos; para bajar al pueblo de las montañas. Yo casi vivo en medio de muchas montañas. En primer lugar, mis padres se ubicaron desde el año 1960, ahí, y ellos cultivaron la tierra. Era montañoso donde no había llegado ninguna persona.

indios que adoptaron la cultura blanca
gente de igual origen e idioma

pueblo muy pequeño
tierra ideal

Ellos, con toda la seguridad de que allí iban a vivir, y aunque les costara mucho, pero allí se quedaron. En ese lugar se daba mucho el mimbre.° *wicker* Entonces mis padres se habían ido allá a buscar mimbre pero allí les gustó y empezaron a bajar las montañas° para quedarse allá. Y, un año después querían quedarse allá pero no tenían recursos. Fueron desalojados° del pueblo, de su pequeña casita. Entonces vieron la gran necesidad de irse hasta la montaña y allí se quedaron. Puedo decir que ahora es una aldea de cinco o seis caballerías° cultivadas por los campesinos.

Fueron desalojados del pueblo ya que allí cayó una serie de gentes, de ladinos y allí se hicieron su casa en el pueblo. No exactamente los desalojaron así, echándolos sino que, poco a poco, los gastos° se apoderaron de la casita de ellos. Llegó un momento en que tenían bastantes deudas con toda esa gente. Todo lo que ganaban se gastaba y la casa tuvieron que dejarla, se quedó como pagándoles la deuda que tenían. Como los ricos siempre acostumbran, cuando la gente tiene deudas con ellos de quitar un poco de tierra, un poquito de las cosas y así es cuando van apoderándose de todo. Así pasó con mis papás.

Lo que pasó es que mi padre era huérfano y mi abuelita tuvo que regalar° a mi padre en una casa de unos ricos para poder comer y así es como él creció y tuvo también una etapa muy dura en la vida hasta llegar a ser un hombre grande.

Mi padre nació en Santa Rosa Chucuyub, es una aldea del Quiché. Pero cuando se murió su padre tenían un poco de milpa° y ese poco de milpa se acabó y mi abuela se quedó con tres hijos y esos tres hijos los llevó a Uspantán que es donde yo crecí ahora. Estuvieron con un señor que era el único rico del pueblo, de los Uspantanos y mi abuelita se quedó de sirvienta del señor y sus dos hijos se quedaron pastoreando° animales del señor, haciendo pequeños trabajos, como ir a acarrear° leña,° acarrear agua y todo eso. Después, a medida que fueron creciendo, el señor decía que no podía dar comida a los hijos de mi abuelita ya que mi abuelita no trabajaba lo suficiente como para ganarles la comida de sus tres hijos. Mi abuelita buscó otro señor donde regalar a uno de sus hijos. Y el primer hijo era mi padre que tuvo que regalarle a otro señor. Ahí fue donde mi papá creció. Ya hacía grandes trabajos, pues hacía su leña, trabajaba ya en el campo. Pero no ganaba nada pues por ser regalado no le pagaban nada. Vivió con gentes… así… blancos, gentes ladinas. Pero nunca aprendió el castellano ya que lo tenían aislado en un lugar donde nadie le hablaba y que sólo estaba para hacer mandados y para trabajar. Entonces, él aprendió muy muy poco el castellano, a pesar de los nueve años que estuvo regalado con un rico. Casi no lo aprendió por ser muy aislado de la familia del rico. Estaba muy rechazado de parte de ellos e incluso no tenía ropa y estaba muy sucio, entonces les daba asco° de verle. Hasta cuando mi padre tenía ya los catorce años, así es cuando él empezó a buscar qué hacer. Y sus hermanos también ya eran grandes pero no ganaban nada. Mi abuela apenas ganaba la comida para los dos hermanos, entonces, era una condi-

wicker

cortar los árboles
expulsados

45 hectáreas cada una

deudas

dar

grano, cosecha

cuidando a los animales
transportar/madera
para el fuego

les daba repulsión

ción bastante difícil. Así fue también como mi papá empezó a trabajar en las costas,° en las fincas.° Y ya era un hombre, y empezó a ganar dinero para mi abuelita. Y así es cuando pudo sacar a mi abuelita de la casa del rico, ya que casi era una amante del mismo señor donde estaba, pues, las puras necesidades hacían que mi abuelita tenía que vivir allí y que no había cómo salir a otro lado. El tenía su esposa, claro, pero, además de eso, por las condiciones, ella aguantaba o si no, se iba porque no había tanta necesidad de parte del rico ya que había más gentes que querían entrar ahí. Entonces por las puras necesidades mi abuela tenía que cumplir todas las órdenes. Ya salieron mi abuela con sus hijos y ya se juntó con el hijo mayor en las fincas y así es cuando empezaron a trabajar.

En las fincas en donde crecieron mis padres, crecimos nosotros. Son todas las fincas ubicadas en la costa sur del país, o sea, parte de Escuintla, Suchitepequez, Retalhuleu, Santa Rosa, Jutiapa, todas las fincas ubicadas en la parte sur del país, donde se cultiva, más que todo, el café, algodón, cárdamomo o caña de azúcar. Entonces, el trabajo de los hombres era más en el corte de caña, donde ganaban un poco mejor. Pero, ante las necesidades, había épocas del tiempo que todos, hombres y mujeres, entraban cortando caña de azúcar. Y claro de un principio tuvieron duras experiencias. Mi padre contaba que únicamente se alimentaban de yerbas° del campo, pues, que ni maíz tenían para comer. Pero, a medida que fueron haciendo grandes esfuerzos, lograron tener en el altiplano,° una casita. En un lugar que tuvieron que cultivarlo por primera vez. Y, mi padre a los dieciocho años era el brazo derecho, de mi abuelita porque había tanta necesidad. Y era mucho el trabajo de mi padre para poder sostener a mi abuelita y a sus hermanos… Desgraciadamente desde ese tiempo habían ya agarradas° para el cuartel; se llevan a mi padre al cuartel y se queda nuevamente mi abuela con sus dos hijos. Y, se fue mi padre al servicio. Allá es donde él aprendió muchas cosas malas y también aprendió a ser un hombre ya completo, porque dice que al llegar al servicio le trataban como cualquier objeto y le enseñaban a puros golpes, aprendió más que todo el entrenamiento militar. Era una vida muy difícil, muy dura para él. Estuvo haciendo un año el servicio. Después, cuando regresa, encuentra a mi abuelita en plena agonía que había regresado de la finca. Le dio fiebre. Es la enfermedad más común después de la ida a las costas, donde hay mucho calor y después el altiplano, donde hay mucho frío, pues ese cambio es bastante brusco para la gente. Mi abuela ya no tuvo remedio y tampoco había dinero para curarla y se tuvo que morir mi abuelita. Entonces quedan los tres huérfanos que es mi padre y sus dos hermanos. Aún ya eran grandes. Se tuvieron que dividir ellos ya que no tenían un tío ni tenían nada con quien apoyarse y todo. Se fueron a las costas, por diferentes lados. Así es cuando mi padre encontró un trabajito en un convento parroquial y donde también casi no ganaba pues, en ese tiempo se ganaba al día treinta centavos, cuarenta centavos, para los trabajadores tanto en la finca como en otros lados.

tierras cerca del mar/ plantaciones, haciendas

plantas, hierbas

meseta, tierras altas

forced military roundups

Dice mi padre que tenían una casita hecha de paja, humilde. Pero, ¿qué iban a comer en la casa ya que no tenían mamá y que no tenían nada?

Entonces, se dispersaron.

Así es cuando mi padre encontró a mi mamá y se casaron. Y enfrentaron muy duras situaciones. Se encontraron en el altiplano, ya que mi mamá también era de una familia muy pobre. Sus papás también son muy pobres y también viajaban por diferentes lugares. Casi nunca estaban estables en la casa, en el altiplano.

Así fue como se fueron a la montaña.

No había pueblo. No había nadie.

Fueron a fundar una aldea en ese lugar. Es larga la historia de mi aldea y es muy dolorosa muchas veces.

Las tierras eran nacionales, o sea, eran del gobierno y que para entrar en las tierras había que pedirle permiso. Después de pedirle permiso, había que pagar una multa° para bajar las montañas y luego hacer sus casas. Entonces, a través de todos esos esfuerzos en la finca pudieron dar la multa que tuvieron que pagar y bajaron las montañas. Claro, no es fácil que dé cosecha una tierra cuando se acaba de cultivarla, y bajar las montañas. Casi en ocho o nueve años da la primera cosecha buena, entonces, la poca tierra que mis padres pudieron cultivar en ese tiempo, fue ya después de los ocho años que tuvieron producto de esa pequeña tierra, y así es cuando crecieron mis hermanos. Cinco hermanos mayores y que cuando estábamos en las fincas, yo vi morir todavía a mis dos hermanos mayores, precisamente por la falta de comida, por la desnutrición que, nosotros los indígenas sufrimos. Muy difícil que una persona llegue a tener los quince años, así con vida. Mas cuando uno está en pleno crecimiento y que no tiene nada que comer y se mantiene con enfermedades… entonces… se complica la situación.

Se quedaron allí. Lo lindo que veía mi madre eran los árboles, las montañas increíbles. Mi mamá decía que había veces que se perdían, pues, al salir de la montaña no se ubicaban° porque las montañas son bastante grandes y casi no cae rayo de sol debajo de las plantas. Es muy tupido.° Entonces allí nosotros prácticamente crecimos. Amamos mucho, mucho a nuestra tierra, a pesar de que caminábamos mucho para llegar hasta la casa de los vecinos. Poco a poco mis papás llamaron más gente para que hubiera más cultivo y que no sólo eran ellos ya que en la noche bajaban toda clase de animales de la montaña a comer la milpa, a comer el maíz cuando ya está, o a comer el elote.°

Todas las cosas se las comían los animales de la montaña.

Uno de ellos, que decía mi papá, es el mapache° que le dicen. Además mi mamá empezó a tener sus gallinas, sus animalitos y había bastante espacio pero como mi madre no tenía tiempo para ver sus animales, tenía unas ovejitas, que si se iban al otro lado de las plantas, ya nunca regresaban. Unas se las comían los animales en el monte o se perdían.

fine

estaban desorientados

denso

mazorca de maíz

raccoon

Entonces, empezaron a vivir ahí pero, desgraciadamente, mucho, mucho tiempo tardó para que ellos tuvieran un poquito de cultivo.

Entonces tenían que bajar a las fincas.

Esto es lo que contaban mis padres cuando se radicaron allí. Ya después, cuando nosotros crecimos cuando nos tocaba vivir cuatro o cinco meses en esa aldea, éramos felices porque había grandes ríos que pasaban por la montañita, abajito de la casa. Nosotros prácticamente no tenemos tiempo como para divertirnos. Pero, al mismo tiempo, cuando estábamos trabajando era una diversión para nosotros porque nos tocaba quitar los montes pequeños y a mis padres les tocaba cortar los árboles grandes. Entonces, allí se oían cantos de pájaros, diferentes pájaros que existen. También muchas culebras.° Y nosotros nos asustábamos mucho, mucho de ese ambiente. Eramos felices a pesar de que hace también mucho frío porque es montañoso. Y es un frío húmedo.

snakes

Yo nací en ese lugar. Mi madre tenía ya cinco hijos, creo yo. Sí, tenía ya cinco hijos y yo soy la sexta de la familia. Y mi madre decía que le faltaba todavía un mes para componerse conmigo° y estaba trabajando en la finca. Le faltaban veinte días cuando se trasladó a casa y cuando yo nací, nací únicamente con mi madre, pues. No estaba mi papá ya que tenía que cumplir el mes en la finca.

tenerme

Entonces ya crecí. Lo que me recuerdo más o menos de mi vida será a partir de los cinco años. Desde pequeños pues, bajábamos siempre a la finca y cuatro meses estábamos en la pequeña casita que tenemos en el altiplano y los demás meses del resto del año teníamos que estar en la costa, ya sea en la Boca Costa donde hay café, cortes de café o también limpias de café y también en la costa sur donde hay algodón; ése era más que todo el trabajo de nosotros. O sea las grandes extensiones de tierra que tienen unas cuantas familias donde se produce la cosecha y los productos que se venden al exterior. Los terratenientes, pues, son dueños de grandes extensiones de tierra.

En la finca trabajamos por lo general ocho meses del año y cuatro meses estamos en el altiplano ya que a partir de enero se siembran las cosechas. Regresamos un mes al altiplano a sembrar nuestro pequeño maíz, fríjol.

Nosotros vivimos más en las montañas, o sea, en las tierras no fértiles, en las tierras que apenas dan maíz, fríjol y en las costas se da cualquier cosecha, pues. Bajamos a las fincas a trabajar durante ocho meses. Esos ocho meses muchas veces no van seguidos, porque partimos un mes para ir a sembrar al altiplano nuestra pequeña milpa. Bajamos a la finca mientras que crece la milpa y así cuando se cosecha ya nuestra pequeña milpa regresamos al altiplano. Pero inmediatamente se acaba otra vez. Y nos tenemos que bajar nuevamente a la producción a ganar dinero. Entonces, por lo que cuentan, pues, mis padres, desde hace muchos años, ellos han vivido, una situación muy difícil y muy pobres.

Es conveniente saber

El término **ladino.** El término **ladino** tiene una historia muy interesante porque se aplica a distintos grupos de gente según el lugar. En España se aplicó a los judíos españoles y a su dialecto (que es español antiguo). En gran parte de Centroamérica se usa para hablar del mestizo que sólo habla español, mientras que en Guatemala se usa para nombrar a los indígenas o mestizos que se han adaptado a la cultura hispana dominante y que rechazan los valores culturales indígenas. Una definición más amplia es «alguien en quien no se puede confiar».

. . . .

En torno al texto

Hay que fijarse bien

Lea el relato y ubique dónde se dice lo siguiente. ¿Cómo dice Rigoberta que...?

(págs. 22–23)
1. hay épocas difíciles y otras mejores
2. no sabe leer
3. el quiché es la gente, la tierra y el idioma
4. su pueblo está a 15,5 millas de Uspantán
5. su mundo es maravilloso y no hay automóviles ni caminos
6. a sus padres les gustó el lugar y decidieron quedarse
7. llegaron los ladinos y abrieron tiendas y negocios
8. tuvieron que dar la casa en pago por sus deudas
9. su padre y sus tíos tuvieron que trabajar desde pequeños sin ganar nada
10. la abuela trabajaba para recibir techo y comida pero sin ganar dinero

(págs. 24–25)
11. el patrón acostumbraba tener relaciones sexuales con las sirvientas
12. la abuela con sus hijos se fueron a trabajar a la costa
13. con mucho trabajo construyeron una casita en su tierra
14. cuando tenía 18 años, obligaron al padre a hacer el servicio militar
15. la abuela murió de fiebre, sin tener dinero para médico ni remedios
16. sin la abuela, la casa no era casa
17. los hermanos se separaron y el padre se casó
18. la tierra tarda ocho años en dar una buena cosecha
19. tenían mucha hambre los niños

(pág. 26)

20. sólo podíamos vivir cuatro meses al año en nuestra casa: un mes para plantar y tres meses para cosechar y comer nuestra cosecha
21. todos trabajamos por años y años y nunca tenemos nada

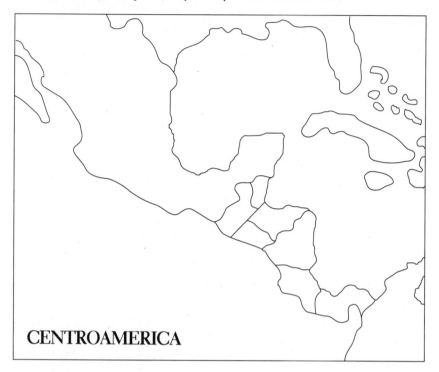

CENTROAMERICA

En términos generales

Si es necesario, lea el testimonio otra vez y conteste las siguientes preguntas.

1. Encuentre en el texto cinco signos de la extrema pobreza de esta gente.

2. Encuentre cinco ejemplos del valor de la tierra y la naturaleza para los quichés.

3. Encuentre tres ejemplos del valor de la vida y la familia para los quichés en este texto.

4. Encuentre tres ejemplos de la desintegración de la familia en el texto.

5. Busque ejemplos del poder de los ricos (ladinos, blancos).

6. ¿Qué efecto tiene el poder o no poder hablar español entre los quichés y los ladinos? Busque indicaciones del valor relativo de los dos idiomas.

7. ¿Por qué cree Ud. que se ha ido de Guatemala a París Rigoberta?

Los personajes y sus papeles

Si es necesario, lea el relato otra vez y conteste las siguientes preguntas.

1. Haga la ficha personal completa de Rigoberta.

	Edad: años
Nombre:	
Lugar de nacimiento:	
Origen:	Idiomas:
Nacionalidad:	
Domicilio o residencia:	Ocupación:
Educación:	
Ocupación del padre:	
Ocupación de la madre:	
Nº de hermanos:	
Ocupación de los hermanos:	

FICHA PERSONAL

2. El padre de Rigoberta sirve de ejemplo de las responsabilidades que tienen los hombres en esta sociedad. ¿Cuáles son estas responsabilidades? ¿Qué se dice acerca de la necesidad de tener un tío?
3. ¿Cuál es el papel de la madre y de las mujeres en general? ¿Cuáles parecen ser sus actividades diarias?
4. ¿Qué papel tiene Rigoberta en su familia? ¿Y en su pueblo?

Más allá del texto

1. **En la sala de redacción.** Con un(a) compañero(a) redacten de nuevo este testimonio. Imagínense que Uds. trabajan en la sala de redacción de un diario y que el jefe les ha pedido que preparen la transcripción de estas palabras de Rigoberta para publicarlo en la sección de *Figuras Notables* del periódico. Ordenen los hechos cronológicamente y eviten la repetición. Dividan el trabajo entre varias parejas de compañeros.

2. **La madre tierra.** Para la familia humana, la tierra es considerada la madre. Sin embargo, no todos respetan la naturaleza ni la veneran como los quichés. Con un(a) compañero(a) busquen ejemplos positivos y negativos de nuestra relación con la naturaleza en este país. Luego, compartan sus ideas oralmente o por escrito.

   Por ejemplo: *A nadie le importa el medio ambiente* (environment) *aquí. En mi comunidad, talaron los árboles (bajaron la montaña) para hacer un cementerio feo y árido, sin vegetación alguna. A veces destruyen un campo o un bosque para hacer un centro comercial y no plantan ni un árbol de sombra siquiera.*

3. **¿Regalar a un hijo?** En este texto se nos presenta un tema de candente actualidad. ¿Se pueden regalar los hijos? ¿Quién puede decidirlo? ¿Cuál hijo(a) elegir? ¿Cuándo se puede permitir esto? Converse con dos o tres compañeros y después haga dos listas: una de razones para apoyar y otra de razones para prohibir o rechazar esta manera de asegurarle el diario sustento *(sustenance)* a los niños. En seguida, escriban un resumen de sus opiniones en uno o dos párrafos y den su solución personal al problema.

4. **Contrastes.** Discutan con dos compañeros los contrastes entre un(a) niño(a) o joven quiché y un(a) niño(a) o joven de su comunidad. Cuando terminen presenten un informe oral.

   Por ejemplo: *Hay un mundo de diferencia entre un(a) chico(a) quiché y un(a) chico(a) de mi pueblo porque...*

5. **En vivo y en directo.** En Guatemala y en otros países, la mayoría de la gente es indígena o mestiza y se discrimina contra ella. Con un(a) compañero(a) investiguen la situación existente en algún país o en su comunidad y preparen un informe con su punto de vista para la televisión. Recuerden que si el informe es para la «televisión» de su sala de clase, van a necesitar algunos elementos visuales.

   Por ejemplo: *Señores televidentes, nos encontramos ahora en... y hemos venido para mostrarles... porque la situación de este grupo es...*

6. **Naciones indígenas de los Estados Unidos.** Investigue una de las naciones indígenas de este país y escriba un informe. Si es posible, entreviste a una persona que sea del grupo étnico elegido. Incluya información sobre:
   • Territorio ocupado antes/después de la llegada de los europeos.
   • Organización social y familiar; papel(es) de hombres y mujeres.
   • Costumbres, celebraciones principales, ritos y leyendas.
   • Actividades económicas principales y relaciones con la cultura dominante.
   • Problemas más importantes o apremiantes (urgentes).

las instrucciones de su profesor(a).

ente lo que anotó en la sección

na frase del texto, póngala entre

a aparece.

arecen en este libro como «¿Por

nos negros del Perú» (pág. 219),

154), «Que hay otra voz» (pág. 229),

(pág. 11) o «La United Fruit Co.»

s y diferencias entre lo perdido y lo

a familia y a la naturaleza. Analice

rupo dominante trata al grupo

cuando se trata de regalar a un hijo,

n hijo para otra persona, dárselo a una

familiar, etc. Refiérase a los problemas

res, los ricos y las interacciones entre

ación política sobre la gente de este país y

ala. Use como ejemplo los acontecimientos

y los que se ven en la película *El Norte*.

recho al trabajo y a ganarse el diario

ia filosofía primero. Luego, compare lo que

genas como Rigoberta con lo que significa el

n podría entrevistar a alguien de una minoría y

monio de esta persona con el de Rigoberta.

e una minoría de este país en cuanto a sus

nómicos, educacionales y de salud. Sería intere-

madre o a alguna mujer para comparar su punto

de vis␣␣␣␣␣oberta.

6. Si le interesan los ␣␣␣␣dios sobre la mujer, analice el desarrollo, cambio
y actividades de Rigoberta. Estudie el contraste entre sus orígenes como
mujer indígena destinada a tener hijos y cuidar de la familia y su papel
como luchadora—que aprende un idioma que no es el suyo para
hablar en contra de la discriminación que sufre su pueblo. Si ha leído
«¿Por qué me odias tú?» (pág. 192) o «Lección sobre ruedas» (pág. 70)
de Domitila Barrios de Chungara, compare las experiencias de ambas.

7. Si le interesan los problemas sociales, analice los efectos de la migración sobre los indígenas y/o los trabajadores chicanos, dominicanos,
puertorriqueños o jamaicanos y sus familias. Incluya información sobre
los problemas de educación, de salud, de vivienda (casa), tanto como
los familiares y las condiciones económicas. Lea además «Que hay
otra voz» (pág. 229), «Convocación de palabras» (pág. 234) o vea la
película *El Norte*.

▼

En la redoma

JOSÉ DONOSO

Capítulo de *Este domingo*

Nombre:	José Donoso (1924–)
Nacionalidad:	Chileno
Ocupación:	Novelista, profesor de literatura inglesa, profesor de creación literaria, periodista
Obras más conocidas:	*Coronación* (1958)
	Este domingo (1966)
	El obsceno pájaro de la noche (1970)
	Casa de campo (1978), que obtuvo el Premio de la Crítica Española.
	La desesperanza (1986)
Otros datos:	Donoso forma parte del grupo llamado del «boom» de la novela hispanoamericana. Ha sido profesor en los Estados Unidos varias veces y vivió exilado en España por muchos años durante la dictadura militar de Pinochet (1973–1990) en su país.

FICHA PERSONAL

Hombre de variadas experiencias, Donoso estudió en la Universidad de Chile y en la Princeton University. Además, ha enseñado en estas últimas así como en Dartmouth y en el International Writers' Workshop de la Universidad de Iowa. Como periodista, fue redactor de la revista *Ercilla*, importante publicación chilena. Ha ganado dos becas de la fundación Guggenheim y ha ejercido una gran influencia en la literatura hispanoamericana.

«En la redoma» es el primer capítulo de *Este domingo*, una novela de cinco capítulos, tres de los cuales son narrados por uno de los nietos de

Chepa y Alvaro Vives. Ya adulto, el nieto recuerda los fines de semana, los «domingos» en casa de sus abuelos y lo que significaban para él. Los otros dos capítulos nos permiten apreciar los puntos de vista de Alvaro y Chepa, respectivamente.

La novela nos cuenta la vida de una familia de la clase media alta chilena y de las tensiones entre los individuos, las distintas generaciones y las distintas clases sociales. A pesar de tratar de un grupo tan unido como éste, la obra desarrolla y examina en profundidad el tema de la soledad, del trágico aislamiento del ser humano. Este es un tema que se repite mucho en toda la literatura occidental contemporánea y ha sido tratado magistralmente por Donoso en esta obra.

Aproximaciones al texto

1. **"Coming home."** Haga una lista de todas las palabras que Ud. asocie con la idea de «volver a casa». Incluya sentimientos, personas, objetos, comidas, habitaciones, aromas y cualquier otra categoría que se le ocurra.

Sentimientos	Gente	Objetos	Comidas	?
bienestar	hermanos	mis discos	torta moka	

2. **Juegos de antaño.** Pregúntele a otro(a) compañero(a) a qué jugaba cuando era chico(a) con sus hermanos/primos/amigos. Compare los juegos que ambos jugaban. En seguida, escriba un resumen de un párrafo.
   Por ejemplo: *Con mis primos hacíamos un tren de sillas en un salón y jugábamos a hacer larguísimos viajes en tren en los que nos ocurrían muchísimas aventuras. Por ejemplo, una vez...*

3. **Una persona importante para mí.** Piense en una persona que haya tenido mucha influencia sobre Ud. cuando era chico(a) o más joven y escriba un párrafo donde explique por qué fue tan importante.
   Por ejemplo: *Mi tía Molly tuvo mucha influencia sobre mí. Había viajado y conocido a mucha gente; despertó en mí la curiosidad por conocer otras culturas y recorrer el mundo. Fue una especie de pionera porque... Además...,*

4. **Casa de ensueño.** Dibuje el exterior o interior de una casa que Ud. haya conocido y que le pareció interesante por algún motivo. Puede ser una casa antigua o una casa moderna con detalles interesantes.

Es conveniente saber

El almuerzo de los domingos. Esta comida era y sigue siendo la más importante de la semana para la familia chilena y la familia hispana, en general. Los grupos familiares y de amigos se reúnen en casa de un pariente con regularidad y se sirve un largo, exquisito y complicado almuerzo. Niños y adultos comen juntos y desde pequeños los niños aprenden a servirse y comer los mismos platos que los adultos y a permanecer en la mesa unas dos horas (entre 2 y 4 de la tarde, más o menos), sin levantarse ni molestar a los mayores. A veces, el almuerzo dominguero se toma en un restaurante conocido del campo o la playa, en el que se tienden a servir los mismos platos típicos preferidos en casa. En Chile, todo almuerzo dominguero que se respete empieza con ricas empanadas y termina con una larga sobremesa o conversación en la mesa. Después de la sobremesa, llega la hora de onces (hora del té), otra comida en que se sirve una gran variedad de dulces o tortas, mermeladas, quesos y cecinas (embutidos) y pan de diferentes tipos. Las empleadas domésticas y las dueñas de casa tienen muchísimo trabajo los domingos.

. . . .

▼▼ # En la redoma

JOSÉ DONOSO
Capítulo de *Este domingo*

Los «domingos» en la casa de mi abuela comenzaban, en realidad, los sábados, cuando mi padre por fin me hacía subir al auto:

—Listo..., vamos...

andaba cerca de él   Yo andaba rondándolo° desde hacía rato. Es decir, no rondándolo precisamente, porque la experiencia me enseñó que esto resultaba contra-
negativo/listo   producente,° sino más bien poniéndome a su disposición° en silencio y sin parecer hacerlo: a lo sumo me atrevía a toser junto a la puerta del dormitorio si su siesta con mi madre se prolongaba, o jugaba cerca de ellos en la sala, intentando atrapar la vista de mi padre y mediante una sonrisa arrancarlo de su universo para recordarle que yo existía, que eran las cuatro de la tarde, las cuatro y media, las cinco, hora de llevarme a la casa de mi abuela.

Me metía en el auto y salíamos del centro.

Recuerdo sobre todo los cortos sábados de invierno. A veces ya estaba oscureciendo cuando salíamos de la casa, el cielo lívido como una radiografía de los árboles pelados y de los edificios que dejábamos atrás. Al subir
cardiganes   al auto, envuelto en chalecos° y bufandas, alcanzaba a sentir el frío en la
agujeros   nariz y en las orejas, y además en la punta de los pulgares, en los hoyos°

▼

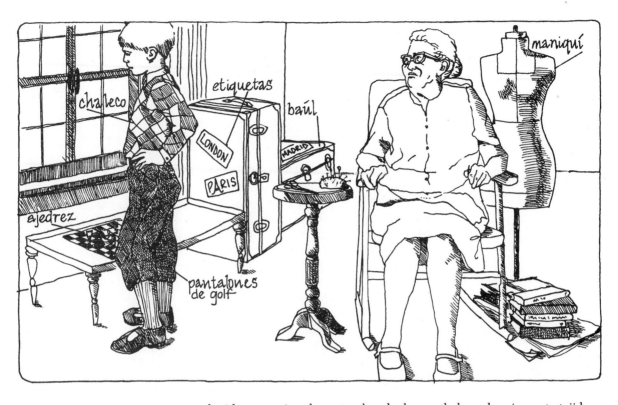

chaleco
etiquetas
baúl
maniquí
LONDON
PARIS
MADRID
ajedrez
pantalones de golf

producidos por mi mala costumbre de devorar la lana de mi guante tejido. Mucho antes de llegar a la casa de mi abuela ya había oscurecido completamente. Los focos de los autos penetrando la lluvia se estrellaban como globos navideños en nuestro parabrisas enceguecedor: se acercaban y nos pasaban lentamente. Mi padre disminuía nuestra velocidad esperando que amainara° el chubasco.° Me pedía que le alcanzara sus cigarrillos, no, ahí no, tonto, el otro botón, en la guantera, y enciende uno frente a la luz roja de un semáforo que nos detiene. Toco el frío con mi pulgar desnudo en el vidrio, donde el punto rojo del semáforo se multiplica en millones de gotas suspendidas; lo reconozco pegado por fuera a ese vidrio que me encierra en esta redoma° de tibieza donde se fracturan las luces que borronean° lo que hay afuera, y yo aquí, tocando el frío, apenas, en la parte de adentro del vidrio. De pronto, presionada por la brutalidad de mi pulgar, una de las gotas rojas se abre como una arteria desangrándose° por el vidrio y yo trato de contener la sangre, de estancarla de alguna manera, y lo miro a él por si me hubiera sorprendido destruyendo…, pero no: pone en movimiento el auto y seguimos en la fila a lo largo del río. El río ruge encerrado en su cajón de piedras como una fiera enjaulada. Las crecidas° de este año trajeron devastación y muerte, murmuran los grandes. Sí. Les aseguraré que oí sus rugidos: mis primos boquiabiertos° oyéndome rugir como el río que arrastra cadáveres y casas…, sí, sí, yo los vi. Entonces ya

perdiera su fuerza/chaparrón de lluvia

frasco para los peces no dejan ver

corriendo

inundaciones

sorprendidos

no importa que ellos sean cuatro y yo uno. Los sábados a ellos los llevan a la casa de mi abuela por otras calles, desde otra parte de la ciudad, y no pasan cerca del río.

Hasta que doblamos por la calle de mi abuela. Entonces, instantáneamente, lo desconocido y lo confuso se ordenaban. Ni los estragos° de las estaciones ni los de la hora podían hacerme extraña esta calle bordeada de acacios, ni confundirla con tantas otras calles casi iguales. Aquí, la inestabilidad de departamentos° y calles y casas que yo habitaba con mis padres durante un año o dos y después abandonábamos para mudarnos a barrios distintos, se transformaba en permanencia y solidez, porque mis abuelos siempre habían vivido aquí y nunca se cambiarían. Era la confianza, el orden: un trazado° que reconocer como propio, un saber dónde encontrar los objetos, un calzar de dimensiones, un reconocer el significado de los olores, de los colores en este sector del universo que era mío.

Siempre se habló del proyecto municipal de arrancar esos acacios° demasiado viejos: escorados° como borrachos, amenazaban caer sobre los transeúntes, y el tumulto de sus raíces quebraba el embaldosado° de la vereda. Es cierto que con el tiempo alguno de esos árboles cayó: nosotros cinco trepados a la reja de madera o con la cabeza metida en un boquete° del cerco de macrocarpas,° presenciamos la faena° de los obreros que cortaron las ramas y se llevaron a remolque° el gigante tumbado. Después parchaban° la vereda, plantaban un prunus, un olivillo o cualquier otro efímero árbol de moda que jamás pasaba del estado de varilla° porque nadie lo cuidaba. La línea de árboles se fue poniendo cada vez más irregular y más rala.°

Pero recuerdo también cuando era sábado y era primavera, las ventanillas del auto abiertas y la camisa de mi padre desabrochada al cuello y el pelo volándole sobre la frente, y yo, con las manos apoyadas sobre la ventanilla como un cachorro, asomaba la cara para beber ese aire nuevo. Me bajo en cuanto el auto se detiene ante el portón. Toco el timbre. Alrededor del primer acacio hay un mantel de flores blancas. Mi padre toca la bocina impaciente. Me hinco° sobre el mantel blanco sin que él, distraído encendiendo otro cigarrillo, me riña° por ensuciarme.° Las flores no parecen flores. Son como cosas, cositas: tan pequeñas, tantas. Un labio extendido y una diminuta lengua dura. Las barro° con las manos para acumular un montón cuyo blanco amarillea, y el olor a baldosa caldeada° y a polvo sube hasta mis narices por entre las flores dulzonas. Mi montón crece. Queda descubierta una baldosa distinta, rojiza, más suave, una baldosa especial que lleva una inscripción. Como si hubieran enterrado a un duende° bajo ella: sí, eso le diría a mi abuela. Deletreo° cuidadosamente la inscripción.

—Papá...

—Qué...

Toca la bocina otra vez.

—Aquí dice Roberto Matta, Constructor...

—El hizo el embaldosado. Primo mío.

—Si sé. Mi tío Roberto.

—No. No ése. Otro.

—Ah…

abre
cuello

La Antonia quita la cadena° del portón. Desde la ventanilla del auto mi padre me llama para despedirse de mí, pero yo me cuelgo del cogote° de la Antonia, besándola, hablándole, riéndome con ella para que mi padre crea que no lo oigo y así no se dé cuenta de que no tengo ganas de despedirme de él, y parte sin insistir, sin darse cuenta de mi enojo. Nunca se da cuenta de nada. Ahora no se dio cuenta de que mi interés no fue llamarle la atención sobre el fenómeno de encontrar el nombre de mi tío Roberto Matta escrito en una baldosa de la calle. No vio que estaba ansioso por demostrarle otra cosa: que yo ya sabía leer, que sin que él ni nadie me enseñara aprendí en los titulares de los diarios, y que sabía muy

inscripción de una tumba/enano

bien que esa baldosa rojiza no era la lápida° de un gnomo° sino que decía Roberto Matta, Constructor. A mi abuela, eso sí, yo le contaría que bajo el acacio de la vereda había encontrado una tumba diminuta. Juntos, en el calor de su cama el domingo en la mañana, muy temprano para que

venido
inventaríamos detalles

mis primos no hubieran acudido° aún a meterse también entre las sábanas olorosas de pan tostado del desayuno, mi abuela y yo bordaríamos° sobre el asunto de la tumba del duende. Yo le iba a decir eso para picar su curiosidad y hacerla acompañarme a la calle para mostrarle la baldosa y leer: Roberto Matta, Constuctor. Ella se alegraría. Se lo diría a mi abuelo y a las sirvientas y me haría leer otras cosas ante ellas para probarles que su orgullo en mí era fundado. Iba a llamar a mi madre por teléfono para comentarlo, enojándose por no habérselo dicho antes. Pero mi madre

la llamada por teléfono
alarmista, exagerada

tampoco sabía. Iba a considerar injustificado el telefonazo° de mi abuela: cosas de mi mamá, no se le quita nunca lo alharaquienta.° Y mi padre desde el sofá o tendido en la cama leyendo el diario movería la cabeza sin siquiera enterarse de qué le hablaba mi madre…, preocupado de otras cosas. De cosas importantes que salen en el diario que él no sabe que yo ya leo: no se dio cuenta de nada porque estaba apurado para regresar a tiempo y llevar a mi madre al cine.

Pero no importa.

No me importaba porque siempre, aun ya grandulón, cuando usaba pantalones de golf, llegar a la casa de mi abuela era por fin quebrar la

un crimen/liberarme
caminitos

redoma sin que fuera delito,° era por fin fluir, derramarme.° Y entraba corriendo por los senderos° del jardín gritando abuela, abuela…

—Salió. Ya va a llegar.

Yo iba ansioso de mostrar mis pantalones de golf a mis primos. Sólo Luis, un año mayor que yo, los usaba. Alberto, que tenía mi edad, iba a heredar los de Luis cuando le quedaran chicos, pero seguro que pasarían años porque Luis era lento para crecer pese al aceite de hígado de bacalao, hasta que finalmente Alberto recibiría unos pantalones de golf harapientos. Los míos, en cambio, eran flamantes, estrenados esa semana. La Antonia planta de exquisito perfume

me alcanzó mientras yo, inclinado bajo el ilang-ilang,° estiraba mis medias y fijaba las hebillas de mis pantalones preparándome para una entrada triunfal. Al preguntarle cómo me veía me paré muy tieso para que me

profunda

examinara. La luz que quedaba era honda° como la de un estanque: si yo me movía, si cualquier cosa se movía, los objetos que reposaban dentro de esa luz fluctuarían silenciosamente y sólo después de un instante recobrarían la perfección de sus formas quietas. La Antonia me sonrió y dijo que

estupendo (palabra inventada)
Llegaste tarde.

me veía muy «ueks».° Entonces seguimos caminando juntos.

—Te atrasaste.°

—Mi papá tuvo que ver a un enfermo.

—Ah…

—¿Llegaron?

—Están en el porch de atrás.

—¿Y la Muñeca?

tell on somebody

—Ya te dije que te iba a acusar° a tu mamá si le siguen diciendo así a tu abuelito…

—¿Dónde está?

—Esperándote.

—¿Quién?

—La Muñeca…

jefe
sin respeto

—Y yo te voy a acusar a mi abuelita por decirle así a tu patrón°… Y vas a ver no más lo que te va a pasar, vieja atrevida°…

se morían

Mi abuelo, encerrado en la pieza del piano, tocaba «El herrero armonioso». Escuchándolo desde el porch mis primos se retorcían° de risa. Cuando intenté llamarles la atención sobre mis pantalones me hicieron callar porque estaban jugando al juego de contar los errores de ejecución

se tomaban

del abuelo y con cada nota torpe se agarraban° la cabeza a dos manos y lloraban de risa: cualquiera de ellos tocaba mejor. Magdalena dejó pasar un buen rato después del final para calmarse antes de ir a avisarle que yo había llegado.

—Apuesto a que no felicitas a la Muñeca…

—Apuesto a que sí…

Cuando mi abuelo salió parpadeando de la pieza del piano miró un buen rato a la Magdalena antes de reconocerla, como si la viera por primera vez. Pequeño y seco, con el traje ridículamente entallado, era un personaje de farsa que en nuestros juegos llamábamos «la Muñeca»

muy vieja
cosmético para la cara
revisar

porque era muy blanco, muy blanco, como de porcelana envejecida,° y teníamos la teoría de que se echaba polvos.° Una vez uno de nosotros se quedó vigilando mientras él tocaba el piano, y nos fuimos a registrar° su baño tan meticulosamente ordenado en busca de los polvos que no encontramos.

—Debe usar un esmalte…

—…o alguna fórmula mágica.

—Es distinto, debe tomar algo, tiene el cogote igual y no se va a estar esmaltando el cogote…

Marta, que era gorda y cuyas aspiraciones a enflaquecer destruimos cuando cumplió nueve años, se pasaba la vida con un cordel muy apretado en la cintura, jugando a que era la Muñeca y consolándose con la idea de que por lo menos heredaría su cintura.

abuelo

—Qué bien tocó hoy, Tata°…

—No sé…

—Sobre todo esa parte…

—Ligero, sí, pero Cortot lo toca así.

Seguía parpadeando, mirándola.

—Ya estamos todos, Tata.

—¿Por qué no entran al escritorio, entonces, a acompañarme un ratito?

formal/reemplazaba

Todos los sábados, al llegar, pasábamos por esta estricta ceremonia: un estirado° ritual, siempre idéntico, suplantaba° la relación que mi abuelo era incapaz de tener con nosotros. Sólo después de someternos a ella quedábamos libres. Nos convocaba a su escritorio y nos ofrecía, como para

dulces pequeños

romper el hielo, unos alfeñiques° deliciosos hechos en casa, que guardaba en un tarro de té Mazawatte. Charlaba con nosotros durante diez minutos. Después ya casi no nos miraba y jamás nos dirigía la palabra, ni siquiera

reprendernos
que no acababan nunca

para reñirnos.° Pasaba poco tiempo en casa, y allí, siempre encerrado en su escritorio jugando interminables° partidas de ajedrez con un adversario fantasmal que era él mismo.

complicados
extremo de la mesa

Los domingos, en los historiados° almuerzos familiares donde comíamos las famosas empanadas de la Violeta, ocupaba la cabecera° de la mesa, más allá de nuestros padres y de algún pariente invitado, siempre

comentarios maliciosos
sin gusto
blancas

silencioso en medio de las discusiones y los chismes,° consumiendo alimentos desabridos° y sin color que no dañaban su estómago. Como postre sólo comía unas gelatinas blanquizcas° en forma de estrella: siempre las mismas, durante todos los domingos de mi infancia. Allá al otro

invitados/cara

extremo de la mesa dominical, llena de primos y tíos y visitas,° el rostro° de mi abuelo, oscuro contra la luz de la ventana a que da la espalda,

come/que tiemblan mucho
grito y pateo
compota de duraznos secos

ingiere° esas estrellas translúcidas y tiritonas° que reúnen toda la luz. Y yo, al otro extremo de la mesa, lloro y pataleo° porque no quiero melón ni sandía ni huesillos° ni bavarois, quiero estrella, Nana, quiero estrella, dígale al abuelo que me dé estrella, quiero y quiero y quiero, y lanzo la

darme un castigo

cuchara al centro de la mesa y mi madre se para y viene a castigarme° porque soy malo…, no, no malo, consentido porque es hijo único…,

lo peor de lo peor

cómo no, tan chico y tan irrespetuoso, es el colmo.° No, no. El no de mi abuela es persuasivo y absolvente: no, que le traigan una estrella al niño

lío, pelea
una punta

para que no llore, para qué tanto boche,° qué cuesta por Dios. Y ella misma, con una cuchara, corta un cacho° de la estrella y me lo pone en la boca…, lo saboreo con las lágrimas todavía en las pestañas y es malo, no tiene gusto a estrella, y lo escupo sobre mi servilleta bordada de patitos, y

gritando

entonces sí que me sacan chillando° del comedor y me castigan por malo y mi madre y mi padre y mis primos y las visitas siguen almorzando en torno a la larga mesa, comentando lo malo que soy, escuchando mis chillidos que se pierden en el interior de la casa.

Pero los alfeñiques de mi abuelo sí que eran sabrosos. Sentado en el fondo de su sillón colorado, con una rodilla filuda cruzada encima de la otra, nos pregunta a cada uno cómo nos ha ido en el colegio, los decimales no hay quién los entienda, y los quebrados,° Luis tiene mala nota en quebrados, sobre todo en división, que es difícil. Su pregunta, mi respuesta, su pregunta, otra respuesta, otra pregunta, más respuestas, interrogatorio, no conversación, como si fuéramos imbéciles, incapaces de mantener una charla durante diez minutos, hasta que después, mucho después, nos dimos cuenta de que la Muñeca era bastante sorda° ya en esa época, y por eso interrogaba y no charlaba. A veces nos divertíamos escondiéndonos detrás de la cortina de la pieza del piano para verlo tocar: ahogados de la risa lo oíamos comenzar y recomenzar «El herrero armonioso» diez y veinte veces, la cabeza inclinada sobre el teclado hacia el lado del oído que aún oía algo. Al final de los almuerzos del domingo, declarando que aprovechaba que todos los comensales eran de confianza, se levantaba de la mesa antes que los demás termináramos nuestro menú tanto más complicado y con un ritmo tan distinto al suyo, para ir a encerrarse en su escritorio y buscar la ópera dominical en la radio. La ponía muy fuerte, atronando° la casa entera, y él, lo espiábamos por entre los visillos° de su ventana, se inclinaba sobre la radio y pegaba° su oído tratando de oír algo.

Cuando éramos muy chicos temblábamos ante su forma de mirarnos durante los interrogatorios de los sábados: los cinco en fila ante él, de mayor a menor, respondiendo a sus preguntas. Recuerdo su mirada. Era como si no enfocara los ojos. La Antonia declaraba que mi abuelo miraba así porque era un santo. Pero no tardamos en ver que no enfocaba su vista simplemente porque no nos miraba a nosotros mientras nos agobiaba con sus preguntas. Llegamos a darnos cuenta de que escudriñaba° su propio reflejo en los cristales de sus armarios de libros, arreglándose innecesariamente el nudo de la corbata, pasándose la mano sobre el cuidadoso peinado que parecía pintado sobre su cabeza, vigilando y tironeando su chaleco de modo que no hiciera ni una sola arruga, como si en esos cristales fuera a encontrar una imagen perfecta de sí mismo destacada sobre el crepúsculo riquísimo de los empastes. No oía nuestras respuestas en parte por su sordera,° pero más porque no estaba preocupado de eso. Y cuando fuimos percibiendo que no le interesábamos absolutamente nada pudimos descongelarnos,° haciendo descubrimientos que nos divertían: bajo sus pantalones planchados como cuchillos colgaban unos cordones blancos, completamente ridículos, con los que ataba a sus canillas° los calzoncillos largos que nunca, ni en el verano más tórrido, dejaban de proteger la fragilidad de su cuerpo.

Han tenido que pasar muchos años para que el absurdo de esos cordones blancos retroceda desde el primer plano de importancia. Pienso en el egoísmo, en la indiferencia de su vida. Pero ahora pienso también

---

fracciones (matemáticas)

no podía oír

llenando con el ruido
cortinas transparentes/acercaba
mucho

examinaba

no poder oír

relajarnos

parte inferior de las piernas

en la soledad de su esfuerzo por impedir que sus dedos enredaran hasta lo irreconocible las notas de la pieza más simple. Pienso en su vanidad, en ese terror suyo, mudo, ineficaz, ante la sordera y la vejez° que avanzaban. Yo no sé nada de su vida. No sé quién fue. No sé ni siquiera si habrá sido alguien—algo más que ese fantoche que llamábamos la Muñeca. Tal vez ahora, sentado ante mi escritorio, haga este acto de contrición al darme cuenta de que en el momento en que mi abuelo comienza a existir en mi memoria tenía la edad que yo tengo ahora, y su recuerdo nace junto al de su ancianidad y su absurdo. Ahora se me antoja pensar que quizás el abuelo se daba cuenta de que lo encontrábamos ridículo. Que se dejaba los cordones de los calzoncillos colgando intencionalmente, y protegido por la distancia y la irrealidad de la farsa, elegía así no tener ningún contacto con un mundo que no fuera estrictamente adulto, donde las leyes de la jerarquía° prevalecieran. No era más que otra forma de liberarse del compromiso que implicaba tener una relación individual con nosotros.

Por otro lado, pienso también que nuestra risa era una manera de disfrazar° nuestra extrañeza. En mi caso por lo menos, ahora estoy seguro de que eso era. Viéndolo tan pretencioso,° tan aislado,° tan temeroso,° me parecía totalmente imposible cualquier filiación° entre ese ser° y yo. Alguna vez me cruzó la mente la idea de que llegar a su gran edad implicara un cambio más misterioso y radical que el que yo intuía, una sustitución completa de células, un trocar absoluto de facultades. Pero no. Yo no iba a ser nunca, en nada, como él. Tenía la impresión, muy incierta desde luego, de que mi abuelo no era un animal como yo y mi abuela y mis primos y las sirvientas y nuestros padres, sino que pertenecía a otro reino, tal vez al de los insectos con sus extremidades flacas y sus gestos angulosos, con esa fragilidad y aridez de materia con que estaba construida su persona. No sé cómo decirlo…, la sensación de que si yo me moría me iba a podrir° y que los jugos de mi cuerpo me unirían con la tierra: cuando él muriera, en cambio, se secaría, se astillaría,° y finalmente el aire aventaría lo que de él quedara como polvo de escombros.

Esta distancia entre mi abuelo y nosotros me enseñó por lo menos una cosa: que yo no era el ser más extraño y equivocado del mundo entero, de lo que la crítica de los grandes me hubiera convencido si no fuera porque él, sin duda, era peor que yo. Yo estaba con los demás, fuera de la redoma, viéndolo nadar adentro, contemplando sus evoluciones, comentando la luz en su espiga° de escamas,° riéndome con los demás del feo gesto ansioso de su boca al acercarse al vidrio que él no sabía que era vidrio y yo sí, yo sí lo sabía.

Después de unos diez minutos de charla mi abuelo nos despachaba con un suspiro de alivio° —no lo oíamos, pero nada nos costaba suponerlo. Y al salir de su escritorio, nosotros, por nuestro lado, lo olvidábamos completamente durante el resto de nuestra permanencia en su casa. Sólo lo recordaríamos cuando alguien nos hiciera callar, porque él no imponía

---

ancianidad

autoridad

cubrir, ocultar
vanidoso/solo/inseguro
unión/esa persona

descomponer
se quebraría

spike/scales

sigh of relief

más que esta limitación a nuestro comportamiento: la de moderar nuestra bulla, la de hacerlo todo a media voz para no herir sus frágiles oídos. Luego fuimos creciendo, y tal vez por su imposición nuestros juegos perdieron el ruido antes que los juegos de otros niños, y tuvimos que suplantar el movimiento con la imaginación, y la bulla con la intrepidez de la palabra.

Al principio nuestro cuartel general en la casa de mi abuela era el porch de atrás, en el sofá y los sillones de peluche azul que antes que compraran el juego amarillo a rayas eran del salón. Nos instalaban allí para que quedáramos bajo la vigilancia de las sirvientas que trabajaban en el repostero,° ocupadas en moler chuchoca° para la cazuela° de pava del domingo, o dejando caer bollos hirvientes sobre el mármol de la mesa, que se transformarían en galletas, alfeñiques, melcochas. Los muebles de peluche azul, tan fuera de lugar en ese porch al que entraban la lluvia y el sol, siguieron envejeciendo interminablemente bajo la acción de los elementos, ayudada por nuestros saltos, ablandándose bajo nuestras siestas, sin llegar jamás a romperse del todo. Hasta que un buen día, cuando yo ya era muchachón, los muebles de peluche azul desaparecieron para siempre de su sitio y ni siquiera se nos ocurrió preguntar por ellos porque ahora que éramos grandes pasábamos poco tiempo en el porch de atrás: y habíamos explorado las posibilidades ilimitadas de la casa de mi abuela, y las del porch, en comparación con las demás, nos parecían insignificantes.

Mi abuela pasaba casi todo el día afuera durante la semana: su pobla-ción,° sus correteos° en el autito que manejaba ella misma, sus pobres. Pero el sábado y el domingo los reservaba para nosotros. Nos trepábamos° a ella como a un árbol cuando éramos pequeños, exigiéndole cuentos y dulces y caricias y preferencia y regalos, como a una cornucopia° inago-table. Más tarde, ya crecidos, no podíamos treparnos a su cuerpo, pero estar en su casa era como seguir pegados a ella físicamente, y la casa, como extensión del cuerpo de mi abuela, configuraba ahora la cornu-copia: era como inventada por mi abuela para nuestro deleite. Es cierto que nos prohibían la entrada al escritorio de mi abuelo, y creo que jamás vi su dormitorio, grande y vacío, más que desde la puerta. Al lado había una pequeña alcoba° donde dormía mi abuela. Y al frente, los dormitorios de «las niñitas»,[1] mi madre y mi tía Meche cuando eran jóvenes, con sus tocadores al laqué blanco con espejos ovalados, y algún retrato de Leslie Howard o Ronald Colman amarilleando sobre el empapelado de flores: dormitorios terriblemente inhabitados pese a que la Magdalena y la Marta ocupaban uno cada una cuando dormíamos en la casa de mi abuela los sábados. Todo esto y la sala y el escritorio y la pieza del piano y el repos-tero y las despensas° y la cocina quedaban en planta baja. Arriba no había más que un cuarto, inmenso, con balcón, que servía para guardar baúles,

cuarto para preparar comida/ polenta/sopa

barrio de pobres/salidas cortas y rápidas
Nos subíamos

cuerno de la abundancia

habitación

cuartos de guardar

---

[1] En Chile se les llama «niños» a los hijos, aunque estén casados, y a cualquier persona más joven o de la misma edad que uno, aunque uno sea mayor.

---

y donde mis primos y yo dormíamos los sábados. La casa estaba llena de
armarios y de alacenas° y subterráneos, de puertas falsas ocultas por
cortinas o condenadas con una tranca de palo° que era facilísimo
desclavar,° de maletas cubiertas con etiquetas fabulosas y baúles nominal-
mente prohibidos que abríamos con una horquilla° retorcida para disfra-
zarnos° con sus contenidos, de posibilidades de que otras sombras se
desprendieran de las sombras, y pasos de la oscuridad, y arañas de los
techos, y de pronto el deleite de una ventana abierta de par en par sobre el
jardín donde la luz amarilleaba entre las hojas. Pero preferíamos los tres
maniquíes de trapo blanco descabezados° que tenían cada uno el nombre
de mi abuela, el de mi madre y el de mi tía Meche, con los que jugábamos al juego del miedo. Y hacinamientos de libros sin pasta o a los que
les faltaba un tomo o ediciones innobles o simplemente pasados de moda:
Blasco Ibáñez y Bourget y Claude Farrère y Palacio Valdés y Loti y
Merezhkovski y Ricardo León y Mary Webb y Maurice Dekobra, olvidados ahora, olvidados quizás ya en esa época y por eso relegados a
montones un poco húmedos en los roperos vacíos o detrás de los armarios
de los cuartos de diario. En esos libros leímos las primeras cosas prohibidas
cuando todos creían que mis primas se extasiaban con la Princesita
de los Brezos y nosotros con el Capitán Marryat. Y el hacinamiento de
revistas polvorientas que jamás llegó el momento de hacer empastar.
Vogue, y *La Huasca* de cuando mi abuelo iba a las carreras,° y el inago-
table *National Geographic,* y los volúmenes rosados y sin ilustraciones de
la *Revue des Deux Mondes* que nos servían de ladrillos° en nuestras construcciones de palacios sobre los jardines de la alfombra con medallones
casi desvanecidos. Y cajas de sombreros atestados de fotografías de gente
que no conocíamos: de vez en cuando mi abuela en una recepción de
Embajada o las facciones de mi abuelo comiendo un trozo de pierna de
cordero en un picnic increíblemente pretérito. Y la lavandería y el cuarto
de costura° lleno de mujeres atareadísimas,° el olor a plancha, los
montones de camisas de mi abuelo blancas y livianas como espuma, tan
distintas a las de mi padre, que quedaban como acartonadas. Y la costu-
rera cegatona° que nos hacía guardapolvos° y para quien dibujábamos
zancudos° en las paredes que ella nunca terminaba de matar, y un jardinero borracho y fabulador que le tocaba las piernas a la Magdalena
cuando nosotros la mandábamos en penitencia por algo, para que después
nos contara todo lo que Segundo hizo...

    Y en la noche del sábado—la ventana abierta al jardín en el verano, las
escamas púrpuras de la buganvilla formando un dragón fascinado que se
asomaba al balcón—esperábamos los tres primos, Luis, Alberto y yo, que
mi abuelo y mi abuela se quedaran dormidos, y entonces. en silencio, las
dos primas, Marta y Magdalena, subían hasta el cuarto del mirador y
comenzaban nuestros juegos.

Margin glosses:

despensas
barra de madera
sacar los clavos
gancho para el pelo
ponernos ropa diferente

sin cabeza

competencias de caballos

material

para coser ropa/muy ocupadas

que no ve bien/delantales
mosquitos

En torno al texto

Hay que fijarse bien

Lea otra vez esta selección y complete las siguientes listas.

1. No sabemos el nombre del narrador, pero sí los de sus primas y primos:

   a. Dos niñas: _____ y _____
   b. Dos niños: _____ y _____
   c. El apellido de los primos es _____
   y todos son hijos de la tía _____.

2. Los niños jugaban...

   a. _al juego de contar los errores del abuelo en el piano._____
   b. _____
   c. _____

3. Los adjetivos que describen mejor al abuelo son:

   ___temeroso___, _____, _____, _____.

4. Los adjetivos que describen a la abuela son:

   _____, _____, _____, _____.

5. Las imágenes de agua o de elementos líquidos son abundantes en este capítulo. Encuentre otras dos de ellas.

   a. _«La luz que quedaba era honda como la de un estanque»_...
   b. _____
   c. _____

6. El frío y el calor tienen una importante función aquí también. Clasifique a todos los personajes y objetos importantes en dos grupos, fríos y cálidos, y explique por qué los catalogó así.

Fríos	_Cálidos_
_____	_____
_____	_____
_____	_____

7. Hay varias frases del relato en que se indica la separación profunda entre un personaje y otro. Encuentre dos ejemplos más e indique a quiénes separa.

   a. _Separación entre padre e hijo: «...Nunca se da cuenta de nada.... No vio que estaba ansioso por demostrarle otra cosa: que yo ya sabía leer»_,...
   b. Separación entre...
   c. Separación entre...

8. Los elementos de estas dos columnas pueden aparearse según los acontecimientos o los temas de esta lectura. Vea cuántas conexiones encuentra.

inestabilidad	la Magdalena
blancura	los dormitorios
vanidad	la Antonia
calor y bienestar	un departamento
misterio	la abuela
refugio	la Muñeca
sordera física	el auto
sordera psicológica	Luis
cariño y solidaridad	el padre
isla en la lluvia	todos los primos

En términos generales

1. Una redoma es una pecera redonda y transparente que, en el caso de este capítulo, se usa como símbolo de varias cosas. Elija funciones de la redoma de la lista que sigue y explique por qué escogió cada una, ubicando las citas del texto que respaldan su opinión.

burbuja de protección	mundo del abuelo
prisión del narrador	observatorio
casa interior donde uno está lejos del mal	nave
cristal que nos separa de los demás	mundo interior
	refugio

2. ¿Quiénes comparten el mundo de esta casa y quiénes quedan afuera de la redoma? ¿Por qué?

3. ¿Por qué se dice que esta novela trata el tema de la soledad y el aislamiento de individuos que, en cierta forma, están muy unidos? Ilustre con citas del texto.

Los personajes y sus papeles

1. El uso del **tú** acerca a la gente. ¿Quiénes se tutean y qué nos indica esto? ¿Quiénes se tratan de **Ud.**?
2. ¿Qué papel tenía la Muñeca en la casa? ¿Qué relación había entre él y sus nietos?
3. ¿Qué función tenía la abuela en la casa? ¿Qué relación existía entre ella y sus nietos? ¿Entre ella y sus hijas?
4. El narrador cambia su opinión del abuelo. ¿Por qué y cuándo se producen sus dos cambios de perspectiva hacia el abuelo?

5. ¿Cómo es la relación entre los primos? ¿Por qué? ¿Cómo es la relación entre sus madres?
6. ¿Qué tipo de relación existía entre la Antonia y el narrador cuando era pequeño? ¿Cómo lo sabe Ud.?
7. ¿Qué papel tiene la casa misma en la vida de esta gente? ¿Por qué influye sobre la vida de los personajes? ¿Por qué es una redoma también?

Más allá del texto

1. **Una casa fuera de lo común.** La casa que se describe en estas páginas es una casa bastante especial. Escriba un párrafo describiéndola y explique por qué es diferente e interesante.

2. **Cuando era chico(a).** Los abuelos y las abuelas llenan distintos aspectos de nuestra vida. Describa su relación con uno o dos de ellos y explique en detalle qué hacían juntos cuando Ud. era chico(a) y por qué.

3. **El mundo mágico del ático.** El ático o el sótano son mundos interesantísimos, especialmente para los niños. Describa su ático o sótano; dé detalles sobre lo que hay ahí. ¿Qué hace o hacía ahí? ¿A qué juega o jugaba ahí?

4. **El baúl de los recuerdos.** Tengan o no tengan baúles, a la gente le gusta guardar recuerdos importantes. Converse con un(a) compañero(a) sobre las cosas que Uds. o sus abuelas/madres conservan como recuerdos. Si es posible, traiga una cosa que sea muy importante para Ud. y explíqueles a sus compañeros por qué es importante. ¿En qué se parece a las cosas que se mencionan en este capítulo?

5. **¡Eso no es nada!** Todos tratamos a veces de impresionar a los demás con nuestras aventuras y muchas veces hasta mentimos para conseguir este efecto. Cuénteles a sus compañeros un episodio o una aventura en que Ud. resultó ser más original que sus primos o amigos.
   Por ejemplo: *Un(a) amigo(a) dijo:* «*Mi tío tiene un Ford nuevo*».
   Otro(a) dijo: «*¡Eso no es nada! Mi tío tiene un Mercedes*».
   Y yo dije: «*¡Eso no es nada! Mi tío tiene un Ferrari*», *pero era mentira.*

6. **Con ojos de niño.** Se dice que los niños siempre dicen la verdad. Escriba un relato de algún episodio de su vida o describa su relación con alguna persona con ojos de niño. Trate de recordar qué pensaba Ud. en el pasado y después dé su perspectiva actual. Indique por qué cambió de opinión.

Es conveniente saber

El «boom» de la novela hispanoamericana. En los años sesenta se da lo
que la crítica ha llamado el «boom» de la novela hispanoamericana. José
Donoso forma parte de este grupo de escritores, junto con Gabriel García
Márquez, Julio Cortázar y Mario Vargas Llosa, entre otros. En la segunda
edición de su *Historia personal del «boom»* (pág. 145), Donoso indica que el
«boom» se caracteriza por: la publicación de un gran número de novelas
excelentes y exitosas en rápida sucesión; el auge de la narrativa que
destrona a la poesía como la voz característica de América Latina; y, finalmente, la admiración que sentía la mayoría de los escritores del grupo por
la Revolución Cubana (1959) y su líder, Fidel Castro. Es importante señalar
que, hoy en día, muchos de ellos se han desilusionado y ya no apoyan incondicionalmente la «causa cubana».

Temas de ensayo

Elija uno de los siguientes temas según las instrucciones de su profesor(a).
Use sus apuntes sobre el texto, especialmente lo que anotó en la sección
En torno al texto. Cada vez que copie una frase del texto, póngala entre
comillas («...») e indique en qué página aparece.

1. Escoja dos o tres personajes de esta familia y analice las relaciones y
   conflictos entre ellos. Puede elegir a los primos, a los nietos y a la
   abuela, los nietos y el abuelo, el hijo y el padre, a la abuela y a sus
   hijas («las niñitas»), las sirvientas y a los niños, etc.

2. Analice la descripción física y psicológica del abuelo y contrástela con
   la descripción de la abuela. Después, estudie sus relaciones con el
   nieto. ¿Qué diferencia existe entre la relación de cada uno de ellos con
   el nieto? Apóyese en citas del texto.

3. Una casa tiene habitaciones, claro está, pero ¿por qué se usan tantas
   palabras diferentes para nombrarlas en este capítulo? Analice estas palabras (**pieza, cuarto,** etc.) y trate de descubrir por qué las usa el autor.
   Examine también para qué se usan y quiénes usan las habitaciones, sus
   nombres específicos, su localización y su importancia en cada caso.
   ¿Qué se puede deducir acerca de la jerarquía social en esta casa y la
   sociedad chilena?

4. Analice en mayor profundidad el vacío comunicativo entre los personajes de esta obra. Explique sus conflictos y motivaciones usando citas
   del texto. Explore el aislamiento de uno o dos de los personajes principales y analice cómo trata este problema el autor.

5. Discuta la trilogía redoma-casa-abuela. Indique qué une estos conceptos y qué papeles tienen en la vida del narrador. Explique la influencia que tienen sobre él. Apoye sus ideas con citas del texto.

6. Analice al abuelo, al padre y al hijo narrador. Indique qué los une y qué los separa. Considere la posibilidad de que el nieto acabe tan aislado del mundo como su abuelo y tan ignorante de la vida de sus hijos como su padre. Use citas del texto.

La salud de los enfermos

JULIO CORTÁZAR

Nombre:	Julio Cortázar (1914–1984)
Nacionalidad:	Argentino
Ocupación:	Novelista, cuentista, traductor de literatura, maestro, profesor
Obras principales:	***Novela***
	Rayuela (1963)
	62 modelo para armar (1968)
	El libro de Manuel (1973)
	Cuento
	Las armas secretas (1964)
	Todos los fuegos el fuego (1966)
	Alguien que anda por ahí (1977)
	Queremos tanto a Glenda (1981)
Otros datos:	Formó parte del Tribunal Russell (véase introducción sobre Domitila Barrios de Chungara, página 70).

FICHA PERSONAL

Cortázar (1914–1984) es muy conocido por sus excelentes novelas como también por sus colecciones de cuentos. Su fama se extiende también al cine, pues la película *Blow up* está basada en «Las babas del diablo», uno de los cuentos que aparece en *Las armas secretas*.

Entre los temas que más se asocian con la prosa de Cortázar—así como la de otros autores contemporáneos— tenemos el aislamiento del individuo en la sociedad moderna, la soledad y el tiempo. También se ve en su obra un marcado interés por los cambios de punto de vista dentro de una misma obra y lo fantástico—tendencia que comparte con Horacio Quiroga y Jorge Luis Borges, entre otros. Además, como ocurre con muchos otros escritores hispanoamericanos, hacia el final de su vida se empieza a reflejar en su obra una creciente preocupación por la situación política de su país y del resto de Hispanoamérica.

El cuento que sigue, «La salud de los enfermos», gira alrededor del personaje de Mamá, una mujer de salud supuestamente frágil, a quien su familia quiere proteger de toda mala noticia que pudiera agravar su condición. En su afán de protegerla, todos se enredan en un sinfín de historias inventadas para evitarle problemas y disgustos. Estas ficciones, alrededor de las cuales gira la vida de los personajes, se vuelven realidad, tanto es así que a la familia le cuesta recordar que son mentiras. Este cuento también nos permite apreciar algunos aspectos de la dinámica familiar hispana, tan importantes en la vida diaria.

Aproximaciones al texto

1. **Mi familia a la hispana.** Ya sabemos que, aunque las palabras «familia» y *family* son prácticamente iguales, sus significados difieren un poco. Para entender mejor el cuento que sigue, describa a su familia en un párrafo, o bien, dibuje un diagrama de su red (*network*) familiar, donde aparezcan familiares, parientes y amigos íntimos de la familia. (Véase la sección **Es conveniente saber** en la pág. 188).

2. **¿Cuándo se van del nido?** En uno o dos párrafos, describa la situación de una familia típica estadounidense: hasta qué edad viven los hijos con sus padres, por qué razones se van y por cuánto tiempo, por qué razones vuelven a la casa familiar y cuáles son las excepciones más comunes a estas reglas. Después, compare esta situación con lo que ocurre en una familia hispana típica.

3. **Tiranos(as) domésticos(as).** No es raro ver que en algunas familias o en grupos de trabajo o de amigos, a veces surge una persona que manipula o controla a los demás de una manera u otra. Por ejemplo, hay niños que controlan a sus padres con pataletas (*tantrums*) o rabietas. Con otro(a) compañero(a) hagan una lista de tres maneras en que una persona aparentemente débil puede controlar a los demás.

4. **Una paradoja.** El título de este cuento parece ser una tremenda contradicción. Si los enfermos están enfermos, ¿cómo podemos hablar de su salud? Con dos compañeros piensen en al menos una razón por la cual este cuento se llama «La salud de los enfermos».

Es conveniente saber

Tú* o *vos. Si Ud. se fija bien, verá que en este cuento se usa **vos** en vez de **tú.** Hay millones de personas en el mundo hispano que usan **vos** todo el tiempo y no **tú.** Esto ocurre porque los conquistadores españoles usaban tanto el **vos** como el **tú** y, aunque el uso se restringió al **tú** posteriormente en España, esta innovación no se extendió a todas las regiones del Nuevo Mundo por igual. El **vos** se usa en el español hablado en muchos países como Nicaragua, partes de Guatemala, México y Cuba, en Argentina, Uruguay y Paraguay, las costas del Pacífico, etc. Por supuesto, el **voseo** varía de lugar en lugar. En algunas partes el **vos** es sólo familiar, en otras es sub-estándar, mientras que en otras su uso es estándar en el habla oral y en varias formas de la lengua escrita. (Véase también la nota de la página 121). Veamos qué terminaciones verbales se usan con el pronombre **vos.**

Por ejemplo: «*Mirá quién habla. Se te cae la baba cuando (vos)* **nombrás** *a tu hijo*».
«*(Vos)* **tenés** *los ojos colorados de tanto leer*».
«*(Vos)* **sabés** *que no me gusta oírtelo decir.* **Acordate** *cómo se ponía mamá*».
«*¿Qué* **querés,** *tío? No me acuerdo de eso; no te lo* **tomés** *tan en serio*».
«**Escribile** *y* **decile** *que se cuide*».

▼▼▼ La salud de los enfermos

JULIO CORTÁZAR

Cuando inesperadamente tía Clelia se sintió mal, en la familia hubo un momento de pánico y por varias horas nadie fue capaz de reaccionar y discutir un plan de acción, ni siquiera tío Roque que encontraba siempre la salida más atinada.° A Carlos lo llamaron por teléfono a la oficina, Rosa y Pepa despidieron a los alumnos de piano y solfeo,° y hasta tía Clelia se preocupó más por mamá que por ella misma. Estaba segura de que lo que sentía no era grave, pero a mamá no se le podían dar noticias inquietantes con su presión° y su azúcar; de sobra sabían° todos que el doctor Bonifaz había sido el primero en comprender y aprobar que le ocultaran a mamá lo de Alejandro. Si tía Clelia tenía que guardar cama era necesario encontrar alguna manera de que mamá no sospechara que estaba enferma, pero ya lo de Alejandro se había vuelto tan difícil y ahora se agregaba esto; la menor equivocación, y acabaría por saber la verdad. Aunque la casa era grande, había que tener en cuenta el oído tan afinado de mamá y su inquietante capacidad para adivinar dónde estaba cada uno. Pepa, que había llamado al doctor Bonifaz desde el teléfono de arriba, avisó a sus hermanos que el médico vendría lo antes posible y que dejaran entornada la puerta cancel° para que entrase sin llamar. Mientras Rosa y tío Roque atendían a tía Clelia que había tenido dos desmayos y se quejaba de un insoportable dolor de cabeza, Carlos se quedó con mamá para contarle las novedades del conflicto diplomático con el Brasil y leerle las últimas noticias. Mamá estaba de buen humor esa tarde y no le dolía la cintura como casi siempre a la hora de la siesta. A todos les fue preguntando qué les pasaba que parecían tan nerviosos, y en la casa se habló de la baja presión y de los efectos nefastos de los mejoradores° en el pan. A la hora del té vino tío Roque a charlar con mamá, y Carlos pudo darse un baño y quedarse a la espera del médico. Tía Clelia seguía mejor, pero le costaba moverse en la cama y ya casi no se interesaba por lo que tanto la había preocupado al salir del primer vahído. Pepa y Rosa se turnaron junto a ella, ofreciéndole té y agua sin que les contestara; la casa se apaciguó° con el atardecer y los hermanos se dijeron que tal vez lo de tía Clelia no era grave, y que a la tarde siguiente volvería a entrar en el dormitorio de mamá como si no le hubiese pasado nada.

Con Alejandro las cosas habían sido mucho peores, porque Alejandro se había matado en un accidente de auto a poco de llegar a Montevideo donde lo esperaban en casa de un ingeniero amigo. Ya hacía casi un año de eso, pero siempre seguía siendo el primer día para los hermanos y los tíos, para todos menos para mamá, ya que para mamá Alejandro estaba en el Brasil donde una firma de Recife° le había encargado la instalación de una fábrica de cemento. La idea de preparar a mamá, de insinuarle que

---

mejor solución
música

presión de la sangre/
lo sabían muy bien

la segunda puerta

aditivos

tranquilizó

ciudad brasileña

Alejandro había tenido un accidente y que estaba levemente herido, no se les había ocurrido siquiera después de las prevenciones del doctor Bonifaz. Hasta María Laura, más allá de toda comprensión en esas primeras horas, había admitido que no era posible darle la noticia a mamá. Carlos y el padre de María Laura viajaron al Uruguay para traer el cuerpo de Alejandro, mientras la familia cuidaba como siempre de mamá que ese día estaba dolorida y difícil. El club de ingeniería aceptó que el velorio° se hiciera en su sede° y Pepa, la más ocupada con mamá, ni siquiera alcanzó a ver el ataúd de Alejandro mientras los otros se turnaban de hora en hora y acompañaban a la pobre María Laura perdida en un horror sin lágrimas. Como casi siempre, a tío Roque le tocó pensar. Habló de madrugada con Carlos, que lloraba silenciosamente a su hermano con la cabeza apoyada en la carpeta verde de la mesa del comedor donde tantas veces habían jugado a las cartas. Después se les agregó tía Clelia, porque mamá dormía toda la noche y no había que preocuparse por ella. Con el acuerdo tácito de Rosa y de Pepa, decidieron las primeras medidas, empezando por el secuestro de *La Nación*—a veces mamá se animaba a leer el diario unos minutos—y todos estuvieron de acuerdo con lo que había pensado el tío Roque. Fue así como° una empresa brasileña contrató a Alejandro para que pasara un año en Recife, y Alejandro tuvo que renunciar en pocas horas a sus breves vacaciones en casa del ingeniero amigo, hacer su valija y saltar al primer avión. Mamá tenía que comprender que eran nuevos tiempos, que los industriales no entendían de sentimientos, pero Alejandro ya encontraría la manera de tomarse una semana de vacaciones a mitad de año y bajar a Buenos Aires. A mamá le pareció muy bien todo eso, aunque lloró un poco y hubo que darle a respirar sus sales. Carlos, que sabía hacerla reír, le dijo que era una vergüenza que llorara por el primer éxito del benjamín de la familia, y que a Alejandro no le hubiera gustado enterarse de que recibían así la noticia de su contrato. Entonces mamá se tranquilizó y dijo que bebería un dedo de málaga° a la salud de Alejandro. Carlos salió bruscamente a buscar el vino, pero fue Rosa quien lo trajo y quien brindó con mamá.

La vida de mamá era bien penosa, y aunque poco se quejaba había que hacer todo lo posible por acompañarla y distraerla. Cuando al día siguiente del entierro de Alejandro se extrañó de que María Laura no hubiese venido a visitarla como todos los jueves, Pepa fue por la tarde a casa de los Novalli para hablar con María Laura. A esa hora tío Roque estaba en el estudio de un abogado amigo, explicándole la situación; el abogado prometió escribir inmediatamente a su hermano que trabajaba en Recife (las ciudades no se elegían al azar en casa de mamá) y organizar lo de la correspondencia. El doctor Bonifaz ya había visitado como por casualidad° a mamá, y después de examinarle la vista la encontró bastante mejor pero le pidió que por unos días se abstuviera de leer los diarios. Tía Clelia se encargó de comentarle las noticias más interesantes; por suerte a mamá no le gustaban los noticieros radiales porque eran vulgares y a cada

wake
oficina principal

Así inventaron que

un poquito de vino dulce

sin ser llamado

rato había avisos de remedios nada seguros que la gente tomaba contra

a pesar de todo viento y marea° y así les iba.

María Laura vino el viernes por la tarde y habló de lo mucho que tenía que estudiar para los exámenes de arquitectura.

—Sí, mi hijita —dijo mamá, mirándola con afecto—. Tenés los ojos

remedio de hierbas colorados de leer, y eso es malo. Ponete unas compresas con hamamelis,° que es lo mejor que hay.

Rosa y Pepa estaban ahí para intervenir a cada momento en la conver-

malito sación, y María Laura pudo resistir y hasta sonrió cuando mamá se puso a hablar de ese pícaro° de novio que se iba tan lejos y casi sin avisar. La juventud moderna era así, el mundo se había vuelto loco y todos andaban apurados y sin tiempo para nada. Después mamá se perdió en las ya sabidas anécdotas de padres y abuelos, y vino el café y después entró Carlos con bromas y cuentos, y en algún momento tío Roque se paró en la puerta del dormitorio y los miró con su aire bonachón, y todo pasó como tenía que pasar hasta la hora del descanso de mamá.

La familia se fue habituando, a María Laura le costó más pero en cambio sólo tenía que ver a mamá los jueves; un día llegó la primera carta de Alejandro (mamá se había extrañado ya dos veces de su silencio) y Carlos se la leyó al pie de la cama. A Alejandro le había encantado Recife, hablaba del puerto, de los vendedores de papagayos y del sabor de los

le daba deseos de refrescos, a la familia se le hacía agua la boca° cuando se enteraba de que los ananás no costaban nada, y que el café era de verdad y con una fragancia... Mamá pidió que le mostraran el sobre, y dijo que habría que darle la estampilla al chico de los Marolda que era filatelista, aunque a ella no le gustaba nada que los chicos anduvieran con las estampillas porque después no se lavaban las manos y las estampillas habían rodado por todo el mundo.

—Les pasan la lengua para pegarlas —decía siempre mamá— y los microbios quedan ahí y se incuban, es sabido. Pero dásela lo mismo, total ya tiene tantas que una más...

Al otro día mamá llamó a Rosa y le dictó una carta para Alejandro, preguntándole cuándo iba a poder tomarse vacaciones y si el viaje no le costaría demasiado. Le explicó cómo se sentía y le habló del ascenso que acababan de darle a Carlos y del premio que había sacado uno de los alumnos de piano de Pepa. También le dijo que María Laura la visitaba sin faltar ni un solo jueves, pero que estudiaba demasiado y que eso era malo para la vista. Cuando la carta estuvo escrita, mamá la firmó al pie con un lápiz, y besó suavemente el papel. Pepa se levantó con el pretexto de ir a buscar un sobre, y tía Clelia vino con las pastillas de las cinco y unas flores para el jarrón de la cómoda.

Nada era fácil, porque en esa época la presión de mamá subió todavía más y la familia llegó a preguntarse si no habría alguna influencia inconsciente, algo que desbordaba del comportamiento de todos ellos, una inquietud y un desánimo que hacían daño a mamá a pesar de las prede tanto cauciones y la falsa alegría. Pero no podía ser, porque a fuerza de° fingir las risas todos habían acabado por reírse de veras con mamá, y a veces se hacían bromas y se tiraban manotazos aunque no estuvieran con ella, y después se miraban como si se despertaran bruscamente, y Pepa se ponía muy colorada y Carlos encendía un cigarrillo con la cabeza gacha. Lo único importante en el fondo era que pasara el tiempo y que mamá no se diese cuenta de nada. Tío Roque había hablado con el doctor Bonifaz, y todos estaban de acuerdo en que había que continuar indefinidamente la comedia piadosa, como la calificaba tía Clelia. El único problema eran las visitas de María Laura porque mamá insistía naturalmente en hablar de Alejandro, quería saber si se casarían apenas él volviera de Recife o si ese loco de hijo iba a aceptar otro contrato lejos y por tanto tiempo. No quedaba más remedio que entrar a cada momento en el dormitorio y distraer a mamá, quitarle a María Laura que se mantenía muy quieta en lastimarse su silla, con las manos apretadas hasta hacerse daño,° pero un día mamá le preguntó a tía Clelia por qué todos se precipitaban en esa forma cuando María Laura venía a verla, como si fuera la única ocasión que tenían de estar con ella. Tía Clelia se echó a reír y le dijo que todos veían un poco a Alejandro en María Laura, y que por eso les gustaba estar con ella cuando venía.

—Tenés razón, María Laura es tan buena —dijo mamá—. El bandido de mi hijo no se la merece, creeme.

you dote on (your son) —Mirá quién habla —dijo tía Clelia—. Si se te cae la baba° cuando nombrás a tu hijo.

Mamá también se puso a reír, y se acordó de que en esos días iba a llegar carta de Alejandro. La carta llegó y tío Roque la trajo junto con el té de las cinco. Esa vez mamá quiso leer la carta y pidió sus anteojos de ver cerca. Leyó aplicadamente, como si cada frase fuera un bocado que había que dar vueltas y vueltas paladeándolo.

—Los muchachos de ahora no tienen respeto —dijo sin darle demasiada importancia—. Está bien que en mi tiempo no se usaban esas máquinas, pero yo no me hubiera atrevido jamás a escribir así a mi padre, ni vos tampoco.

mal carácter/el padre —Claro que no —dijo tío Roque—. Con el genio° que tenía el viejo.°

—A vos no se te cae nunca eso del viejo, Roque. Sabés que no me gusta oírtelo decir, pero te da igual. Acordate cómo se ponía mamá.

—Bueno, está bien. Lo de viejo es una manera de decir, no tiene nada que ver con el respeto.

—Es muy raro —dijo mamá, quitándose los anteojos y mirando las molduras del cielo raso—. Ya van cinco o seis cartas de Alejandro, y en ninguna me llama... Ah, pero es un secreto entre los dos. Es raro, sabés. ¿Por qué no me ha llamado así ni una sola vez?

—A lo mejor al muchacho le parece tonto escribírtelo. Una cosa es que te diga... ¿cómo te dice?...

—Es un secreto —dijo mamá—. Un secreto entre mi hijito y yo.

▼

Ni Pepa ni Rosa sabían de ese nombre, y Carlos se encogió de hombros cuando le preguntaron.

—¿Qué querés, tío? Lo más que puedo hacer es falsificarle la firma. Yo creo que mamá se va a olvidar de eso, no te lo tomés *tan a pecho.*°

tan en serio

A los cuatro o cinco meses, después de una carta de Alejandro en la que explicaba lo mucho que tenía que hacer (aunque estaba contento porque era una gran oportunidad para un ingeniero joven), mamá insistió en que ya era tiempo de que se tomara unas vacaciones y bajara a Buenos Aires. A Rosa, que escribía la respuesta de mamá, le pareció que dictaba más lentamente, como si hubiera estado pensando mucho cada frase.

—Vaya a saber si el pobre podrá venir —comentó Rosa como al descuido—. Sería una lástima que se *malquiste con*° la empresa justamente ahora que le va tan bien y está tan contento.

disguste a

Mamá siguió dictando como si no hubiera oído. Su salud dejaba mucho que desear y le hubiera gustado ver a Alejandro, aunque sólo fuese por unos días. Alejandro tenía que pensar también en María Laura, no porque ella creyese que descuidaba a su novia, pero un cariño no vive de palabras bonitas y promesas a la distancia. En fin, esperaba que Alejandro le escribiera pronto con buenas noticias. Rosa se fijó que mamá no besaba el papel después de firmar, pero que miraba fijamente la carta como si quisiera grabársela en la memoria. «Pobre Alejandro», pensó Rosa, y después se santiguó bruscamente sin que mamá la viera.

—Mirá —le dijo tío Roque a Carlos cuando esa noche se quedaron solos para su partida de dominó—, yo creo que esto *se va a poner feo.*° Habrá que inventar alguna cosa plausible, o al final se dará cuenta.

se va a poner difícil

—Qué sé yo, tío. Lo mejor será que Alejandro conteste de una manera que la deje contenta por un tiempo más. La pobre está tan delicada, no se puede ni pensar en…

—Nadie habló de eso, muchacho. Pero yo te digo que tu madre es de las que no aflojan. Está en la familia, *che.*°

hombre[1]

Mamá leyó sin hacer comentarios la respuesta evasiva de Alejandro, que trataría de conseguir vacaciones apenas *entregara*° el primer sector instalado de la fábrica. Cuando esa tarde llegó María Laura, le pidió que intercediera para que Alejandro viniese aunque no fuera más que una semana a Buenos Aires. María Laura le dijo después a Rosa que mamá se lo había pedido en el único momento en que nadie más podía escucharla. Tío Roque fue el primero en sugerir lo que todos habían pensado ya tantas veces sin animarse a decirlo por lo claro, y cuando mamá le dictó a Rosa otra carta para Alejandro, insistiendo en que viniera, se decidió que no quedaba más remedio que hacer la tentativa y ver si mamá estaba en condiciones de recibir una primera noticia desagradable. Carlos consultó al doctor Bonifaz, que aconsejó prudencia y *unas gotas.*° Dejaron pasar el

en cuanto terminara

un remedio

---

[1]Che, una expresión que viene del italiano, es muy frecuente en el español ríoplatense. *Che, ayudame un poco. Che, Daniel, vení aquí.*

tiempo necesario, y una tarde tío Roque vino a sentarse a los pies de la cama de mamá, mientras Rosa cebaba° un mate° y miraba por la ventana del balcón, al lado de la cómoda de los remedios.

preparaba/infusión de yerba mate.

—Fijate que ahora empiezo a entender un poco por qué este diablo de sobrino no se decide a venir a vernos —dijo tío Roque—. Lo que pasa es que no te ha querido afligir,° sabiendo que todavía no estás bien.

preocupar

Mamá lo miró como si no comprendiera.

—Hoy telefonearon los Novalli, parece que María Laura recibió noticias de Alejandro. Está bien, pero no va a poder viajar por unos meses.

—¿Por qué no va a poder viajar? —preguntó mamá.

—Porque tiene algo en un pie, parece. En el tobillo, creo. Hay que preguntarle a María Laura para que diga lo que pasa. El viejo Novalli habló de una fractura o algo así.

—¿Fractura de tobillo? —dijo mamá.

Antes de que tío Roque pudiera contestar, ya Rosa estaba con el frasco de sales.° El doctor Bonifaz vino en seguida, y todo pasó en unas horas, pero fueron horas largas y el doctor Bonifaz no se separó de la familia hasta entrada la noche. Recién dos días después mamá se sintió lo bastante repuesta como para pedirle a Pepa que le escribiera a Alejandro. Cuando Pepa, que no había entendido bien, vino como siempre con el block y la lapicera, mamá cerró los ojos y negó con la cabeza.

sales aromáticas

—Escribile vos, nomás. Decile que se cuide.

Pepa obedeció, sin saber por qué escribía una frase tras otra puesto que mamá no iba a leer la carta. Esa noche le dijo a Carlos que todo el tiempo, mientras escribía al lado de la cama de mamá, había tenido la absoluta seguridad de que mamá no iba a leer ni a firmar esa carta. Seguía con los ojos cerrados y no los abrió hasta la hora de la tisana;° parecía haberse olvidado, estar pensando en otras cosas.

infusión de hierbas

Alejandro contestó con el tono más natural del mundo, explicando que no había querido contar lo de la fractura para no afligirla. Al principio se habían equivocado y le habían puesto un yeso° que hubo de cambiar, pero ya estaba mejor y en unas semanas podría empezar a caminar. En total tenía para unos dos meses, aunque lo malo era que su trabajo se había retrasado una barbaridad° en el peor momento, y...

plaster cast

muchísimo

Carlos, que leía la carta en voz alta, tuvo la impresión de que mamá no lo escuchaba como otras veces. De cuando en cuando miraba el reloj, lo que en ella era signo de impaciencia. A las siete Rosa tenía que traerle el caldo con las gotas del doctor Bonifaz, y eran las siete y cinco.

—Bueno —dijo Carlos, doblando la carta—. Ya ves que todo va bien, al pibe° no le ha pasado nada serio.

niño (Argentina y Uruguay)

—Claro —dijo mamá—. Mirá, decile a Rosa que se apure, querés.

A María Laura, mamá le escuchó atentamente las explicaciones sobre la fractura de Alejandro, y hasta le dijo que le recomendara unas fricciones que tanto bien le habían hecho a su padre cuando la caída del caballo en Matanzas. Casi en seguida, como si formara parte de la misma frase, *sedante* preguntó si no le podían dar unas gotas de agua de azahar,° que siempre le aclaraban la cabeza.

La primera en hablar fue María Laura, esa misma tarde. Se lo dijo a Rosa en la sala, antes de irse, y Rosa se quedó mirándola como si no pudiera creer lo que había oído.

—Por favor —dijo Rosa—. ¿Cómo podés imaginarte una cosa así?

—No me la imagino, es la verdad —dijo María Laura—. Y yo no vuelvo más, Rosa, pídanme lo que quieran, pero yo no vuelvo a entrar en esa pieza.

En el fondo a nadie le pareció demasiado absurda la fantasía de María Laura, pero tía Clelia resumió el sentimiento de todos cuando dijo que en una casa como la de ellos un deber era un deber. A Rosa le tocó ir a lo de los Novalli, pero María Laura tuvo un ataque de llanto tan histérico que no quedó más remedio que acatar su decisión; Pepa y Rosa empezaron esa misma tarde a hacer comentarios sobre lo mucho que tenía que estudiar la pobre chica y lo cansada que estaba. Mamá no dijo nada, y cuando llegó el jueves no preguntó por María Laura. Ese jueves se cumplían diez meses de la partida de Alejandro al Brasil. La empresa estaba tan satisfecha de sus servicios, que unas semanas después le propusieron una renovación del contrato por otro año, siempre que aceptara irse de inmediato a Belén° *puerto del río Amazonas* para instalar otra fábrica. A tío Roque le parecía eso formidable, un gran triunfo para un muchacho de tan pocos años.

—Alejandro fue siempre el más inteligente —dijo mamá—. Así como Carlos es el más tesonero.

—Tenés razón —dijo tío Roque, preguntándose de pronto qué mosca le habría picado aquel día a María Laura—. La verdad es que te han salido unos hijos que valen la pena, hermana.

—Oh, sí, no me puedo quejar. A su padre le hubiera gustado verlos ya grandes. Las chicas, tan buenas, y el pobre Carlos, tan de su casa.

—Y Alejandro, con tanto porvenir.

—Ah, sí —dijo mamá.

—Fíjate nomás en ese nuevo contrato que le ofrecen… En fin, cuando estés con ánimo le contestarás a tu hijo; debe andar con la cola entre las piernas pensando que la noticia de la renovación no te va a gustar.

—Ah, sí —repitió mamá, mirando al cielo raso—. Decile a Pepa que le escriba, ella ya sabe.

Pepa escribió, sin estar muy segura de lo que debía decirle a Alejandro, pero convencida de que siempre era mejor tener un texto completo para evitar contradicciones en las respuestas. Alejandro, por su parte, se alegró mucho de que mamá comprendiera la oportunidad que se le presentaba. Lo del tobillo iba muy bien, apenas pudiera pediría vacaciones para *dos semanas* venirse a estar con ellos una quincena.° Mamá asintió con un leve gesto, y preguntó si ya había llegado *La Razón* para que Carlos le leyera los telegramas. En la casa todo se había ordenado sin esfuerzo, ahora que *sustos* parecían haber terminado los sobresaltos° y la salud de mamá se mantenía

---

▼
Convocación de palabras

estacionaria. Los hijos se turnaban para acompañarla; tío Roque y tía Clelia entraban y salían en cualquier momento. Carlos le leía el diario a mamá por la noche, y Pepa por la mañana. Rosa y tía Clelia se ocupaban de los medicamentos y los baños; tío Roque tomaba mate en su cuarto dos o tres veces al día. Mamá no estaba nunca sola, no preguntaba nunca por María Laura; cada tres semanas recibía sin comentarios las noticias de Alejandro; le decía a Pepa que contestara y hablaba de otra cosa, siempre inteligente y atenta y alejada.

Fue en esa época cuando tío Roque empezó a leerle las noticias de la tensión con el Brasil. Las primeras las había escrito en los bordes del diario, pero mamá no se preocupaba por la perfección de la lectura y después de unos días tío Roque se acostumbró a inventar en el momento. Al principio acompañaba los inquietantes telegramas con algún comentario sobre los problemas que eso podía traerle a Alejandro y a los demás argentinos en el Brasil, pero como mamá no parecía preocuparse dejó de insistir aunque cada tantos días agravaba un poco la situación. En las cartas de Alejandro se mencionaba la posibilidad de una ruptura de relaciones, aunque el muchacho era el optimista de siempre y estaba convencido de que los cancilleres arreglarían el litigio.°

Mamá no hacía comentarios, tal vez porque aún faltaba mucho para que Alejandro pudiera pedir licencia,° pero una noche le preguntó bruscamente al doctor Bonifaz si la situación con el Brasil era tan grave como decían los diarios.

—¿Con el Brasil? Bueno, sí, las cosas no andan muy bien —dijo el médico—. Esperemos que el buen sentido de los estadistas...

Mamá lo miraba como sorprendida de que le hubiese respondido sin vacilar. Suspiró levemente, y cambió la conversación. Esa noche estuvo más animada que otras veces, y el doctor Bonifaz se retiró satisfecho. Al otro día se enfermó tía Clelia; los desmayos parecían cosa pasajera, pero el doctor Bonifaz habló con tío Roque y aconsejó que internaran a tía Clelia en un sanatorio.° A mamá, que en ese momento escuchaba las noticias del Brasil que le traía Carlos con el diario de la noche, le dijeron que tía Clelia estaba con una jaqueca° que no la dejaba moverse de la cama. Tuvieron toda la noche para pensar en lo que harían, pero tío Roque estaba como anonadado° después de hablar con el doctor Bonifaz, y a Carlos y a las chicas les tocó decidir. A Rosa se le ocurrió lo de la quinta° de Manolita Valle y el aire puro; al segundo día de la jaqueca de tía Clelia, Carlos llevó la conversación con tanta habilidad que fue como si mamá en persona hubiera aconsejado una temporada en la quinta de Manolita que tanto bien le haría a Clelia. Un compañero de oficina de Carlos se ofreció para llevarla en su auto, ya que el tren era fatigoso con esa jaqueca. Tía Clelia fue la primera en querer despedirse de mamá, y entre Carlos y tío Roque la llevaron pasito a paso° para que mamá le recomendase que no tomara frío en esos autos de ahora y que se acordara del laxante de frutas cada noche.

problema

permiso

clínica

migraine

deprimido
casa de campo

lentamente

—Clelia estaba muy congestionada —le dijo mamá a Pepa por la tarde—. Me hizo mala impresión, sabés.

—Oh, con unos días en la quinta se va a reponer lo más bien. Estaba un poco cansada estos meses; me acuerdo de que Manolita le había dicho que fuera a acompañarla a la quinta.

—¿Sí? Es raro, nunca me lo dijo.

—Por no afligirte, supongo.

—¿Y cuánto tiempo se va a quedar, hijita?

Pepa no sabía, pero ya le preguntarían al doctor Bonifaz que era el que había aconsejado el cambio de aire. Mamá no volvió a hablar del asunto *ataque* hasta algunos días después (tía Clelia acababa de tener un síncope° en el sanatorio, y Rosa se turnaba con tío Roque para acompañarla).

—Me pregunto cuándo va a volver Clelia —dijo mamá.

—Vamos, por una vez que la pobre se decide a dejarte y a cambiar un poco de aire...

—Sí, pero lo que tenía no era nada, dijeron ustedes.

—Claro que no es nada. Ahora se estará quedando por gusto, o por acompañar a Manolita; ya sabés cómo son de amigas.

—Telefoneá a la quinta y averiguá cuándo va a volver —dijo mamá.

Rosa telefoneó a la quinta, y le dijeron que tía Clelia estaba mejor, pero que todavía se sentía un poco débil, de manera que iba a aprovechar para quedarse. El tiempo estaba espléndido en Olavarría.

—No me gusta nada eso —dijo mamá—. Clelia ya tendría que haber vuelto.

—Por favor, mamá, no te preocupés tanto. ¿Por qué no te mejorás vos lo antes posible, y te vas con Clelia y Manolita a tomar sol a la quinta?

—¿Yo? —dijo mamá, mirando a Carlos con algo que se parecía al asombro, al escándalo, al insulto. Carlos se echó a reír para disimular lo que sentía (tía Clelia estaba gravísima, Pepa acababa de telefonear) *pícara* y la besó en la mejilla como a una niña traviesa.°

—Mamita tonta —dijo, tratando de no pensar en nada.

Esa noche mamá durmió mal y desde el amanecer preguntó por Clelia, como si a esa hora se pudieran tener noticias de la quinta (tía Clelia acababa de morir y habían decidido velarla en la funeraria). A las ocho llamaron a la quinta desde el teléfono de la sala, para que mamá pudiera escuchar la conversación, y por suerte tía Clelia había pasado bastante buena noche aunque el médico de Manolita aconsejaba que se quedase mientras siguiera el buen tiempo. Carlos estaba muy contento con el *pijama* cierre de la oficina por inventario y balance, y vino en piyama° a tomar mate al pie de la cama de mamá y a darle conversación.

—Mirá —dijo mamá—, yo creo que habría que escribirle a Alejandro que venga a ver a su tía. Siempre fue el preferido de Clelia, y es justo que venga.

—Pero si tía Clelia no tiene nada, mamá. Si Alejandro no ha podido venir a verte a vos, imaginate...

—Allá él° —dijo mamá—. Vos escribile y decile que Clelia está enferma y que debería venir a verla.

—Pero, ¿cuántas veces te vamos a repetir que lo de tía Clelia no es grave?

—Si no es grave, mejor. Pero no te cuesta nada escribirle.

Le escribieron esa misma tarde y le leyeron la carta a mamá. En los días en que debía llegar la respuesta de Alejandro (tía Clelia seguía bien, pero el médico de Manolita insistía en que aprovechara el buen aire de la quinta), la situación diplomática con el Brasil se agravó todavía más y Carlos le dijo a mamá que no sería raro que las cartas de Alejandro se demoraran.

—Parecería a propósito —dijo mamá—. Ya vas a ver que tampoco podrá venir él.

Ninguno de ellos se decidía a leerle la carta de Alejandro. Reunidos en el comedor, miraban al lugar vacío de tía Clelia, se miraban entre ellos, vacilando.

—Es absurdo —dijo Carlos—. Ya estamos tan acostumbrados a esta comedia, que una escena más o menos…

—Entonces llevásela vos —dijo Pepa, mientras se le llenaban los ojos de lágrimas y se los secaba con la servilleta.

—Qué querés, hay algo que no anda. Ahora cada vez que entro en su cuarto estoy como esperando una sorpresa, una trampa, casi.

—La culpa la tiene María Laura —dijo Rosa—. Ella nos metió la idea en la cabeza y ya no podemos actuar con naturalidad. Y para colmo tía Clelia…

—Mirá, ahora que lo decís se me ocurre que convendría hablar con María Laura —dijo tío Roque—. Lo más lógico sería que viniera después de sus exámenes y le diera a tu madre la noticia de que Alejandro no va a poder viajar.

—Pero, ¿a vos no se te hiela la sangre que mamá no pregunte más por María Laura, aunque Alejandro la nombra en todas sus cartas?

—No se trata de la temperatura de mi sangre —dijo tío Roque—. Las

cosas se hacen o no se hacen, y se acabó.°

A Rosa le llevó dos horas convencer a María Laura, pero era su mejor amiga y María Laura los quería mucho, hasta a mamá aunque le diera miedo. Hubo que preparar una nueva carta, que María Laura trajo junto con un ramo de flores y las pastillas de mandarina que le gustaban a mamá. Sí, por suerte ya habían terminado los exámenes peores, y podría irse unas semanas a descansar a San Vicente.

—El aire del campo te hará bien —dijo mamá—. En cambio a Clelia… ¿Hoy llamaste a la quinta, Pepa? Ah, sí, recuerdo que me dijiste… Bueno, ya hace tres semanas que se fue Clelia, y mirá vos…

María Laura y Rosa hicieron los comentarios del caso, vino la bandeja del té, y María Laura le leyó a mamá unos párrafos de la carta de Alejandro con la noticia de la internación provisional de todos los técnicos extranjeros, y la gracia que le hacía estar alojado en un espléndido hotel por cuenta del gobierno, a la espera de que los cancilleres arreglaran el conflicto. Mamá no hizo ninguna reflexión, bebió su taza de tilo° y se fue adormeciendo. Las muchachas siguieron charlando en la sala, más aliviadas. María Laura estaba por irse cuando se le ocurrió lo del teléfono y se lo dijo a Rosa. A Rosa le parecía que también Carlos había pensado en eso, y más tarde le habló a tío Roque, que se encogió de hombros. Frente a cosas así no quedaba más remedio que hacer un gesto y seguir leyendo el diario. Pero Rosa y Pepa se lo dijeron también a Carlos, que renunció a encontrarle explicación a menos de aceptar lo que nadie quería aceptar.

linden tea (margin, line 4)

—Ya veremos —dijo Carlos—. Todavía puede ser que se le ocurra y nos lo pida. En ese caso...

Pero mamá no pidió nunca que le llevaran el teléfono para hablar personalmente con tía Clelia. Cada mañana preguntaba si había noticias de la quinta, y después se volvía a su silencio donde el tiempo parecía contarse por dosis de remedios y tazas de tisana. No le desagradaba que tío Roque viniera con *La Razón* para leerle las últimas noticias del conflicto con el Brasil, aunque tampoco parecía preocuparse si el diariero llegaba tarde o tío Roque se entretenía más que de costumbre con un problema de ajedrez. Rosa y Pepa llegaron a convencerse de que a mamá la tenía sin cuidado° que le leyeran las noticias, o telefonearan a la quinta, o trajeran una carta de Alejandro. Pero no se podía estar seguro porque a veces mamá levantaba la cabeza y las miraba con la mirada profunda de siempre, en la que no había ningún cambio, ninguna aceptación. La rutina los abarcaba a todos, y para Rosa telefonear a un agujero negro en el extremo del hilo era tan simple y cotidiano como para tío Roque seguir leyendo falsos telegramas sobre un fondo de anuncios de remates o noticias de fútbol, o para Carlos entrar con las anécdotas de su visita a la quinta de Olavarría y los paquetes de frutas que les mandaban Manolita y tía Clelia. Ni siquiera durante los últimos meses de mamá cambiaron las costumbres, aunque poca importancia tuvieran ya. El doctor Bonifaz les dijo que por suerte mamá no sufriría nada y que se apagaría° sin sentirlo. Pero mamá se mantuvo lúcida hasta el fin, cuando ya los hijos la rodeaban sin poder fingir lo que sentían.

la dejaba indiferente (margin)

moriría (margin)

—Qué buenos fueron conmigo —dijo mamá—. Todo ese trabajo que se tomaron para que no sufriera.

Tío Roque estaba sentado junto a ella y le acarició jovialmente la mano, tratándola de° tonta. Pepa y Rosa, fingiendo buscar algo en la cómoda, sabían ya que María Laura había tenido razón; sabían lo que de alguna manera habían sabido siempre.

diciéndole (margin)

—Tanto cuidarme... —dijo mamá, y Pepa apretó la mano de Rosa, porque al fin y al cabo esas dos palabras volvían a poner todo en orden, restablecían la larga comedia necesaria. Pero Carlos, a los pies de la cama, miraba a mamá como si supiera que iba a decir algo más.

—Ahora podrán descansar —dijo mamá—. Ya no les daremos más trabajo.

Tío Roque iba a protestar, a decir algo, pero Carlos se le acercó y le apretó violentamente el hombro. Mamá se perdía poco a poco en una modorra, y era mejor no molestarla.

Tres días después del entierro llegó la última carta de Alejandro, donde como siempre preguntaba por la salud de mamá y de tía Clelia. Rosa, que la había recibido, la abrió y empezó a leerla sin pensar, y cuando levantó la vista porque de golpe las lágrimas la cegaban, se dio cuenta de que mientras la leía había estado pensando en cómo habría que darle a Alejandro la noticia de la muerte de mamá.

En torno al texto

Hay que fijarse bien

Lea otra vez el cuento y con un(a) compañero(a) conteste o complete lo siguiente.

1. ¿Más o menos qué edad tendrá cada uno de los personajes? ¿Cómo llegó a esta conclusión?

2. ¿Cómo sabemos que mamá y Roque son hermanos? Y tía Clelia, ¿es hermana de ellos también? Copie las citas textualmente. ¿Conoce Ud. a otros hermanos parecidos? ¿Cómo son?

3. ¿A qué hora cree Ud. que es la hora del té (o café), de ciertas pastillas, de la tisana en esta casa? ¿Qué función tienen estas horas? ¿Qué horas se definen de esta manera en su casa? ¿Por qué?

4. Complete las frases siguientes. Para que la madre no supiera que Alejandro había muerto, se tomaron las siguientes medidas específicas.

    a. El tío Roque arregló lo de conseguir a alguien que…
    b. Pepa arregló lo de conseguir que…
    c. El doctor Bonifaz se hizo cargo de lo de…
    d. La tía Clelia se encargó de lo de…
    e. La pobre María Laura se encargó de…

5. Complete las frases siguientes. Para que la madre no supiera que la tía Clelia estaba enferma, se tomaron las siguientes medidas.

    a. A Rosa se le ocurrió lo de la…
    b. Un compañero de Carlos se encargó de lo de…
    c. La tía Clelia insistió en lo de…

6. ¿Cómo se expresan las siguientes nociones e ideas en el cuento? Con tres compañeros ubiquen dónde y cómo se dice lo siguiente:

(págs. 52–53)

a. la madre tenía dos problemas serios de salud: presión arterial muy alta y diabetes
b. tío Roque encontraba siempre una solución a todos los problemas
c. estar en cama enfermo
d. aunque mamá era mayor, todavía oía muy bien todo
e. saber algo por intuición, sin poderlo ver
f. el teléfono que estaba en el segundo piso
g. las cosas se calmaron tarde por la tarde
h. Pepa nunca vio a su hermano muerto
i. el hijo menor de la familia
j. la pobre señora vivía con dolores y molestias

(págs. 54–55)

k. la gente compra remedios que se anuncian por la radio y que no sirven
l. de tanto vivir la mentira ya casi la creían
m. qué cosas tan ricas había en Brasil
n. el chico de los Marolda colecciona estampillas
o. mamá se enfermó más que nunca y todos se sentían culpables
p. no puedo creer que Alejandro no me haya escrito a mano sino a máquina
q. Alejandro, este hijo malito

(pág. 63)

r. ni yo, ni Alejandro, ni Clelia les daremos más trabajo ya

En términos generales

1. Haga un diagrama de esta familia. Lea el cuento otra vez, una o dos veces si es necesario, para saber quiénes son hermanos, quiénes son los tíos y quiénes los amigos (y de quién son amigos). Si tiene dudas—y es muy posible que las tenga—júntese con dos compañeros(as) y aclare la situación.
2. Si Ud. es un poco pintor(a), haga un dibujo de la casa de esta familia. O bien, haga un dibujo del dormitorio de la enferma. Ud. puede usar estos dibujos para explicar ciertos aspectos del cuento más adelante.
3. ¿Cuándo se usa el **voseo** en este cuento? ¿Qué sugiere esto?
4. ¿Quién narra este cuento—Carlos, una de las chicas u otra persona? ¿Cómo lo sabe Ud.?

5. ¿Dónde vivían los hijos, el tío y la tía? ¿Cómo lo descubrió?
6. ¿Dónde trabajaban Alejandro, Carlos y sus dos hermanas? ¿Trabajaba el tío Roque? ¿Cómo se sabe?
7. ¿Por qué produce tantos problemas la enfermedad de la tía Clelia?
8. ¿Por qué le prohibió leer los diarios a la madre el doctor Bonifaz?
9. ¿Dónde fueron los velorios de los muertos? ¿Por qué?
10. ¿Está realmente enferma la madre o no? ¿Por qué?

Los personajes y sus papeles

1. ¿Qué función importante tiene el tío Roque? ¿Cuándo no pudo cumplir su función y por qué?
2. ¿Qué papel desempeña María Laura en el cuento? Señale específicamente en qué líneas se pueden encontrar ejemplos de su función.
3. ¿Qué papel tiene Carlos? ¿Qué piensa la madre de él? ¿Es él el mayor de los hermanos o no? ¿Cómo lo sabe?
4. ¿Qué papel tienen las hermanas y la tía Clelia? ¿A qué cosas han renunciado ellas en la vida? Nombre por los menos tres cosas, excepto que han renunciado a tener una familia porque, a la manera de ver hispana, ellas sí tienen familia y viven con ella.
5. ¿Qué función tienen el médico y los remedios naturales en este cuento? Nombre por lo menos dos remedios y diga para qué son. ¿Dónde se guardaban los remedios?
6. Finalmente, ¿qué papel desempeña mamá? ¿Qué influencia tiene sobre los demás? ¿Qué estrategias usa para conseguir lo que quiere?

Más allá del texto

1. **La medicina no-tradicional.** En las culturas tradicionales europeas e hispanoamericanas, la gente no sólo usa remedios modernos, sino remedios tradicionales también. Haga una lista de los remedios que usaba o recomendaba la enferma de este cuento y después haga otra lista de los que Ud. conozca. ¿Hay alguna semejanza entre las dos listas o no?

2. **Mentiras santas.** Describa una situación en que Ud. u otra persona dijo alguna mentira santa *(white lie)* para tratar de facilitar las cosas, proteger a alguien, o protegerse a sí mismo(a). Dé las razones por las que mintió y las consecuencias.

Señora
Dra. Angela Liboria Bur
Aráoz 2635 8º C
1425 Buenos Aires

República Argentina

3. **Una carta del Brasil.** Escoja un lugar que conozca un poco e imagínese que está allí ahora. Escríbales una carta a sus padres o a un(a) amigo(a) diciéndole(s) qué está haciendo allá y cómo le va en todo. Escriba también el sobre y use una estampilla adecuada, si es posible. Vea el modelo de sobre que aparece aquí.

4. **De muestra, un botón.** Imagínese cómo habrá sido la situación cuando murió el marido de la enferma. Con dos compañeros(as) escriban la conversación que tuvo lugar cuando murió el señor. Cuando terminen el guión, den una representación para sus compañeros.

5. **Malas noticias.** Piense en alguna mala noticia que Ud. haya recibido y en qué ocurrió en aquel momento. Escriba una descripción de lo que pasó.

6. **Nadie piensa en mí.** Escriba un pequeño cuento en que María Laura sea la protagonista. Empiece la acción después de la muerte de Alejandro, o bien, después de la muerte de la madre. Describa cuidadosamente lo que piensa María Laura.

7. **Protejamos a los mayores y a los niños.** Con dos compañeros(as) prepárense para defender o atacar esta manera de proteger a los mayores/niños de la realidad. Cuando estén listos, presenten sus puntos de vista y después vean qué grupo es más convincente.

Temas de ensayo

Elija uno de los siguientes temas según las instrucciones de su profesor(a). Use sus apuntes sobre el texto, especialmente lo que anotó en la sección **En torno al texto.** Cada vez que copie una frase del texto, póngala entre comillas («...») e indique en qué página aparece.

1. ¿Qué hace el personaje principal de este cuento para controlarlo todo en su casa? Describa las estrategias y sus resultados a corto y a largo plazo *(long range)*.

2. Analice los dos niveles de ficción y realidad en este cuento. Use ejemplos y citas específicas del texto para respaldar sus explicaciones y su tesis.

3. Describa en detalle cómo y desde qué momento supo la madre que entre todos habían creado una ficción para ocultarle la verdad. Explique qué efectos tuvo esto en los otros personajes. Encuentre en el texto todas las citas que ilustren su punto de vista.

4. Analice la ironía del título en este cuento. Apóyese en citas del texto para demostrar cómo logra este efecto el autor.

5. Estudie el papel de la protagonista del cuento: la madre. Examine sus relaciones con los demás personajes (especialmente con sus hijos) y explique sus motivaciones y estrategias. Use citas del texto.

Mujer sentada

Adolfo Halty Dubé

SEGUNDA PARTE

¿Qué significa ser mujer?

Lección sobre ruedas

DOMITILA BARRIOS DE CHUNGARA CON DAVID ACEBEY

Domitila Barrios de Chungara tuvo una infancia muy difícil tras la muerte de su madre, puesto que a temprana edad debió hacerse cargo de sus hermanas—una enorme responsabilidad para una jovencita. Se crió en un pueblo en el cual se apreciaba a los hijos varones y se despreciaba a las hijas:

> Cuando murió mi mamá, la gente nos miraba y decía: «Ay, pobrecitas, cinco mujeres, ningún varón... ¿para qué sirven?... Mejor si se mueren». [Domitila Barrios de Chungara, Moema Viezzer, recopiladora, *«Si me permiten hablar...»*, 8ª ed. (México: Siglo XXI, 1984), pág, 59.]

Pese a esto y gracias a su personalidad y al hecho que su padre siempre les decía a sus hijas que las mujeres podían «hacer todas las hazañas que hacen los hombres» (*Ibid.*), Domitila se metió en asuntos de política y sindicalismo. Es una mujer que cree en la igualdad del hombre y de la mujer. Gracias a sus actividades y a sus dos libros, ha llegado a ser conocida en Europa y América. Puede decirse que es feminista, puesto que su lucha por las mujeres y los mineros se confunde con su propia lucha para crecer más allá de los límites impuestos por su sociedad sobre las mujeres de su clase.

La anécdota que presentamos es un claro ejemplo de su doble lucha. Se encuentra en su segundo libro, *¡Aquí también, Domitila!* y se basa en el concepto del papel tradicional de la mujer en la sociedad, exigiéndole que se dedique únicamente a sus hijos y al hogar. Domitila y sus compañeras le dan una «lección sobre ruedas» al taxista que les da su visión tradicional del papel de hombres y mujeres. Este fragmento es un ejemplo de literatura **testimonial** (véase la definición en la pág. 19).

. . . .

Es conveniente saber

La vida en Siglo XX, un campamento minero. En «*Si me permiten hablar...*», Domitila habla con detenimiento de la vida en Siglo XX, el campamento minero en que pasó gran parte de su infancia y adolescencia. Su relato describe vívidamente las condiciones en que vivían los mineros y sus familias: trabajan larguísimas horas; las condiciones dentro de la mina son pésimas y peligrosas; la remuneración que reciben los empleados es mínima y, por eso, hay extrema pobreza; el clima es durísimo, sobre todo en invierno; y las viviendas que provee la compañía son completamente inadecuadas.

Peor aún, la falta de atención médica apropiada y de dinero para comprar remedios, además del frío intenso y del hambre crónica, minan la salud y producen desnutrición, acelerando la muerte de chicos y grandes. Una de las hermanitas de Domitila, por ejemplo, comió algo contaminado con veneno que encontró en la basura y murió. La muerte de su esposa y la frustración de no poder mantener a las niñas están ligadas a las borracheras del padre, quien termina por maltratarlas, a pesar de que las quiere tanto.

En vista de todas estas dificultades, son admirables el optimismo, la bondad y la generosidad de Domitila, que de niña compartía lo poco que tenía con los que tenían aún menos. Hecha ya mujer, continúa su obra y se dedica a tratar de mejorar la vida de todos los trabajadores. No sólo lucha por los derechos de los mineros y los sindicatos *(labor unions)*, sino que crea el *Comité de Amas de Casa de Siglo XX*, que es un grupo de mujeres que tienen como objetivo lograr cambios sociales. Todo esto le vale la persecución, pero nadie logra callarla, como vemos en sus dos libros.

. . . .

▼

Aproximaciones al texto

1. **El papel de la mujer.** Imagínese que Ud. conversa con un taxista o con alguien que se haya sentado a su lado en un avión. ¿Qué diría esa persona sobre el papel de la mujer en la sociedad? Con dos compañeros(as) escriban la descripción que les parezca más apropiada. Luego, preséntensela al resto de la clase y comparen las de los distintos grupos.

2. **Dilemas de la vida moderna.** Imagínese que es profesional, casado(a) y con hijos. ¿Cómo resuelven usted y su esposo(a) los problemas de la crianza de los hijos y las exigencias de sus empleos? Escriba uno o dos párrafos con sus ideas. Dé ejemplos y soluciones concretas.

. . . .

Es conveniente saber

El machismo. Toda cultura tiene y refuerza patrones de conducta y prácticas que le son característicos y que la distinguen de otras culturas. Tanto patrones como prácticas provienen de antiguas tradiciones que afectan no sólo al individuo sino también la lengua, las instituciones, las leyes, los criterios morales, la manera de gobernarse y de asociarse, entre otros. Una tendencia muy importante en la cultura hispana—y en muchas otras culturas—es la preponderancia de lo masculino o **machismo.** El machismo se basa en la idea de la superioridad del hombre y en el culto de la virilidad. Esta tendencia está presente no sólo en la tradición judeocristiana, sino también en la greco-romana y en la oriental. Por ejemplo, las madres a menudo reservan lo mejor para sus hijos varones y restringen a sus hijas; las esposas ignoran a veces las aventuras de sus maridos y hasta justifican su conducta. Además, tanto convenciones sociales como leyes les dan más derechos a los hombres que a las mujeres. Estas prácticas pueden tener un enorme impacto social y político—sobre todo si nunca son cuestionadas en las sociedades más conservadoras.

En una sociedad machista, por ejemplo, generalmente se espera que las mujeres se ajusten a los hombres, que dependan de ellos y que sean sumisas y abnegadas. A las mujeres que se destacan por su capacidad intelectual, artística o profesional a menudo se les critica. Este ha sido el caso de muchas feministas, escritoras, artistas e intelectuales. Estas actitudes afectan profundamente los papeles de hombres y mujeres, así como la relación entre los sexos. Los hombres que crecen en culturas machistas a veces son agresivos e intransigentes en sus relaciones con otros hombres y condescendientes o agresivos en sus relaciones con las mujeres. Preste atención a estas características cuando lea esta anécdota y otras lecturas como los poemas de Castellanos (págs. 78 y 164), Burgos (pág. 95) y Storni (pág. 86). Tusquets también nos ofrece una visión contemporánea (pág. 139). Si desea investigar este tema, vea la Bibliografía.

▼

La anécdota. Una anécdota es un relato breve de un hecho curioso que se hace como ilustración, ejemplo o entretenimiento. Por lo general, este tipo de relato es corto y no tiene verdadero desarrollo, clímax, y resolución, como verán en la lectura que sigue.

1. Cuéntele una anécdota suya a la clase, o

2. Escriba una anécdota en uno o dos párrafos.

. . . .

▼ Lección sobre ruedas

DOMITILA BARRIOS DE CHUNGARA CON DAVID ACEBEY

De *¡Aquí también, Domitila!*

Una vez en Quito tomamos un taxi para ir a una cita. Estábamos con Blanquita, Rosita y otra compañera que no recuerdo su nombre. El chofer era ya un poco maduro y empezó a charlar. Nos preguntó de dónde veníamos y Rosita le contó que éramos de otros países y todo eso, ¿no? Entonces el señor se burló de nosotras y nos preguntó si éramos casadas. Rosita le dijo que sí, que teníamos varios hijos y que habíamos venido a esta conferencia sobre la «Participación de la mujer en la lucha por la democracia».

Entonces el señor nos preguntó: —¿Y quién está cuidando a sus hijos mientras ustedes están en estas actividades? Y peor todavía si vienen de tan lejos—y que tenía mucha compasión de nuestros maridos porque se habían quedado cuidando a nuestros hijos.

Entonces la[1] Rosita le dijo: —Si aquí hay una democracia, ¿qué clase de demócrata es usted? Usted debe de ser uno de esos señores que no permiten que su mujer participe.

—Las mujeres tienen que quedarse en su casa —dijo él.

—Entonces usted, en vez de mujer tiene una esclava —dijo ella.

—¡No! De ninguna manera —dijo él. Yo a mi esposa la quiero, la estimo y no quisiera que se muera, porque ella cuida a mis hijos, trabaja bastante. Ella hace de todo. Yo reconozco y le doy su lugar.

—¿Y el derecho a organizarse y a participar? —le pregunta ella.

—No —dice él. Ella tiene quehacer en la casa.

—¿Pero por qué usted no podría quedarse un día en su casa mientras ella va a organizarse?

Entonces él dijo que viene muy cansado y que es imposible que se haga cargo de los hijos más.

—¡Ah, sí! —le dijo la Rosita. ¡Eso sí que no le creo, señor! Porque usted acaba de decirme que tiene muchos hijos y que viene del trabajo muy cansado. ¿Y cómo hizo los hijos si usted estaba tan cansado?

El pobre señor se puso muy colorado y no sabía qué decir.

En torno al texto

Hay que fijarse bien

1. Lea esta anécdota otra vez y con un(a) compañero(a) ubiquen dónde se dice lo siguiente.

   a. otra compañera cuyo nombre no recuerdo
   b. el chofer de taxi era ya mayor
   c. ¿quién se ocupa de los niños mientras Uds. viajan?
   d. las mujeres deben dedicarse a las labores domésticas
   e. su mujer no tiene independencia
   f. al pobre hombre le dio vergüenza y no dijo nada

2. ¿Por qué cree Ud. que la autora usa diminutivos para nombrar a sus amigas?

   a. porque son muy jóvenes
   b. porque el señor le hizo pasar un mal rato
   c. porque las quiere mucho
   d. porque así les habla a sus hijos

---

[1]En varios dialectos del español se usa el artículo definido con los nombres de pila.

3. Busque el signo que indica que Domitila le está contando esta anécdota a alguien.

En términos generales

1. ¿Cree Ud. que Domitila escribió esta anécdota o que se la contó a
alguien que la anotó?
2. ¿Cree Ud. que Rosita habría dicho lo mismo si hubiera estado sola en
el taxi con el chofer o no? ¿Por qué?
3. ¿Cree Ud. que los maridos de estas mujeres estén realmente a cargo de
los niños? ¿Por qué?
4. Según esta anécdota, ¿qué actitud tienen las sociedades hispanas hacia
la mujer?
5. ¿Qué tono tiene este testimonio?

Los personajes y sus papeles

1. ¿Quién es el personaje principal de este fragmento? ¿Por qué? ¿Qué
actitud tiene?
2. ¿Cuál es el papel del chofer de taxi? Descríbalo.
3. Entre otras cosas, el chofer considera que la actividad política es cosa
de hombres. ¿Está Ud. de acuerdo o no? ¿Por qué?
4. ¿Qué papel tiene Domitila? ¿Cómo se la imagina después de haber
leído esta anécdota contada por ella?

Más allá del texto

1. **Con viento de cola.** Por muy liberadas que sean las mujeres estadounidenses, no es común que una mujer con hijos haga muchos viajes
de negocios o relacionados a sus intereses personales. Haga una lista de
tres medidas que generalmente se toman cuando la madre se ausenta
de la casa por unos días.
Por ejemplo: *El padre pide permiso en el trabajo para quedarse
en casa.*

2. **Al estilo de Rosita.** Describa a una persona como Rosita o como
Domitila, si Ud. ha conocido a alguien así. En dos párrafos, explique
qué ideas defiende y diga si esta persona es conocida o no.

3. **Un hombre excepcional.** Casi todas las defensas de la mujer tienden a
estereotipar al hombre. En uno o dos párrafos, describa a un hombre
realmente excepcional que Ud. conozca, que se distinga en el trabajo o
en la casa por convivir y colaborar de igual a igual con las mujeres.

4. **Los nuevos papeles de la mujer.** En los últimos treinta años ha cambiado muchísimo el papel de la mujer en el campo laboral, tanto aquí como en el extranjero. Escriba o dé un informe oral sobre estos cambios tomando en cuenta, entre otras, las siguientes preguntas.

    a. ¿En qué campos laborales antes reservados a los hombres vemos mujeres hoy en día?
    b. Las mujeres han cambiado sus preferencias y han elegido otros campos. ¿Qué efecto ha tenido esto en los campos laborales tradicionales de la mujer (la enseñanza, la enfermería)? Dé ejemplos concretos.
    c. ¿Qué efectos tienen estos cambios sobre los sueldos ofrecidos?

5. **¡Para que aprendas!** Con dos compañeros(as) describan alguna situación en que una persona haya recibido una lección en público. Describan también las reacciones de la gente que presencia el incidente. Presenten un informe oral o escrito de dos o tres párrafos, según las indicaciones de su profesor(a).

6. **Aquí y allá.** Con tres compañeros(as) escriban una obrita de teatro. Imagínese que Ud. y sus amigos(as) toman el mismo taxi en Ecuador y que el chofer les dice lo mismo que a Domitila y a sus amigas. Den respuestas que reflejen las opiniones de Uds. Luego, representen la obrita o grábenla en video para toda la clase.

7. **El taxista en su propia casa.** Escriba con dos compañeros(as) una obrita que se desarrolla en casa del taxista, después del episodio que describe Domitila. Los protagonistas son el taxista y su mujer y sus hijos. Imagínense la conversación, la actitud de los personajes, las discusiones familiares. Cuando esté lista la obra, represéntenla o grábenla en video para toda la clase.

Temas de ensayo

Elija uno de los siguientes temas según las instrucciones de su profesor(a). Use sus apuntes sobre el texto, especialmente lo que anotó en la sección **En torno al texto.** Cada vez que copie una frase del texto, póngala entre comillas («...») e indique en qué página aparece.

1. Analice las dos actitudes hacia el papel de la mujer que se ven reflejadas aquí. Dé los puntos a favor y en contra de cada una, dando ejemplos de su propia experiencia cuando sea apropiado. Si es necesario, explique dónde y por qué existe una y otra. Use citas del texto para respaldar sus opiniones.

2. Domitila y sus compañeras acusan al taxista de no ser demócrata, a pesar de que vive en una democracia, porque no quiere que su mujer participe en el proceso político. ¿Puede haber democracia en un país que no permita la participación de la mujer? Ilustre sus opiniones con citas del texto y ejemplos de su propia experiencia. Si lo desea, agregue ejemplos de la lucha por el derecho al voto de las mujeres en este país.

3. Analice el papel tradicional de la mujer y el del hombre según se presentan en este fragmento y en otros textos que ya haya leído como «Homenaje a los padres chicanos» (pág. 11), «La familia» (pág. 19), «En la redoma» (pág. 32) o «La salud de los enfermos» (pág. 49). Dé citas de los textos y ejemplos de su propia experiencia, si lo desea.

4. Compare este texto con «La familia» (pág. 19). Analice las actitudes de la sociedad hacia la familia y la mujer, el tono, la estructura del texto y el género. Use citas de ambos textos para apoyar sus ideas.

Nombre:	Rosario Castellanos (1925–1974)
Nacionalidad:	Mexicana
Ocupación:	Poeta, novelista, cuentista, dramaturgo, ensayista, profesora, diplomática
Obras principales:	*Sobre cultura femenina* (1950)
	Balún–Canán (1957)
	Oficio de tinieblas (1962), por el que recibe el premio «Sor Juana Inés de la Cruz»
	Album de familia (1971)
	El eterno femenino (1974)
	Poesía no eres tú (1977), volumen póstumo en el que se recoge casi toda su obra poética
Otros datos:	Fue embajadora de México en Israel. Se suicidó en 1974.

FICHA PERSONAL

Rosario Castellanos es una escritora cuya obra trata una variedad de temas que abarcan desde las condiciones de vida del indígena mexicano (como en *Balún–Canán*), hasta el papel que le es impuesto a la mujer en una sociedad tradicional (como en muchísimos de sus poemas y en el cuento «Lección de cocina»). Debido a su interés en la mujer y su papel, muchos críticos la consideran feminista, a pesar de que ella misma dice no serlo.

A lo largo de toda su obra vemos aparecer una y otra vez la preocupación por la mujer en la sociedad mexicana contemporánea, sociedad que pretende definir a la mujer por su estado civil y por su relación con el hombre—padre, hermano, hijo o marido—, del cual se supone que depende. La mujer ve así limitados sus horizontes y se encuentra a

▼

menudo relegada al cuidado de sus hijos y del hogar. Para la poeta, en cambio, el matrimonio (meta máxima de toda mujer en su sociedad) no es más que una especie de cárcel (véase «Autorretrato» en la pág. 164 para más detalles).

«Kinsey Report»[1] es una serie de seis poemas, en cada uno de los cuales el «yo» lírico representa uno de los estereotipos sexuales y sociales según los cuales se clasifican a las mujeres: la casada, la soltera «pero no virgen», la divorciada, la soltera que se autocomplace, la lesbiana y la señorita, o sea la joven pura. Los poemas son entrevistas ficticias en que sólo se nos dan las respuestas de las distintas mujeres, pero que, al mismo tiempo, nos permiten deducir tanto las preguntas como la actitud crítica e irónica de la entrevistadora. «Kinsey Report» pertenece al grupo titulado «Otros poemas» incluído en *Poesía no eres tú*.

En «Kinsey Report N⁰ 6», el «yo» es el de una muchacha joven típica, de ideas muy tradicionales y poco realistas que aspira a casarse. Es fácil ver, por ejemplo, cómo la muchacha no sólo acepta unilateralmente toda la responsabilidad por el éxito del matrimonio, sino que también está dispuesta a sacrificarse para agradar a su futuro compañero. Más aún, tiene la ilusión de poder cambiar al hombre, sean cuales fueren sus defectos, por medio de su devoción.

Aproximaciones al texto

1. **Príncipes Azules y Dulcineas.** Describa en uno o dos párrafos a su Príncipe Azul *(Prince Charming)* o a su Dulcinea (mujer ideal). Luego, compare a su pareja ideal con la de otros dos compañeros(as). ¿Hay muchas semejanzas o hay diferencias? ¿Se puede ver algún estereotipo en sus descripciones? ¿Por qué?

   Por ejemplo: *El hombre de mis sueños es un tipo joven, pero no demasiado, muy varonil, pero no desconsiderado, que le gusten... y... Yo espero que él me dé... Si es posible, también quisiera que mi Príncipe Azul...*

2. **A cada cual lo suyo.** Con un(a) compañero(a) escriban dos párrafos, uno en que describen lo que le corresponde hacer a la mujer en un matrimonio y el otro sobre las responsabilidades del hombre. Luego, comparen sus ideas con las de otro grupo.

   Por ejemplo: *Al hombre le corresponde hacerse cargo del bienestar de la familia y de cosas como pagar... y ayudar con... Si hay un problema, él debe... para...*

---

[1]Alfred C. Kinsey (1894–1956) fue un biólogo estadounidense que se hizo famoso por sus estudios de la sexualidad humana.

3. **Antes y ahora.** Compare lo que se esperaba antes con lo que se espera hoy en cuanto a las expectativas generales sobre el matrimonio. Por ejemplo, puede comparar la época de sus padres con el presente. Anote sus ideas en la tabla que sigue y después escriba uno o dos párrafos para explicar lo que piensa.

	Antes		**Ahora**	
	hombres	*mujeres*	*hombres*	*mujeres*
edad para casarse:	_____	_____	_____	_____
ocupaciones:	_____	_____	_____	_____
quehaceres domésticos:	_____	_____	_____	_____
crianza de los niños:	_____	_____	_____	_____
compras:	_____	_____	_____	_____
contactos con parientes:	_____	_____	_____	_____
número de hijos:	_____	_____	_____	_____

4. **Demanda de divorcio.** Usando los números de 1 a 10 ordene las causas de divorcio que le parezcan más comunes.

crueldad mental	desconsideración	maltrato físico
adulterio	alcoholismo	pobreza
drogadicción	enfermedad	despilfarro del dinero
abandono de hogar	abandono de los hijos	insensibilidad
incompatibilidad de caracteres	incompatibilidad de las familias	

5. **Visiones del matrimonio.** En grupos de tres o cuatro, conversen sobre lo que esperan de su futuro marido o mujer. Si alguien no piensa casarse, que explique su visión de lo que **debiera** ser el matrimonio. Luego, resuman sus opiniones en dos párrafos y compárenlas con las de otros grupos.

Es conveniente saber

Señores, señoras, señoritas. En español hay varios títulos que se usan con los nombres de la gente, pero éstos son los más comunes. Nótese que mientras el título masculino **señor** permanece igual cuando se cambia el estado civil *(marital)*, el femenino sí cambia de **señorita** a **señora**. Además, el uso de los títulos con un nombre de pila o un apellido varía según el dialecto; en algunas partes se puede decir «señor Humberto», mientras que en otras sólo se puede decir «señor Humberto Santana» o «señor Santana». Por supuesto, también es posible usar dos títulos como «Señor Don Humberto Santana Mestre» o «Señora Doña Hilda Alvarez de Santana» cuando se escriben cartas o cuando se trata de una ocasión oficial.

Además de sus significados corrientes, estos títulos tienen otras connotaciones que reflejan la cultura y los papeles de la gente en la sociedad. Por ejemplo, **señor** y **señora** también indican prestigio o poder en la comunidad, mientras que **señorita** también se usa con la connotación de joven bien educada y/o pura y/o virgen y/o de buena familia. Según la edad de la mujer, **señorita** también se convierte en sinónimo de solterona *(spinster)*, razón por la cual algunas mujeres solteras mayores se hacen llamar «señora». El valor de estos títulos está muy bien ilustrado en este poema de Castellanos, así como en el de la pág. 166, y en el de Burgos (pág. 95).

1. ¿Sabe Ud. abreviar estos títulos? Pregunte en su grupo.

2. ¿Sabe Ud. otros títulos en español? ¿Y en inglés?

. . . .

▼ Kinsey Report N.º 6

ROSARIO CASTELLANOS

Señorita. Sí, insisto. Señorita.
Soy joven. Dicen que no fea. Carácter
llevadero.° Y un día   *agradable*
vendrá el Príncipe Azul, porque se lo he rogado
como un milagro° a San Antonio.[2] Entonces   *pedido especial*
vamos a ser felices. Enamorados siempre.

¿Qué importa la pobreza? Y si es borracho
lo quitaré del vicio. Si es un mujeriego°   *Don Juan*
yo voy a mantenerme siempre tan atractiva,
tan atenta° a sus gustos, tan buena ama de casa,   *alerta*
tan prolífica madre
y tan extraordinaria cocinera
que se volverá fiel° como premio a mis méritos°   *leal/cualidades*
entre los que, el mayor, es la paciencia.

Lo mismo que mis padres y los de mi marido
celebraremos nuestras bodas de oro°   *50 años de matrimonio*
con gran misa solemne.

No, no he tenido novio. No, ninguno
todavía. Mañana.

---

[2]Por tradición, se le reza a San Antonio para encontrar novio o algo que se ha perdido.

En torno al texto

Hay que fijarse bien

1. Con un(a) compañero(a) lean otra vez el poema y ubiquen dónde se dice lo siguiente.

   a. estoy esperando casarme
   b. cuando me case vamos a ser felices siempre
   c. si anda con otras mujeres, haré varias cosas para reconquistarlo
   d. voy a darle muchos hijos para mantenerlo a mi lado
   e. nunca nos separaremos ni divorciaremos
   f. estoy esperando a mi Príncipe Azul

2. Haga una lista de las dificultades que la joven está dispuesta a enfrentar. Luego, indique cómo las piensa resolver.
   Por ejemplo: *desamor* → *tener muchos hijos*

   _____
   _____
   _____
   _____

3. Haga una lista de las cualidades de la joven, tanto explícitamente indicadas en el poema, como implícitas.

   _____
   _____
   _____
   _____

En términos generales

1. ¿A qué se refiere el título? ¿Es importante? ¿Por qué?
2. ¿Qué tono tiene este poema?
3. ¿Qué aspectos de la vida de la mujer hispana se vislumbran aquí?
4. En este poema, ¿qué se sugiere sobre las ilusiones de la juventud? ¿Cree que esta joven vaya a ser feliz cuando se case? ¿Por qué?

Los personajes y sus papeles

1. ¿De quién es la voz en este poema? ¿Con quién está hablando? ¿Qué técnicas usa la autora para lograr este efecto?
2. ¿Cómo es la joven entrevistada? ¿Es realista? Descríbala con detalles.
3. Según lo que Ud. sabe de la cultura hispana, ¿tiene o no tiene esta joven razón cuando describe su futuro matrimonio?
4. ¿Qué se puede deducir acerca de la actitud de la voz que interroga?

Es conveniente saber

El marianismo. El **marianismo** es una tradición que tiende a definir el papel de la mujer en la cultura hispana. El nombre viene del culto a la Virgen María, quien es el modelo de sacrificio y devoción a los hijos y la familia. Esta tendencia significa que una mujer debe sacrificarlo todo por su marido/padre/hermano y sus hijos/hermanos/ahijados y es por tanto unilateralmente responsable de la crianza de los niños y el bienestar del hogar—a pesar de problemas como la infidelidad del marido o el desapego a la casa y los niños. En general, las mujeres piensan que los hombres deben ser perdonados porque son impulsivos y obstinados como niños, además de pecadores. Esta actitud femenina refuerza la preponderancia de los hombres (véase «Machismo» en la pág. 72) en las sociedades hispanas y además implica que las mujeres usan una o más de las siguientes estrategias en la vida diaria:

- esforzarse por pasar desapercibida *(unnoticed)* en presencia de los hombres
- concordar con las opiniones de los hombres en las situaciones que lo requieran, aún cuando ella piense lo contrario
- no decir «yo», sino «nosotros» y usar otros mecanismos lingüísticos que suavizan la expresión de opiniones
- esconder, postergar o disfrazar los intereses propios
- ocuparse de la casa a la perfección (con sirvientes o familiares) para poder tener también una ocupación o carrera profesional
- seleccionar ocupaciones y carreras eminentemente «femeninas»
- agradar y defender al hombre, no importa lo que él haya hecho

¿Puede Ud. agregar otras observaciones a esta lista?

Por supuesto, las situaciones individuales varían mucho según la edad, la clase social y el lugar (urbano/rural) donde viva una mujer. La personalidad y el nivel educacional también afectan las distintas maneras de adaptarse a los valores culturales del marianismo. Por eso, no se puede decir que sus manifestaciones y las estrategias que usan las mujeres sean las mismas en todas las clases sociales y en distintas regiones del mundo hispano.

Sin embargo, la mayoría de las mujeres no son conscientes de cómo las afectan estas actitudes a nivel personal.[3] Entre las excepciones tenemos a artistas, intelectuales y luchadoras sociales que se caracterizan por su sensibilidad y, a menudo, por su extensa preparación académica (véanse «Lección sobre ruedas», página 70 y el otro poema de Castellanos, página 164). Si a Ud. le interesa este tema, la Bibliografía le ofrece algunas fuentes al respecto.

---

[3]Los lingüistas, antropólogos, sociólogos y otros especialistas estudian textos escritos y orales, el arte, etc. para descubrir este tipo de efectos.

Más allá del texto

1. **La joven romántica.** Complete la siguiente ficha para la joven del poema. Ponga tantos detalles como sea posible y agregue más categorías si las necesita. Luego, compare su ficha con la de otros dos compañeros(as) y analicen las diferencias.

Nombre:
Edad:
Nacionalidad:
Estado civil:
Ocupación:
Intereses:
Príncipe Azul:
Otros datos:

FICHA PERSONAL

2. **Me salió mujeriego.** Imagínese que la joven del poema lleva siete años de casada, tiene seis hijos y ha descubierto que su marido tiene una amante («la Otra»). Escriba las cartas que ella le envía a él y a la otra mujer. Las dos cartas tienen que reflejar el carácter y las metas de la joven que estudiamos en la sección anterior.

3. **¡Qué amante ni que amante!** Escríbale una carta a su Príncipe Azul o su Dulcinea, después de haberlos cogido con «Otra» u «Otro». Reaccione según su propia situación y personalidad.

4. **Otra cosa es con guitarra.**[4] Con dos compañeros(as) escriban una obra de teatro en que una señorita y una señora dialogan sobre el matrimonio. Usen el poema de Castellanos como base y decidan si el tono será trágico o cómico. Luego, representen su obrita en clase.

---

[4] Este dicho popular quiere decir «no es lo mismo hablar sobre algo que vivirlo».

▼
Convocación de palabras

5. **La experiencia es la madre de la ciencia.** Redacte la carta que, después de diez años de matrimonio, le pudo haber escrito la joven del poema a una amiga joven suya que sueña con casarse. Contraste la actitud de la mujer cuando era joven con su actitud de esposa y madre con experiencia de la vida.

Temas de ensayo

Elija uno de los siguientes temas según las instrucciones de su profesor(a). Use sus apuntes sobre el texto, especialmente lo que anotó en la sección **En torno al texto.** Cada vez que copie un verso del texto, póngalo entre comillas («...») e indique en qué página aparece.

1. Lea otro poema de los de «Kinsey Report», coméntelo y compárelo con éste. Use citas de ambos para ilustrar su punto de vista. Usted también puede hacer una comparación con el otro poema de la autora que aparece en la página 166 o con los de Burgos (pág. 97) o Storni (pág. 90).

2. El «yo» lírico de este poema parece creer que a fuerza de amar se puede ejercer control sobre cualquier situación. ¿Cuál es su reacción al respecto? ¿Sobre quién cae la responsabilidad de mantener una relación amorosa a flote? Comente citando el texto.

3. Estudie el marianismo en este poema. Según esta tendencia, el papel de la mujer es sacrificarse para salvar el matrimonio y dárselo todo a los hijos. Consulte la bibliografía. Apóyese en citas del poema, de otros textos de la misma autora, de Burgos, Storni, Barrios de Chungara, etc., que aparecen en este libro.

4. Compare este poema de Castellanos con «Una carta de amor» de Benedetti, que aparece en la página 110. Estudie el tono, las técnicas y las ideas en ambos textos. Trate de derivar una descripción de los papeles de hombres y mujeres en la sociedad hispana. Apóyese en citas de los textos.

Tú me quieres blanca

ALFONSINA STORNI

Nombre:	Alfonsina Storni (1892–1938)
Nacionalidad:	Argentina
Ocupación:	Poeta, maestra de primaria y secundaria, oficinista
Obras principales:	*La inquietud del rosal* (1916)
	El dulce daño (1918)
	Ocre (1925)
	Mundo de siete pozos (1934)
	Mascarilla y trébol (1938)

FICHA PERSONAL

De familia suizo-italiana radicada en San Juan, Argentina, Alfonsina Storni nace en el Cantón de Ticino, durante una estadía de sus padres en Suiza. Después de regresar a la Argentina, los Storni se mudan de San Juan a Rosario. La vida familiar es dura, debido a los problemas de salud del padre, quien sufre de alcoholismo y depresión. Storni se recibe de maestra en 1910 y empieza su carrera en Rosario. Allí conoce a un hombre casado y se enamora de él. Al saberse encinta, decide irse a Buenos Aires para evitar los prejuicios del mundo provinciano que le hubieran hecho la vida imposible. Al principio, vive de empleos modestos y de sus contribuciones a la revista *Caras y caretas*. También empieza a asistir a las tertulias literarias, cosa que provoca un escándalo porque, hasta su llegada, estas reuniones habían sido exclusivamente masculinas.

Mujer enérgica, inteligente e imaginativa, a Storni se le hace muy difícil hacer amigos. En esto se parece algo a su padre, a quien ella describe en uno de sus poemas como un hombre huraño. En 1938, al enterarse de que tiene un cáncer incurable, escribe el poema «Voy a dormir» y se echa al mar en el balneario de Mar del Plata; tenía apenas 46 años.

Toda la poesía de Storni revela sus inquietudes fundamentales. En ella denuncia a la sociedad que, con sus tradiciones y normas sociales, ha colocado a la mujer en una posición de esclava del hombre—si bien tanto hombres como mujeres son seres humanos. Peor aún, Storni destaca la injusticia inherente de un sistema que considera al hombre intelectualmente superior por el sólo hecho de ser hombre. A pesar de esto y, aunque se rebela contra la idea de la sumisión de la mujer al hombre, siente la imperiosa necesidad de amar y ser amada como cualquier persona. Lamentablemente, sufre dolorosas experiencias que la llevan a refugiarse en una actitud de desengaño y hostilidad hacia el hombre que entonces se convierte en enemigo. Su frustración se revela en las siguientes palabras:

> Soy superior al término medio de los hombres que me rodean, y físicamente, como mujer soy su esclava, su molde, su arcilla. No puedo amarlo libremente: hay demasiado orgullo en mí para someterme. Me faltan medios para someterlo. [Conrado Nalé Roxlo y Mabel Mármol, *Genio y figura de Alfonsina Storni* (Buenos Aires: Editorial Universitaria de Buenos Aires), 1964, página 109.]

En «Tú me quieres blanca», poema del libro *El dulce daño*, Storni se queja de que no sólo existen normas de conducta distintas para hombres y mujeres, sino que éstas tienden a darles a ellos todas las licencias y a ellas todas las prohibiciones. Aquéllos le exigen a la mujer que sea pura, mientras que ellos nunca lo son. La paradoja es que el mismo hombre que trata de seducir a una mujer le exige a su vez que sea pura. Esta crítica de la actitud aparentemente contradictoria del hombre no es nueva, ya que en el siglo XVII, Sor Juana Inés de la Cruz (poeta mexicana) había hecho la misma observación en su poema «Arguye de inconsecuencia el gusto y la censura de los hombres, que en las mujeres acusan lo que causan». [Sor Juana Inés de la Cruz, Elías L. Rivers, editor, *Antología* (Madrid: Anaya, 1965), pág. 31.] Dignos de destacarse son el desdén y la ironía con que Storni se dirige al hombre en este poema.

Aproximaciones al texto

1. **De colores.** Los colores simbolizan distintas cosas en distintas culturas. Con un(a) compañero(a) completen la tabla que sigue con los significados de los colores en cada cultura. Después, escriban un párrafo explicando las semejanzas y diferencias que hayan encontrado. Si algún color parece no tener significado, hagan una raya en el espacio correspondiente.

	Estados Unidos	Mundo Hispano
blanco		
negro		luto, duelo
blanco y negro		medio luto
rojo		
rojo y verde		
blanco, azul y rojo		colores de Francia
azul		
verde		esperanza
amarillo		desprecio
amarillo y rojo		lo español o catalán
amarillo y lila		
morado		

2. **La pureza y lo puro.** Con un(a) compañero(a) marquen todas las palabras de la siguiente lista que asocien con pureza y lo puro y expliquen por qué las eligieron.

los nardos	ropa blanca	agua cristalina	la tarde
la tierra	las azucenas	los colores claros	el bosque
rocas del mar	las violetas	rosas abiertas	la noche
el amanecer	flores blancas	los rubíes	el nácar
el fuego	lo blanco	las montañas	la calle
una cabaña	el mar	la espuma del mar	un río
un esqueleto	la muerte	las margaritas	lo negro
rosas rojas	un perfume suave	una tormenta	una casa
lo morado	lo verde	el hielo y la nieve	la luna

3. **Ellos y ellas.** Con un(a) compañero(a) trate de describir la situación actual entre hombres y mujeres después de la revolución sexual de los años sesenta. Escriban uno o dos párrafos, usando estas preguntas como guía. ¿Tienen ellos más libertad sexual que ellas? ¿Han cambiado los criterios últimamente? ¿Qué efecto han tenido las epidemias de SIDA y otras enfermedades en los últimos años? ¿Qué opinión tienen Uds.?

Es conveniente saber

El hombre, la mujer y los criterios morales. Uno de los problemas de la mujer en la cultura hispana tradicional—y en muchas otras—es que existen criterios morales distintos para hombres y mujeres (*double standard*). Es común que se acepte que el hombre tenga gran libertad sexual, al mismo tiempo que se exije que la mujer sea pura o virgen hasta su matrimonio. Después de casarse aún se exige que la mujer le sea siempre fiel al marido, aunque a veces éste tenga aventuras con otras mujeres. (Véase las notas sobre **machismo** y **marianismo,** págs. 72 y 83). Todo esto lleva a una serie de contradicciones y desencuentros que definen la relación entre los sexos. En ciertas ocasiones el hombre trata de conquistar sexualmente a la mujer, sólo para despreciarla cuando tiene éxito o acusarla de fría cuanda fracasa en sus propósitos. Por eso, el hombre siempre busca casarse con una mujer virtuosa, abnegada y sumisa.

Cuando la mujer se independiza y se libera, muchos no la consideran mujer sino que dicen que actúa como hombre, porque ha perdido los atributos asociados con la femineidad: la dependencia, la sumisión, la pureza. A pesar de estas tradiciones, las actitudes están cambiando lentamente— como hemos señalado anteriormente, principalmente en las grandes concentraciones urbanas. Por lo tanto, la generación de jóvenes hispanas de hoy goza de mucha más libertad que la anterior. Antes no se permitía que una joven saliera con el novio o un amigo sin que la acompañara un familiar para «proteger» su honor. Ahora es común ver parejas de jóvenes por todas partes, sin que se considere inmorales a las chicas.

En el poema que sigue, Storni se indigna porque un hombre pretende que ella sea la mujer ideal, mientras que él es un pecador empedernido. Como verán, a principios de este siglo, ella ya no acepta la diferencia entre los criterios morales que se aplican a los dos sexos.

. . . .

▼▼ Tú me quieres blanca

ALFONSINA STORNI

blanca	Tú me quieres alba,°
	me quieres de espumas,
madreperla	me quieres de nácar.°
flor	Que sea azucena°
virgen	sobre todas, casta.°
	De perfume tenue.
virgen	Corola cerrada.°
	Ni un rayo de luna
tocado	filtrado° me haya.
	Ni una margarita
	se diga mi hermana.
de nieve	Tú me quieres nívea,°
	tú me quieres blanca,
	tú me quieres alba.
tuviste	Tú que hubiste° todas
	las copas a mano,
	de frutos y mieles
	los labios morados.
	Tú que en el banquete,
tendrils	cubierto de pámpanos°
	dejaste las carnes

festejando a Baco.[1]
Tú que en los jardines
mentira negros del Engaño°
vestido de rojo
destrucción corriste al Estrago.°

Tú que el esqueleto
conservas intacto
no sé todavía
miracles por cuáles milagros,°
me pretendes blanca
(Dios te lo perdone),
me pretendes casta
(Dios te lo perdone),
¡me pretendes alba!

Escapa Huye° hacia los bosques;
vete a la montaña;
límpiate la boca;
vive en las cabañas;
toca con las manos
húmeda la tierra mojada;°
alimenta el cuerpo
roots con raíz° amarga;
bebe de las rocas;
frost duerme sobre escarcha;°
renueva tejidos
nitratos con salitre° y agua;
habla con los pájaros
levántate temprano y lévate al alba.°
Y cuando las carnes
devueltas te sean tornadas,°
y cuando hayas puesto
en ellas el alma
dormitorios que por las alcobas°
perdida se quedó enredada,°
entonces, buen hombre,
preténdeme blanca,
preténdeme nívea,
preténdeme casta.

----

[1]Baco es el dios griego del vino y la buena vida.

En torno al texto

Hay que fijarse bien

Vuelva a leer el poema y con un(a) compañero(a)...

1. Coloquen los siguientes subtítulos donde corresponda:

    a. ¡Imagínate lo que quieres!
    b. ¡Fíjate bien en lo que tú eres!
    c. ¡Ve y purifícate tú primero!

2. Copien los versos en que hay enumeraciones. Luego explique qué se está enumerando en cada caso.

3. Copien las imágenes y metáforas que tengan que ver con la pureza.

4. Copien las imágenes y metáforas que sugieran disipación y pecado.

En términos generales

1. ¿Cuál es el tema principal de este poema? ¿Qué piensa la poeta?
2. ¿Cómo desarrolla el tema Storni? Describa las ideas y la secuencia en que aparecen.
3. ¿Qué importancia tienen los colores y los elementos vitales (agua, fuego, tierra, aire) en este poema?
4. En resumen, ¿qué técnicas usa la poeta para realzar sus ideas y conseguir un efecto más dramático? ¿Qué tono tiene el poema?
5. ¿Cree Ud. que la poeta estuviera realmente enamorada cuando escribió este poema? ¿Por qué piensa así?
6. Si viviera ahora, ¿cree Ud. que Storni escribiría un poema parecido o muy diferente? ¿Por qué?

Los personajes y sus papeles

1. ¿Es femenina o masculina la voz lírica de este poema? Describa a esta persona.
2. ¿A quién se dirige la voz? ¿Qué le dice? ¿Cómo es esta persona?
3. ¿Por qué prefiere el **tú** y no el **vos** la poeta para hablarle al hombre? Véase la nota sobre **tú** y **vos** en la página 51.
4. ¿Qué colores y símbolos se asocian con cada uno de los personajes?

Más allá del texto

1. **Opuestos y equivalentes.** Se dice que hay un cierto equilibrio en la vida que se basa en los opuestos. Dé una palabra asociada y una opuesta a cada una de estas nociones del poema:

esqueleto	escarcha	raíces
pecador	azucena	alba
carne	Baco	tejidos

2. **Te quiero en tecnicolor.** Elija cinco colores y escriba uno o dos versos de amor con cada uno de ellos. Luego, mándele una tarjeta en español a su enamorado(a).
   Por ejemplo: *Rojo: ¡Quiéreme con la furia del fuego!*
   Gris: ¡Déjame soñar mis sueños tranquilo!

3. **Vida sana.** Escriba un párrafo breve sobre la influencia de la naturaleza en la vida y sentimientos de la gente. Inspírese en las ideas de la autora.
   Por ejemplo: *Necesito un río que corra cerca de mi casa para purificarme porque...*

4. **Insultos poéticos.** Copie los insultos que Storni le dirige al hombre y ordénelos de menos fuerte a más fuerte. Después compare su secuencia con la de otro(a) compañero(a) y analicen las diferencias.

5. **Insultos II.** Piense en una ocasión en que Ud. haya sufrido un gran dolor o desengaño por culpa de otra persona. Escriba tres insultos apropiados, inspirándose en los versos de Storni.

6. **¡Ahora me toca a mí!** Imagínese que Ud. es el amor de Storni y que, ya recobrado del certero ataque, le contesta a la poeta en verso o en prosa. ¿Qué le va a decir? ¿Qué argumentos puede usar para convencerla de sus propias ideas sobre la pureza y el amor? ¿Piensa pedirle perdón?

7. **Puesta en escena.** Con uno(a) o dos compañeros(as) escriban una obrita de teatro en que la voz femenina y el hombre al que se dirige el poema son los protagonistas. Escojan un tono cómico o trágico y trate de resolver el problema principal que tienen estos dos personajes.

Temas de ensayo

Elija uno de los siguientes temas según las instrucciones de su profesor(a). Use sus apuntes sobre el texto, especialmente lo que anotó en la sección **En torno al texto.** Cada vez que copie un verso del texto, póngalo entre comillas («...») e indique en qué página aparece.

1. Estudie la importancia de los colores en este poema. ¿Qué simbolizan? ¿Con quién se asocian? Ilustre con citas del texto. Compare con otro poema que haya leído si lo desea.

2. Analice el tema principal de «Tú me quieres blanca» y la actitud de Storni frente a los hombres. Compárela con las actitudes que tenemos ahora si lo desea. ¿Se espera lo mismo de hombres y mujeres actualmente? Respalde sus ideas con citas del texto.

3. Analice la técnica de Storni. ¿Qué mecanismos usa para comunicarle al lector la intensidad de sus ideas y sentimientos? Use ejemplos del texto en cada caso.

4. Estudie el papel de la naturaleza y de los elementos fundamentales como el agua, la tierra y la vegetación en este poema. Analice las imágenes y metáforas usadas y explique la visión del mundo natural que tiene Storni, según este poema. Dé ejemplos del texto en cada caso.

A Julia de Burgos

JULIA DE BURGOS

Julia de Burgos nace en el barrio de Santa Cruz de Carolina, en Puerto Rico, hija de una familia de medios muy modestos. De adolescente se traslada a la ciudad, donde sufre mucho porque se encuentra lejos de sus familiares y del campo en que había pasado la niñez. Superando dificultades de carácter económico, logra obtener el título de maestra primaria. En 1940, sale para Nueva York empujada por su espíritu aventurero, la asfixiante vida de la isla y su único verdadero amor. Nueva York la deslumbra pero también la entristece a veces, porque le parece una ciudad fría—como señala Yvette Jiménez de Báez, quien cita las palabras de Burgos en una carta a su familia:

«Este país es algo escandalosamente vacío. La soledad no tiene pudor en este ambiente, y se entrega, constantemente desnuda a todo transeúnte que tenga todavía sentimientos». [Yvette Jiménez de Báez, *Julia de Burgos. Vida y poesía* (Puerto Rico: Editorial Coquí, 1966), página 32.]

Después de pasar seis meses en Nueva York, sale para Cuba donde vivirá con el hombre que fue el gran amor de su vida (pero no su marido) hasta la ruptura final con él. El regreso a Nueva York, sola, marca el principio del fin: su salud empeora marcadamente. Sufre—como su padre—de alcoholismo. En Nueva York será hospitalizada repetidas veces y finalmente muere trágicamente en una calle de Manhattan.

La poesía de Julia de Burgos refleja sus preocupaciones vitales: su intento de autodefinirse o conocerse, el amor, la soledad, la muerte, la añoranza de su familia y de su tierra natal—especialmente el campo puertorriqueño que tanta falta le hace. Aun cuando habla del amor, sus versos siempre tienen presagios de derrota y muerte.

En «A Julia de Burgos» la poeta dialoga consigo misma—tratando de definirse—y hace una distinción entre el «yo» íntimo y ese «tú» que pertenece al mundo, a la sociedad, que no tiene independencia y que se ve cercado por las convenciones sociales (véase «Borges y yo,» donde se hace una distinción similar). Este poema alude con gran intensidad a las limitaciones impuestas a la mujer en la sociedad isleña y a las dificultades que tiene que vencer cualquier mujer que quiera ser independiente y tener su propia vida.

Aproximaciones al texto

1. **Contrastes.** A veces nos encontramos en situaciones en que hay un marcado contraste entre lo que hacemos o decimos y lo que pensamos en nuestro fuero interno. Trate de recordar algún momento en que le haya pasado a Ud. esto. Describa la situación y su reacción en un párrafo.
   Por ejemplo: *La gente cree que soy..., pero en realidad yo soy... Lo que pasa es que a veces tengo que... para...*

2. **A veces, hay que decir basta.** Escriba dos párrafos sobre lo que Ud. hace para evitar algún problema.
   Por ejemplo:

Párrafo 1	Párrafo 2
Para darle el gusto a...	*Pero, en realidad,...*
voy a...	*a mí no me gusta...*
estudio...	*yo detesto...*
vivo en...	*yo no gano nada con...*
no salgo por la noche a...	*me muero de aburrimiento en...*

3. **Si de mí dependiera…** Piense en dos aspectos de su vida personal o universitaria con los que no está de acuerdo. Diga qué haría Ud. para cambiarlo si pudiera.

   Por ejemplo: *Ya sé que todos tenemos los mismos derechos pero, si de mí dependiera, yo no permitiría que…*

· ·

Es conveniente saber

Las expectativas de la sociedad. Toda sociedad tiene normas que determinan la conducta de hombres y mujeres. Sin embargo, es importante señalar que muchas sociedades isleñas son aún más tradicionales que las continentales porque, históricamente, han estado más aisladas. En Puerto Rico las tendencias de la sociedad hispana—que define el papel de la mujer en función de la familia y el hogar—son algo más pronunciadas. Aunque hay muchas mujeres integradas a la vida profesional hoy en día, la mujer aún no tiene total independencia, ya que los hombres y otras mujeres ejercen cierto control sobre ella. (Véase además las notas sobre **machismo** y **marianismo** en las págs. 72 y 83).

En el poema que sigue, Julia de Burgos se rebela contra todas estas normas sociales: contra las limitaciones impuestas sobre la mujer, contra la dependencia, contra la hipocresía y la superficialidad de las mujeres que se preocupan por las apariencias y el «qué dirán». Burgos quiere ser independiente, sincera y recta. Desgraciadamente, no se siente a gusto en su isla, pero tampoco fuera de ella. A menudo, éste es el dilema de quienes quieren romper los patrones impuestos por la sociedad.

· ·

▼▼▼ A Julia de Burgos

JULIA DE BURGOS

Ya las gentes murmuran que soy tu enemiga
porque dicen que en verso doy al mundo tu yo.

Mienten, Julia de Burgos. Mienten, Julia de Burgos.
La que se alza° en mis versos no es tu voz: es mi voz *habla*
porque tú eres ropaje° y la esencia soy yo; *ropa*
y el más profundo abismo° se tiende entre las dos. *separación*

Tú eres fría muñeca° de mentira social, *juguete*
y yo, viril destello° de la humana verdad. *luz*

Tú, miel° de cortesanas hipocresías; yo no; *dulce bebida*
que en todos mis poemas desnudo° el corazón. *abro*

habla — (glosa junto al verso)
ropa — (glosa junto al verso)
separación — (glosa junto al verso)
juguete — (glosa junto al verso)
luz — (glosa junto al verso)
dulce bebida — (glosa junto al verso)
abro — (glosa junto al verso)

Tú eres como tu mundo, egoísta; yo no;

todo lo doy   que todo me lo juego° a ser lo que soy yo.

gran señora   Tú eres sólo la grave señora señorona;°
yo no, yo soy la vida, la fuerza, la mujer.

dueño   Tú eres de tu marido, de tu amo;° yo no;
yo de nadie, o de todos, porque a todos, a todos
claro   en mi limpio° sentir y en mi pensar me doy.

you curl   Tú te rizas° el pelo y te pintas; yo no;
a mí me riza el viento; a mí me pinta el sol.

de la casa   Tú eres dama casera,° resignada, sumisa,
atada a los prejuicios de los hombres; yo no;
sin control   que yo soy Rocinante[1] corriendo desbocado°
buscando   olfateando° horizontes de justicia de Dios.

dominan   Tú en ti misma no mandas; a ti todos te mandan;°
familiares   en ti mandan tu esposo, tus padres, tus parientes,°
sacerdote/costurera   el cura,° la modista,° el teatro, el casino,
joyas   el auto, las alhajas,° el banquete, el champán,
los chismes   el cielo, el infierno, y el qué dirán° social.

decide   En mí no, que en mí manda° mi solo corazón,
mi solo pensamiento; quien manda en mí soy yo.

Tú, flor de aristocracia; y yo, la flor del pueblo.
Tú en ti lo tienes todo y a todos se lo debes,
nothingness   mientras que yo, mi nada° a nadie se la debo.

Tú, clavada al estático dividendo ancestral,
y yo, un uno en la cifra del divisor social,
ya viene   somos el duelo a muerte que se acerca° fatal.

excitadas   Cuando las multitudes corran alborotadas°
restos   dejando atrás cenizas° de injusticias quemadas,
fuego   y cuando con la tea° de las siete virtudes,[2]
tras los siete pecados,[3] corran las multitudes,
contra ti, y contra todo lo injusto y lo inhumano,
yo iré en medio de ellas con la tea en la mano.

---

[1]caballo de don Quijote de la Mancha
[2]En la tradición católica las siete virtudes son prudencia, justicia, fortaleza,
templanza, fe, esperanza y caridad.
[3]Los siete pecados son orgullo, avaricia, impureza, envidia, gula, cólera y pereza.

Es conveniente saber

El «qué dirán». Se refiere al temor que tenemos de ser criticados por lo que hacemos. En las sociedades en que se regula la conducta de la gente por medio de las relaciones interpersonales y la tradición, el miedo a los rumores, a los chismes o al «qué dirán» es muy importante. En la sociedad hispana (en que pertenecer a un grupo juega un papel fundamental) los casos de rebeldía o falta de cumplimiento de las normas sociales son severamente castigados por medio de la presión social. Por eso, mucha gente se ve obligada a hacer lo que no le gusta, con tal de cumplir con lo que se espera de uno. Algunos resultados concretos del temor al «qué dirán» son casarse por la iglesia aún cuando uno no sea creyente, vestirse de cierta manera, asistir a reuniones aunque a uno no le interesen y cosas por el estilo. Hay más ejemplos del «qué dirán» en el poema de Castellanos que está en la página 164.

¿Qué hace Ud. sólo por cumplir con las normas sociales de su grupo?

En torno al texto

Hay que fijarse bien

1. Lea el poema otra vez y con un(a) compañero(a) busque dónde se dice lo siguiente.

   a. somos dos, pero la más auténtica soy yo
   b. tú, mujer, mientes para agradar a la sociedad
   c. yo, como un hombre, defiendo la verdad
   d. yo pertenezco a todos con la verdad de mis poemas
   e. como don Quijote, yo lucho por mis ideales y la verdad
   f. tú no eres independiente, porque tienes que estar bien con todos
   g. tus cosas se las debes a otros porque negocias con ellos
   h. yo no debo nada porque no tengo nada; soy pobre como el pueblo
   i. tú eres un cero por las tradiciones que limitan a la mujer
   j. las tradiciones no cambian
   k. cuando el pueblo se levante contra las injusticias la gente te perseguirá y yo estaré en ese grupo

2. La estructura de este poema está basada en un paralelo o contrapunto entre el «yo» interno de la autora y el «tú» que representa el aspecto externo (o lo que la sociedad espera o exige de ella). Lea el poema otra vez y haga listas de las características de estas dos *personas*.

Yo interno	Tú externo
esencia interna	ropaje superficial

3. Intercale los siguientes subtítulos en el poema.

    a. aclaremos esto: somos dos
    b. tú, la vanidad; yo, lo auténtico y honrado
    c. mi tarea es luchar por la verdad y la justicia
    d. ataduras y libertad
    e. lucha de clases y de tradiciones
    f. seré tu juez algún día

Es conveniente saber

La enumeración. Es una figura retórica que se distingue de la descripción porque presenta, en rápida sucesión, una lista o serie de ideas o circunstancias que se refieren al mismo objeto. El efecto de esta acumulación es hacer resaltar más lo que se está describiendo. Fíjese en el siguiente ejemplo de Cervantes:

> El sosiego, el lugar apacible, la amenidad de los campos, la serenidad de los cielos, el murmurar de las fuentes, la quietud del espíritu, son grande parte para que las musas más estériles se muestren fecundas... [Miguel de Cervantes Saavedra, *Don Quijote de la Mancha* (Madrid: Aguilar, 1957), págs. 207–208.]

A veces, esta técnica puede crear la sensación de urgencia o de precipitación y así el escritor consigue aumentar la tensión.

4. Aunque se podría decir que todo este poema es una larga enumeración *in crescendo*, busque una enumeración específica en una de las estrofas y apúntela aquí:

En términos generales

1. ¿Qué importancia tiene el título? ¿Qué indica?
2. ¿Por qué insiste la autora que la voz de sus poemas es la suya y no la de su «tú»?
3. Según Ud., ¿cuál es el tema principal de este poema?

▼
Convocación de palabras

4. ¿Cree Ud. que un poema como éste sólo puede ser escrito por una mujer o no? ¿Se sentirán divididos los hombres también? ¿Por qué?
5. ¿Cree Ud. que haya mucha gente en nuestra sociedad que viva con este desequilibrio interno? ¿En qué situaciones?
6. ¿Qué nos dice la poeta acerca del papel que se le obliga a desempeñar a la mujer en su sociedad? Dé ejemplos.
7. ¿Acepta ella este papel? Encuentre metáforas e imágenes en el texto que revelen sus sentimientos.
8. ¿Por qué cree Ud. que la poeta ha incluído una amenaza en la estrofa final del poema? ¿Qué mensaje parece estar escondido aquí? ¿Es de origen político o personal?

Los personajes y sus papeles

1. En base a sus apuntes de **Hay que fijarse bien**, describa el «yo» detalladamente. ¿Qué lo caracteriza? ¿Qué admira y qué desdeña el «yo»? ¿Por qué?
2. Ahora describa el «tú» detalladamente. ¿Qué es típico de él?
3. ¿Por qué escogió la dicotomía «yo»/«tú» para este poema la autora? ¿Qué efecto tiene la repetición del «yo» y del «tú»?
4. ¿Ve Ud. algún otro personaje en este texto? Explique.

Más allá del texto

1. **Tiene toda la razón del mundo.** Haga una lista de las ideas del poema con las que esté totalmente de acuerdo. Explique por qué concuerda con ellas a pesar de las diferencias culturales que pueda haber.
   Por ejemplo: *Estoy cien por ciento de acuerdo con la autora cuando se rebela contra las creencias tradicionales sobre la mujer («estático dividendo ancestral»). Creo que las mujeres son como cualquier otra persona y...*

2. **Ropaje.** Las apariencias tienen muchísima importancia para nosotros. Con dos compañeros(as) explique qué significa la ropa para Uds. Den ejemplos específicos.
   Por ejemplo: *En este momento, no hay nada más importante que un buen par de pantalones porque...*

3. **La carne es flaca.** Con un(a) compañero(a) indiquen al menos tres oportunidades en que la autora haya caído en tentación, a pesar de su rebelión contra las exigencias sociales.
   Por ejemplo: *A pesar de lo que nos dice en el poema, creemos que a lo mejor ella iba a la modista de todas maneras.*

4. **Mi «yo» secreto.** Escriba uno o dos párrafos para explicar cómo cumple o no con las exigencias de la sociedad.
   Por ejemplo: *Para darle el gusto a…, yo voy a las ceremonias y otras funciones sociales, pero en realidad a mí…*

5. **Carta a mi hermana.** Escriba la carta que le pudo haber escrito Ud. o Julia de Burgos a una hermana menor, dándole consejos y analizando el papel de la mujer en la sociedad. Use el poema como punto de partida.

6. **Nuestro «tú» y «yo».** Con un(a) compañero(a) escriba un diálogo entre el «tú» social y el «yo» esencial de la gente joven de ahora. Muestren con claridad los conflictos que existan. En seguida, represéntenlo en clase.

7. **«Julia, la rebelde».** En grupos de tres o cuatro estudiantes, escriban una pequeña obra de teatro en que aparece como personaje Julia de Burgos. Creen otros personajes si lo desean. Hagan uso de lo que aprendieron al leer el poema. Luego, den una representación de su obra en clase.

Temas de ensayo

Elija uno de los siguientes temas según las instrucciones de su profesor(a). Use sus apuntes sobre el poema, especialmente lo que anotó en la sección **En torno al texto.** Cada vez que copie un verso del texto, póngalo entre comillas («…») e indique en qué página aparece.

1. Analice las técnicas que usa Julia de Burgos en este poema y el efecto que logra con ellas. Estudie también la rima y la estructura del poema. Apoye su análisis con citas del texto.

2. Estudie las dos Julias que aparecen en este poema. ¿Qué busca y representa cada una? ¿Qué relación existe entre ellas? Ilustre con citas.

3. Analice la aceptación de las normas sociales y la rebeldía en «A Julia de Burgos». ¿Con qué se asocian? ¿Qué importancia tienen? ¿Qué conflictos crean en la poeta? Use citas del texto para respaldar sus opiniones.

4. Analice el problema de identidad que tiene la mujer que no se atiene únicamente a lo que la sociedad espera de ella. Dé ejemplos concretos de este poema y de la vida real.

5. Estudie el tono de las obras de Borges, Castellanos y Burgos estudiadas en este libro. Analice las semejanzas y diferencias y dé ejemplos concretos en cada caso.

6. Haga un análisis del feminismo según se refleja en los poemas estudiados en este capítulo u otros del libro. Determine si el movimiento feminista es posible en la cultura hispana o no y apoye sus ideas con citas de los textos correspondientes.

Orfeo y Eurídice

Adolfo Halty Dubé

TERCERA PARTE

Desencuentros

Soneto de la muerte Nº 2

GABRIELA MISTRAL

Gabriela Mistral nació en el Valle de Elqui, oasis verde pero pedregoso del norte de Chile. Como a tantas otras mujeres de familia modesta a principios de siglo, el trabajo de maestra le abrió las puertas a una profesión y, con el tiempo, a la literatura. También desempeñó cargos administrativos en la educación y, a raíz de estos, en 1922 fue invitada a México por el escritor José Vasconcelos—Ministro de Educación en aquella época.

La poesía de Gabriela Mistral se caracteriza por un lirismo intenso y por la expresión del amor en todas sus formas: sexual, maternal, fraternal, así como también el amor a Cristo y la naturaleza. Su vida fue marcada por tragedias que la afectaron profundamente: primero, el suicidio de su primer amor; después, el matrimonio de su segundo amor—un joven poeta—con otra mujer; y luego, los suicidios de un sobrino que ella había criado y de sus amigos íntimos, los Zweig. Esto dejó una honda huella de melancolía que es muy evidente en su obra.

Por otra parte, le regocijan la naturaleza, la inocencia y la bondad de los niños y el amor por Cristo. Esta última es la Gabriela Mistral que conocen los niños hispanoamericanos, quienes cantan sus rondas y versos en todo el continente.

«Los sonetos de la muerte»—que son tres y nos muestran el lado sombrío de la poeta—fueron escritos después del suicidio de Romelio Ureta, con quien había tenido una relación apasionada y llena de disputas, las que resultaron finalmente en la ruptura del noviazgo. En 1909, Ureta se suicidó por una cuestión de honor personal que no tenía nada que ver con su compromiso, sino con un problema financiero. Los sonetos fueron incluidos después en «Dolor», que forma parte de *Desolación*, y tratan del dolor de la mujer abandonada por el hombre amado y revelan su pena, ira y deseos de venganza.

En el soneto que sigue, la poeta le habla al amado muerto y le anuncia que, cuando llegue la hora de su muerte, será enterrada junto a él. En la muerte se logrará la unión que les fue negada en la vida. A pesar de esta esperanza de reunirse con él, en el último terceto se nota un tono áspero y vengativo. Esta combinación de amor y odio, de dulzura y aspereza se ve también en los otros dos sonetos de la muerte.

Aproximaciones al texto

1. **La otra vida.** En el poema que sigue, parece que la escritora creyera en el Más Allá, en otra vida que existe después de la presente. ¿Qué piensa Ud. de esto? Converse con un(a) compañero(a) y contesten las siguientes preguntas.
   a. ¿Es posible que haya otra vida después de la muerte? ¿Por qué sí o por qué no?
   b. ¿Es posible que los muertos quieran comunicarse con los seres queridos que aún viven?
   c. ¿Cómo dice comunicarse alguna gente con el Más Allá? ¿Será verdad lo que dicen? ¿Sabe Ud. de algún caso?

2. **Estaba escrito.** A veces parece que no podemos controlar ciertas cosas en la vida que nos ocurren a nosotros o a otra gente. Relate o escriba sobre alguna ocasión en que Ud. u otra persona haya sentido que el destino había decidido las cosas de antemano.
   Por ejemplo: *Cuando mis padres eran chicos, vivían en la misma*

ciudad pero nunca se conocieron. Muchos años después, se conocieron en otra parte y al poco tiempo se casaron. Creo que estaba escrito que iba a ser así.

3. **El poder de los astros.** Hay gente que cree en el poder de los astros, de ciertos fenómenos de la naturaleza o del universo sobre nuestro destino. Conteste estas preguntas.
   a. ¿En qué publicaciones o transmisiones se habla de esto?
   b. ¿Qué necesidad humana satisface esta manera de pensar?
   c. ¿Qué aspectos negativos pueden tener estas creencias?

4. **La vida y la muerte.** La vida es tan importante para nosotros que su ausencia (la muerte) nos preocupa mucho. Por eso, a menudo usamos símbolos para referirnos a la vida y a la muerte. Haga una lista de los símbolos que Ud. conozca.
   Vida: flores blancas,...
   Muerte: flores..., viaje,...

Es conveniente saber

Actitudes hacia la muerte. La cultura anglosajona y la hispana ven la muerte de distintas maneras. En la cultura hispana, como en otras culturas mediterráneas, se expresa abierta y repetidamente el dolor de haber perdido a un ser querido. Además, existen ciertas prácticas y tradiciones que permiten renovar el recuerdo del difunto. Ya que las relaciones interpersonales son tan estrechas en la cultura hispana, cuando fallece alguien, todo el grupo familiar y de amigos demuestran en público su emoción y su relación con el fallecido. En los anuncios que siguen, ¿dónde y cómo se indican estos dos conceptos?

1. la referencia a todos los miembros de la familia y a los amigos
2. la renovación del recuerdo doloroso

▼ Soneto de la muerte Nº 2

GABRIELA MISTRAL

Este largo cansancio se hará mayor un día,
y el alma dirá al cuerpo que no quiere seguir
camino rosa   arrastrando su masa por la rosada vía,°
por donde van los hombres, contentos de vivir…

abren la tierra con vigor   Sentirás que a tu lado cavan briosamente,°
tranquila   que otra dormida llega a la quieta° ciudad.
Esperaré que me hayan cubierto totalmente…
¡y después hablaremos por una eternidad!

Sólo entonces sabrás el por qué, no madura
profundas tumbas   para las hondas huesas° tu carne todavía,
tuviste que bajar, sin fatiga, a dormir.

destinos   Se hará luz en la zona de los sinos,° oscura;
sabrás que en nuestra alianza signo de astros había
y, roto el pacto enorme, tenías que morir…

En torno al texto

Hay que fijarse bien

1. Lea otra vez el poema y, con un(a) compañero(a), ubique en qué versos se expresa más o menos lo siguiente:

   Estrofa 1:   desde que moriste, he estado muerta en vida
   un día decidiré irme de este mundo
   la vida es un camino fácil para los demás

   Estrofa 2:   me moriré y pediré que me entierren a tu lado
   en el cementerio
   cuando todos se vayan, podremos conversar solos

   Estrofa 3:   pienso contarte por qué moriste
   cuando eras todavía tan joven

   Estrofa 4:   entonces vas a comprender
   que moriste porque me dejaste
   porque estaba escrito que eras sólo para mí

2. Descubra cómo riman los versos de este soneto. Una los versos que riman con una flecha. Además, cuente cuántos versos hay en cada estrofa. (Busque *soneto* en el Glosario también.)

En términos generales

1. ¿Es éste un poema de muerte, de amor o de otro tipo? ¿Por qué?
2. Explique qué sentimientos se expresan con mayor fuerza en el poema.
3. ¿Qué cree que hizo el joven para haber merecido la muerte? ¿Por qué?
4. ¿Por qué cree que él no sabía que el compromiso entre ellos era tan serio?
5. ¿Qué indica en el poema que ella sabe que su amor duraría para siempre?
6. ¿A qué se comparan la vida, la muerte, y el amor?

Los personajes y sus papeles

1. ¿Qué edades tendrán estos enamorados?
2. ¿Cómo se imagina Ud. al joven? Descríbalo física y psicológicamente.
3. ¿Cómo se imagina Ud. a la poeta? Descríbala física y psicológicamente.
4. ¿Es posible que haya otro personaje que no haya sido mencionado en el poema? Explique por qué.

Más allá del texto

1. **Opuestos.** En este poema hay varios contrapuntos o contrastes. Encuentre los opuestos en las listas que siguen y anote en qué versos se encuentran. Compare su lista con la de un(a) compañero(a); si no son iguales, discutan por qué.

alma	hondas huesas
largo cansancio	contentos de vivir
cavan una tumba	y después hablaremos
esperaré estar cubierta	luz
tu carne no madura	dormir
sin fatiga	roto el pacto
zona oscura	briosamente
signo de astros en la alianza	cuerpo

2. **Un poema de amor.** Ya dijimos que en este poema se mezclan el amor y el odio. Con un(a) compañero(a) escríbanlo de nuevo, sólo como poema de amor. Háganlo más corto o más largo si es necesario, o escriban un poema totalmente nuevo.

3. **Una carta de amor.** Imagínese que Ud. ha descubierto que su enamorado(a) sale con otra(o). Escríbale una carta para recordarle su pacto con Ud. Si lo desea, escriba la carta en verso.

4. **Un triángulo amoroso.** Con dos compañeros(as) escriban una pequeña obrita que trate de un triángulo amoroso y los conflictos que resultan. La obrita puede ser trágica o cómica, según cómo quieran enfrentar el problema.

Temas de ensayo

Elija uno de los siguientes temas según las instrucciones de su profesor(a). Use sus apuntes sobre el texto, especialmente lo que anotó en la sección **En torno al texto.** Cada vez que copie un verso del texto, póngalo entre comillas («...») e indique en qué página aparece.

1. Analice los sentimientos expresados en este poema. Si puede, lea también los otros dos «Sonetos de la Muerte»; los puede encontrar en una antología de la obra de Gabriela Mistral o en un volumen de sus poesías completas.

2. Enfoque el poema desde el punto de vista feminista y escriba sobre las contribuciones que Gabriela Mistral podría o no podría haber hecho al movimiento. Use citas del poema para defender sus opiniones. Si desea hacer un trabajo más completo, lea también los poemas de Rosario Castellanos (págs. 78 y 164) y de Alfonsina Storni (pág. 86) que aparecen en este libro.

3. Analice la idea de la muerte que presenta en este poema Gabriela Mistral. Si es posible, compárela con la de otro(a) escritor(a).

4. Estudie la importancia de los celos en este poema. Defienda su punto de vista con citas del texto.

Una carta de amor

MARIO BENEDETTI

Nombre:	Mario Benedetti (1920–)
Nacionalidad:	Uruguayo
Ocupación:	Cuentista, novelista, poeta, crítico, dramaturgo, político, periodista, oficinista
Obras:	Montevideanos (1959)
	La tregua (1960)
	Gracias por el fuego (1965)
	El cumpleaños de Juan Ángel (1971)
	Inventario. Poesía completa (1950–1980) (1980)
	Viento del exilio (1981)
	Primavera con una esquina rota (1982)
	Geografías (1984)
	El desexilio y otras conjeturas (1984)
	Mejor es meneallo (1986), con el seudónimo de «Damocles»

FICHA PERSONAL

Benedetti es un importante y fértil escritor y periodista contemporáneo. En la lectura que sigue, presentamos su pluma humorística y crítica en un excelente retrato de la gente común de su país. Como periodista, Benedetti publicaba—y sigue publicando—tanto artículos serios como escritos humorísticos. Estos últimos solían aparecer en el conocido semanario *Marcha*, bajo el seudónimo de «Damocles». La «crónica humorística» que sigue apareció por primera vez a mediados de los años cincuenta y, más recientemente, en *Mejor es meneallo*, una recopilación de algunos de sus comentarios sobre diversos aspectos de la vida cotidiana en el Uruguay. Estos incluyen toda clase de temas como la política, los deportes y los problemas cotidianos.

▼

«Una carta de amor» refleja, con cierta ironía, muchas actitudes sociales tradicionales y la vida de la pequeña burguesía uruguaya, poblada por grandes números de funcionarios menores del gobierno y otros empleados. Estos montevideanos, que aparecen una y otra vez en las novelas y en los primeros cuentos de Benedetti, son el producto de la enorme burocracia del país (véase la pág. 131 para más información sobre Benedetti y su obra).

El texto que leerán reproduce fielmente el habla coloquial, llena de expresiones típicas ríoplatenses que realzan el tono chancero o bromista del autor de la carta. Además del tono, Benedetti usa otra estrategia en este texto humorístico. En vez de escribir una carta de presentación formal, siguiendo el rígido formato exigido en la cultura hispana, Benedetti rompe las reglas tradicionales de estilo y escribe una carta que es un jocoso monólogo coloquial.

Aproximaciones al texto

1. **Directas indirectas.** Piense en Ud. mismo(a) o en una persona que conozca bien y haga una lista de a quién, por medio de quién, qué cosa, por qué y cuándo se dice algo indirectamente. Luego, con un(a) compañero(a) hagan otra lista como en el ejemplo.

   Por ejemplo: ¿A quién?   *mamá (papá)*
   ¿Por medio de quién?   *mi abuela (mi hermano mayor)*
   ¿Qué cosa?   *mandarme unos treinta dólares*
   ¿Por qué?   *porque no me queda dinero*
   ¿Cuándo?   *a fines de mes*

2. **Notas de amor.** Con un(a) compañero(a) hagan una lista de tipos de cartas de amor que se manda la gente ahora.

   Por ejemplo: *Cartas para invitar a alguien a…*
   Tarjetas para…
   Notitas para decir que…

3. **Nosotros.** Haga una lista de amigos—incluyendo a su enamorado(a)— y diga exactamente cómo conoció a cada uno.

   Por ejemplo: *Rosa: estaba en una fiesta y nos pusimos a conversar.*

Es conveniente saber

Un(a) amigo(a) de un(a) amigo(a) me la(lo) va a presentar. Dada la importancia de la cohesión de la red familiar y de las amistades, en las culturas hispanas no se habla directamente con alguien a quien uno no haya sido presentado formalmente. Es decir, si uno no conoce a una persona y tiene interés en ella, tiene que encontrar a alguien que sí la conozca y que se la presente a uno. Por eso, el grupo de amigos y parientes pasa a ser tan importante para el individuo de cualquier edad, porque éstos sirven de intermediarios para iniciar una nueva amistad, relación amorosa o relación de negocios. En la lectura que sigue, verán cómo el señor que escribe la carta se la da a un guarda para que éste se la entregue a una señorita. Como no tienen amigos comunes y sólo los une el ser pasajeros del mismo autobús, el guarda desempeña el papel del intermediario.

Indique el refrán que mejor represente esta tendencia cultural:

«Más vale solo que mal acompañado».
«No vales por lo que eres, sino por a quién conoces».
«Más vale pájaro en la mano que cien volando».
«Buen amigo es Don Dinero».

· ·

▼ # Una carta de amor

MARIO BENEDETTI

cierta información
de moño o lazo/con diseño
de cuadros
autobús de un barrio popular

en la falda como los niños/
barrigón
esquina del centro y parada

Le explico bien esto.

no es justo/y se acabó
hombre muy guapo (sur de
Sudamérica)

Señorita: Usted y yo nunca fuimos presentados, pero tengo la esperanza de que me conozca de vista. Voy a darle un dato:° yo soy ese tipo despeinado, de corbata moñita° y saco a cuadros,° que sube todos los días frente a Villa Dolores[1] en el 141° que usted ya ha tomado en Rivera y Propios. ¿Me reconoce ahora? Como quizá se haya dado cuenta, hace cuatro años que la vengo mirando. Primero con envidia porque usted venía sentada y yo en cambio casi a upa° de ese señor panzudo° que sube en mi misma parada y que me va tosiendo en el pescuezo hasta Dieciocho y Yaguarón.° Después con curiosidad, porque, claro, usted no es como las otras: es bastante más gorda. Y por último con creciente interés porque creo modestamente que usted puede ser mi solución y yo la suya. Paso a explicarme.° Antes que nada, voy a pedirle encarecidamente que no se ofenda, porque así no vale.° Voy a expresarme con franqueza y chau.° Usted no necesita que le aclare que yo no soy lo que se dice un churro,° así como yo no necesito que Ud. me diga que no es Miss Universo. Los dos sabemos lo que somos

---

[1]parque zoológico viejo de Montevideo y parada de autobús

¡Fantástico!, ¡Bárbaro!
proverbio

molesta

robusta, gorda

muy flaca

extremadamente franco
elástica
sonido que hace el caballo
hablando en confianza/me
rechazan
Bulevar Artigas, calle
importante
me dio un/golpe con el codo
remedio para el hígado
de pelo oscuro
drooling
calf
copia de la estatua de
Miguel Angel

fastidio
idénticas

blandas, esponjosas
tumor superficial

juego de cartas con naipes
españoles
momento

¿verdad? ¡Fenómeno!° Así quería empezar. Bueno, no se preocupe por eso. Si bien yo llevo la ventaja de que existe un refrán° que dice: «El hombre es como el oso, cuanto más feo más hermoso» y usted en cambio la desventaja de otro, aun no oficializado, que inventó mi sobrino: «La mujer gorda en la boda, generalmente incomoda»,° fíjese sin embargo que mi cara de pollo mojado hubiera sido un fracaso en cualquier época y en cambio su rolliza° manera de existir hubiera podido tener en otros tiempos un considerable prestigio. Pero hoy en día el mundo está regido por factores económicos, y la belleza también. Cualquier flaca perchenta° se viste con menos plata que usted, y es ésta, créame, la razón de que los hombres las prefieran. Claro que también el cine tiene su influencia, ya que Hollywood ha gustado siempre de las flacas, pero ahora, con la pantalla ancha, quizá llegue una oportunidad para sus colegas. Si le voy a ser recontrafranco,° le confesaré que a mí también me gustan más las delgaditas; tienen no sé qué cosa viboresca y latigosa° que a uno lo pone de buen humor y en primavera lo hace relinchar.° Pero, ya que estamos en tren de confidencias,° le diré que las flacas me largan al medio,° no les caigo bien ¿sabe? ¿Recuerda ésa peinada a lo Audrey Hepburn que sube en Bulevar,°² que los muchachos del ómnibus le dicen «Nacional»² porque adelante no tiene nada? Bueno, a ésa le quise hablar a la altura de Sarandí y Zabala y allí mismo me encajó° un codazo° en el hígado que no lo arreglo con ningún colagogo.° Yo sé que usted tiene un problema por el estilo: es evidente que le gustan los morochos° de ojos verdes. Digo que es evidente, porque he observado con cierto detenimiento las babosas° miradas de ternero° mamón que usted le consagra a cierto individuo con esas características que sube frente al David.° Ahora bien, él no le habrá dado ningún codazo pero yo tengo registrado que la única vez que se dio cuenta de que usted le consagraba su respetable interés, el tipo se encogió de hombros e hizo con las manos el clásico gesto de ula Marula.° De modo que su situación y la mía son casi gemelas.° Dicen que el que la sigue la consigue, pero usted y yo la hemos seguido y no la hemos conseguido. Así que he llegado a la conclusión de que quizá usted me convenga y vice versa. ¿No le tiene miedo a una vejez solitaria? ¿No siente pánico cuando se imagina con treinta años más de gobiernos batllistas,³ mirándose al espejo y reconociendo sus mismas voluminosas formas de ahora, pero mucho más fofas° y esponjosas, con arruguitas aquí y allá, y acaso algún lobanillo° estratégico? ¿No sería mejor que para esa época estuviéramos uno junto al otro, leyéndonos los avisos económicos o jugando a la escoba de quince?° Yo creo sinceramente que a usted le conviene aprovechar su juventud, de la cual está jugando ahora el último alargue.° No le ofrezco pasión, pero le prometo llevarla una vez por

²El Nacional es un equipo de fútbol. Que «no tiene nada adelante» significa que la delantera del equipo es muy mala.
³del Partido Colorado o liberal, que se identifica con José Batlle y Ordóñez (1856–1926), arquitecto del Uruguay moderno y presidente en dos oportunidades

▼

semana al cine de barrio para que usted no descuide esa zona de su psiquis. No le ofrezco una holgada posición económica, pero mis medios no son tan reducidos como para no permitirnos interesantes domingos en la playa o en el Parque Rodó.[4] No le ofrezco una vasta cultura pero sí una atenta lectura de Selecciones,° que hoy en día sustituye a aquélla con apreciable ventaja. Poseo además especiales conocimientos en filatelia (que es mi hobby) y en el caso de que a usted le interese este rubro,° le prometo que tendremos al respecto amenísimas conversaciones. ¿Y usted qué me ofrece, además de sus kilos, que estimo en lo que valen? Me gustaría tanto saber algo de su vida interior, de sus aspiraciones. He observado que le gusta leer los suplementos femeninos, de modo que en el aspecto de su inquietud espiritual, estoy tranquilo. Pero ¿qué más? ¿Juega a la quiniela,° le agrada la fainá,[5] le gusta Olinda Bozán? No sé por qué, pero tengo la impresión de que vamos a congeniar° admirablemente. Esta carta se la dejo al guarda° para que se la entregue. Si su respuesta es afirmativa, traiga puestos mañana esos clips° con frutillas que le quedan tan monos.° Mientras tanto, besa sus guantes su respetuoso admirador.

Reader's Digest en español (margin gloss for "Selecciones")

línea (margin gloss for "rubro")

un tipo de lotería (margin gloss for "quiniela")

llevarse bien/vendedor de billetes en el autobús (margin gloss for "congeniar/guarda")

aretes/bonitos (margin gloss for "clips/monos")

. . . .

Es conveniente saber

El autobús y los pasajeros. En las ciudades grandes, donde la gente trabaja lejos de sus casas, se viaja mucho en autobús o metro, especialmente en los países donde los coches son carísimos. La misma gente, de diversas clases sociales, toma el mismo autobús todos los días y se conocen de vista, aunque no sean amigos ni se hablen. Aunque Ud. no tome un autobús, es posible que se encuentre con la misma gente a la misma hora cuando va a clase todos los días, ¿verdad?

. . . .

En torno al texto

Hay que fijarse bien

Lea la carta otra vez y con un(a) compañero(a) ubique dónde se dice lo siguiente.
a. hace tiempo que la observo
b. la misma gente toma este autobús todos los días
c. yo no soy muy atractivo y usted no es muy bonita
d. la sociedad tolera mejor a los hombres feos

[4]parque de Montevideo donde hay un lago, una biblioteca infantil en un castillo, jardines, paseos y un parque de diversiones
[5]Mezcla de harina de garbanzos, agua y aceite que se cocina en el horno. En el Uruguay, se vende en las pizzerías.

e. su robustez habría sido atractiva en otra época
f. los ideales de belleza cambian
g. esa muchacha es como un equipo de fútbol que no es muy bueno
h. cuando le hablé me dio un golpe
i. Ud. mira con adoración al hombre de pelo castaño y ojos verdes
j. al hombre le fastidió que usted lo mirara así
k. creo que podemos ayudarnos mutuamente
l. ¿no le da miedo el futuro?
m. le ofrezco mi compañía, una vida modesta con algunas diversiones
n. me gusta coleccionar sellos
o. cuénteme lo que le gusta
p. creo que nos vamos a llevar muy bien

En términos generales

1. ¿Quién escribe esta carta y con qué propósito? ¿A quién va dirigida?
2. ¿Cuál es la importancia del «141»? ¿Por qué se nombran tantas calles?
3. ¿Qué piensa Ud. del título?
4. Si ya ha leído acerca del machismo (pág. 72), ¿cree Ud. que ésta sea otra manifestación de esta tendencia cultural o no? ¿Por qué?

Los personajes y sus papeles

1. ¿Cómo se describe él? ¿Cómo se llama? ¿Cómo lo describiría Ud.?
2. ¿Cómo la describe a ella? ¿Cómo la describiría Ud.?
3. ¿Qué piensa él que tienen en común?
4. ¿Es cada uno de ellos la pareja ideal del otro? ¿Por qué?
5. ¿Cree Ud. que ella acepte esta propuesta matrimonial? ¿Por qué?

. . . .

Es conveniente saber

Las referencias a la apariencia física no son tabú. Como se ve en esta lectura, en la cultura hispana es permitido hablar de la apariencia física de una persona. Se habla de los rasgos físicos de una persona más o menos abiertamente, especialmente cuando uno quiere ser divertido. Sin embargo, generalmente, el hacerlo presupone un cierto nivel de amistad. Esta tendencia se ve muy claramente en el uso de apodos como «Petiso» *(Shorty)*, «Flaco», «Gordo», «Negrito», etc. En esta lectura el que escribe se ríe de su propia apariencia así como de la de la mujer a quien propone matrimonio. Busque aquellas frases del texto que se refieran a la apariencia física de los personajes y cópielas a continuación:

_____

_____

. . . .

Más allá del texto

1. **Asociaciones.** En este texto hay un vocabulario muy pintoresco que pertenece al habla coloquial cotidiana. Ahora que Ud. ha aprendido algunos de estos términos y modismos, diga con qué o quién asocia cada uno de los siguientes. ¡Use su sentido del humor también!
   Por ejemplo: flaca perchenta: *Mi novio andaba antes con una flaca perchenta espantosa de fea.*

   a. iba a upa de...
   b. voy a... y chau
   c. un churro, un churrazo
   d. cara de pollo mojado
   e. su rolliza persona
   f. flaca perchenta

   g. soy recontra...
   h. en primavera me hace relinchar...
   i. los/las... me largan al medio
   j. me encajó un codazo en...
   k. hizo un gesto de ula Marula
   l. paso a explicarme

2. **Dichos, refranes y proverbios.** Lea la siguiente lista de proverbios y diga de quién son típicos. Explique por qué y dé un equivalente en inglés, si lo hay.
   Por ejemplo: Más vale tarde que nunca: *típico del que escribe la carta, porque no quiere quedarse soltero*

   a. El hombre es como el oso, cuanto más feo más hermoso.
   b. Aunque la mona se vista de seda, mona se queda.
   c. Si eres guapa y eres rica, ¿qué más quieres, Federica?
   d. Nadie se alabe, hasta que acabe.
   e. El hombre propone, Dios dispone y la mujer lo descompone.
   f. Dime con quién andas y te diré quién eres.
   g. Sin una mujer al lado, el hombre es un desdichado.
   h. El que escoge el amor, siempre escoge lo peor.
   i. Una mujer hermosa es un peligro; una mujer fea es un peligro y una desgracia.
   j. El vino y la mujer, el juicio hacen perder.
   k. Antes que te cases, mira lo que haces.

3. **El mundo del autobús.** Con dos compañeros(as) escriban una obrita de teatro o un cuento que ocurra en el autobús. Pueden usar los mismos personajes de esta lectura o pueden crear otra situación; lo importante es que logren crear el clima que existe en el autobús por la mañana, cuando todos van a trabajar. Usen expresiones como las de las actividades anteriores.

4. **La respuesta.** Escriba la respuesta de la señorita a su «respetuoso admirador». Trate de imitar el estilo de Benedetti y use el mayor número posible de modismos y refranes.

5. **El encuentro.** La señorita se ha puesto los «clips con frutillas» que indican algún nivel de interés. Escriba con uno o dos compañeros(as) una obrita de teatro en que veamos cómo se desarrolla esta relación. ¿Se hablan en el autobús? ¿Salen juntos? ¿Adónde van? ¿De qué hablan? ¿Cuál es el tono de su conversación? Luego de terminar, represéntenla para sus compañeros.

Temas de ensayo

Elija uno de los siguientes temas según las instrucciones de su profesor(a). Use sus apuntes sobre el texto, especialmente lo que anotó en la sección **En torno al texto.** Cada vez que copie una frase del texto, póngala entre comillas («...») e indique en qué página aparece.

1. Analice la importancia del título de esta crónica. ¿Es irónico o simplemente divertido? Use citas del texto para respaldar sus opiniones.

2. Discuta el uso del humor. ¿Le parece a Ud. humorística esta carta o no? Ilustre sus ideas con citas del texto.

3. Estudie la actitud hacia la mujer que se refleja en este texto. En especial, comente la visión del matrimonio que tiene él, poniéndola en la perspectiva de la preponderancia del hombre en esta cultura. Use citas del texto para defender sus ideas.

4. Analice los cánones de belleza que aparecen en esta selección. Contrástelos con los suyos propios o los de su cultura y trate de explicar las diferencias, si las hay. Apóyese en citas del texto.

5. El humor tiene sus raíces en la cultura y las costumbres de un país, así como en su uso del idioma. Analice por qué no resulta fácil comprender el sentido del humor de otra cultura (o de la propia en otra época). Dé ejemplos concretos.

El amante

SILVINA BULLRICH

FICHA PERSONAL	
Nombre:	Silvina Bullrich (1915–)
Nacionalidad:	Argentina
Ocupación:	Novelista, cuentista, ensayista, periodista
Obras principales:	*Los burgueses* (1963)
	Tres novelas (1966)
	Mañana digo basta (1968)
	Historias inmorales (1973)
	Mal don (1973)
	La bicicleta (1986)
Otros datos:	Ha publicado numerosos artículos en *La Nación* de Buenos Aires y en diversas revistas. Algunos se han publicado en dos volúmenes—*La Argentina contradictoria* (1986) y *Cuando el telón cae* (1987).

A pesar de o, quizás, a causa de su gran popularidad, Bullrich no ha sido muy estudiada por la crítica, aunque siempre se la menciona como una de las más prolíficas novelistas argentinas contemporáneas. En sus obras ha explorado el papel de la mujer—por lo general de la alta burguesía—dentro del matrimonio, la familia y la sociedad argentina. Sus primeras novelas reflejan las restricciones bajo las cuales vivían las mujeres de su generación, que eran vistas casi exclusivamente como hijas, esposas o madres, o sea, seres que dependían de los hombres a lo largo de su vida.

Sus obras más recientes, sin embargo, nos muestran los cambios que han ocurrido en la sociedad de su país. Desde hace ya varias décadas ha habido muchísimas mujeres profesionales en el Cono Sur y, gracias a esto, la mujer argentina hoy goza de mayor libertad y se ha ido ganando un lugar cada vez más importante en el mundo profesional. Sin embargo, según Bullrich, este cambio es más aparente que real.

Para sus personajes femeninos, el hombre amado es el centro de la vida y por él son capaces de sacrificarlo todo: carrera, intereses, independencia, etc. Además, aún cuando tienen carreras prestigiosas (como Alejandra de *Mañana digo basta*), ellas siguen teniendo que cumplir con las tareas tradicionalmente delegadas a la mujer. Bullrich insiste en que la mujer no ha alcanzado ni igualdad ni poder, ya que rara vez llega a tener puestos de importancia.

Bullrich señala también que, entre las jóvenes de la clase alta, la emancipación de la mujer parece identificarse con la libertad sexual—actitud que los hombres aprovechan y explotan. En su narrativa aparecen mujeres, tanto casadas como solteras, que tienen amantes. Esta nueva libertad sexual, claro está, repercute en las relaciones familiares, en las estructuras sociales y a menudo crea tensiones entre las generaciones. En el cuento que sigue, verán ilustrados los temas de Bullrich que reflejan muchos de los problemas de la familia y la sociedad de nuestra época.

....

Es conveniente saber

Un papel es un lugar en la sociedad. La cultura hispana, como muchas otras culturas del mundo, se centra en los hombres y la masculinidad. Tanto las instituciones (las leyes, la educación, la religión) como las prácticas sociales (la importancia de tener hijos varones, el poder legal del padre sobre los hijos) subrayan la importancia y el poder de los hombres sobre las mujeres. En este cuento se puede ver la desorientación que siente una mujer cuando ve dramáticamente disminuido su papel en la vida al perder al compañero que le permite sentirse parte de la sociedad.

....

Aproximaciones al texto

1. **¿Una unidad monolítica?** La familia ha tomado y sigue tomando distintas formas según las épocas y las circunstancias. Con dos compañeros piensen en todas las familias que conozcan—tradicionales y no-tradicionales—y descríbanlas como en el ejemplo.
   Por ejemplo: La familia de mi amigo… *está compuesta de él, su hermano menor y la amiga o amante del hermano con su hijita de dos años. Viven en una casa antigua muy bonita.*

▼

2. **La ciudad.** Hay cosas que se pueden hacer en una gran ciudad que no se pueden hacer en un pueblo o ciudad de provincia, donde hay que mantener las apariencias. En otras palabras, el «qué dirán» no es tan fuerte en las ciudades grandes como en las pequeñas. Con dos compañeros(as), hagan una lista de lo que se puede hacer en una ciudad, que no está permitido en un pueblo pequeño.

   Por ejemplo: *Se puede ir a…*
   Se puede tener cualquier amigo(a) sin preocuparse de…
   Se puede vivir con…

3. **Metas y papeles.** Las expectativas que tiene la gente de su sociedad varían de una cultura a otra. Por ejemplo, los hombres y las mujeres esperan distintas cosas de la sociedad. Según su sexo y cultura, escriba dos frases sobre lo que Ud. espera de la sociedad.

   Por ejemplo: *Una mujer espera trabajar y desarrollar su carrera, pero también espera tener un compañero porque casi todo está organizado para parejas.*
   Un hombre espera…

4. **En parejas.** Por muy emancipados que seamos, hay ciertas cosas que parecen ser sólo para parejas. Haga una lista de estas cosas.

   Por ejemplo: *comprar una casa*

5. **Diálogos escondidos.** Muchos cuentos tienen un diálogo en ciertas partes del relato, ¿verdad? En este cuento que sigue, sin embargo, el diálogo está incluído en la narración sin ninguna marca especial. Por lo tanto, vamos a aprender a identificarlo y a distinguir el diálogo de la narración. Veamos el siguiente ejemplo:

   > Todo esto era tan natural. Papá quería mucho a Rolo. Siempre lo palmeaba cuando lo veía llegar y después se despedía. Papá, esperame, así me dejás de paso en el coctel de Clara. Rápido porque estoy apurado. Esperá que me pinte. No puedo esperar. No importa, decía Rolo, yo la llevo. Y papá gritaba: te va a llevar Rolo. Yo estaba encantada porque papá tiene un auto de cuatro puertas y Rolo un coche sport que…

El diálogo puede identificarse porque los verbos cambian de tiempo y de tercera a primera persona en la mitad del párrafo. Además, si se presta atención se nota que hay dos o más personajes conversando. Subraye las seis frases que representan el diálogo.

Las tres primeras frases del párrafo están en el imperfecto—típico de una narración. Las que siguen, sin embargo, están en presente e imperativo como: **esperame, estoy apurado, esperá, no puedo, yo la llevo.** Como no se indica quién está hablando, la autora usa exactamente una frase para cada personaje. Ahora, escriba Ud. el diálogo de manera tradicional:

Patricia: —Papá, esperame, así me dejás de paso en el coctel de Clara.

Papá: —Rápido porque estoy _____

Patricia: —_____

Papá: —No _____

Rolo: —No _____

Papá: —Te _____

Observe que los cambios de femenino a masculino también ayudan a identificar quien habla.

Por ejemplo: apurado   *sólo puede ser un hombre: papá*

yo **la** llevo   *se refiere a una mujer: la hija*

esperá que **me pinte**   *sólo las mujeres se maquillan*

- -

Es conveniente saber

¿Tú o vos? (véase también la nota que aparece en la pág. 51.) Si Ud. se fija un poco, en el cuento que sigue se usa **vos** en vez de **tú.** En la Argentina, el **vos** es estándar en el habla oral y en varias formas de la lengua escrita, como ocurre en este cuento. Veamos qué terminaciones verbales se usan con el pronombre **vos.**

a. **Esperame,** así (vos) me **dejás** en el coctel de Clara.
b. **Esperá** que me pinte.
c. ¿(Vos) **volvés** a comer?
d. **Vestite** que vamos a llegar tarde, decía mi hermana.
e. (Vos) **sabés** muy bien lo que dijiste.
f. (Vos) **sos** una estúpida o una chiquilina.
g. (Vos) no **entendés** nada de nada.

▼▼ El amante

SILVINA BULLRICH

por lo que hizo
casa

Nunca le perdonaré a Rolo el daño que nos hizo; por su culpa° nuestro hogar° se entristeció y ahora es casi un infierno. ¡Éramos tan felices, éramos tan unidos! Todos parecíamos alegres, comprensivos, considerados. No creo que en ningún hogar haya reinado una armonía tan perfecta hasta que Rolo nos hizo esto, esto que mamá no merecía y nosotros tampoco. Hay cosas que no se hacen, dijo ayer Silvia, mi tía, la hermana de mamá,

infeliz
estoy de acuerdo con

al verla tan desdichada.° Tiene razón, pero no me atreví a decírselo porque ella no sabía que yo estaba escuchando. De todas maneras me adhiero° a la frase de Silvia: hay cosas que no se hacen. Todo tiene un límite, sería muy fácil vivir así, sin importarle a uno nada de los demás. Los seres humanos no son naranjas que se tiran después de exprimidas. Hay cosas que no se hacen, Rolo.

. . .

Después me eché sobre mi cama y con las manos cruzadas detrás de la nuca me puse a reflexionar. ¿Cuándo empezó esto? Por más que haga memoria no recuerdo cómo entró Rolo a nuestra casa ni cuándo fue la primera vez que me di cuenta de que comía todos los días con nosotros y almorzaba los sábados y domingos. Mamá, te llama Rolo. Y mamá desenchufaba° el teléfono y lo enchufaba en la ficha de su cuarto. Cerraba la puerta. Hablaba un poco y reía mucho. No sé de qué. Pero nunca se rió tanto. Dice Rolo que bajes que viene a buscarte° a las nueve. Llamó Rolo, dijo que lo llamaras. Rolo dejó estas flores.

    Todo eso era tan natural. Papá quería mucho a Rolo. Siempre lo palmeaba° cuando lo veía llegar y después se despedía. Papá, esperame, así me dejás de paso en el coctel de Clara. Rápido porque estoy apurado. Esperá que me pinte. No puedo esperar. No importa, decía Rolo, yo la llevo. Y papá gritaba: te va a llevar Rolo. Yo estaba encantada porque papá tiene un auto de cuatro puertas y Rolo un coche sport que da las doce antes de hora.°

    Mamá se asomaba: ¿qué pasa? Su tono era displicente,° pero ella sabía muy bien que había llegado Rolo. Nada, que estoy aquí, decía Rolo. Mónica, me voy, gritaba papá. Pero hay que llevar a Nica y a Patricia... Las lleva Rolo... hasta luego. ¿Volvés a comer? No. Bueno.

    Papá se iba y yo o Nica le servíamos un whisky a Rolo. Nos sentábamos a su lado. El señalaba un paquete que había dejado sobre la mesa. ¿Qué es? Caviar. ¿Caviar? ¡Qué macanudo!... aquí hay champagne. Vestite que vamos a llegar tarde, decía Nica. Primero tengo que abrir esta lata. Rolo tiene hambre. La abro yo, si no, vamos a llegar tarde; yo obedecía de mala gana. Me gustaba estar con Rolo. Era mucho más buen mozo° que los chicos que salían con nosotras y más inteligente y más canchero° y se vestía mucho mejor y no tenía granos.° Si algún día me caso me casaré con Rolo, dije una vez. Mamá se echó a reír y Nica me miró con ojos desaprobadores. ¿Por qué dijiste eso?, me preguntó más tarde. ¿Dije, qué? Sabés muy bien... No sé nada... Eso de que te casarías con Rolo. ¿Y por qué no? ¿No te diste cuenta de que a mamá le cayó mal?° ¡Estás loca! Se rió a gritos. Sos una estúpida o una chiquilina.° Tengo quince años. Ya sé, entonces sos una estúpida.

    Nica tenía diecisiete años. Ella y Rolo solían hablar° en voz baja y callaban cuando yo entraba. ¿Por qué se secretean?° Nadie se secretea. Sí, vos y Rolo. No es cierto. Un día le hablé francamente a Rolo: ¿Por qué te secreteás con Nica? Rolo se echó a reír: soy su confidente,° me dijo. Y me dijo también que Nica no sabía si llevarle el apunte° o no a Juancho y que él la aconsejaba.

    Cuando Lalo empezó a festejarme° le pedí consejo a Rolo. Esperá a que se reciba,° me dijo. Pero Lalo estaba en primer año. Claro que yo tenía sólo quince años. No es como Nica que había cumplido diecisiete y tenía ganas de casarse. Yo me sentía bien en casa. Era fácil vivir, y lindo.

Margin glosses (left column):

desconectaba

recogerte

golpeaba afectuosamente la espalda

llama la atención de la gente
desinteresado

guapo
cool
erupciones de acné

no le gustó
niñita

siempre hablaban
se dicen secretos

amigo íntimo
prestarle atención

cortejarme, rondarme
se titule en la universidad

pequeña embarcación

Rolo tenía una lancha° y a veces los domingos de noviembre[1] mamá nos decía: ¿Les gustaría salir en la lancha de Rolo? ¡Claro, cómo no iba a gustarnos! ¿Puedo invitar a Lalo? Bueno. ¿Y yo a Juancho? No sé, preguntale a Rolo, quizá seamos muchos. ¿Y qué importa? Es incómodo para almorzar. Yo no almuerzo, me basta un sándwich. Ya sé, pero va Jorgito con un amigo.

no muy agradable
extremadamente buen mozo

Jorgito era el hijo de Rolo. Tenía catorce años y a mí me resultaba más bien antipático.° Mamá decía que era mucho mejor educado que nosotras, y Nica afirmaba que cuando llegara a grande sería un churro.° Por el momento tenía pecas y pelo casi colorado como esos chicos de las pandillas de los films norteamericanos.

esquí en el agua

Rolo nos enseñaba a hacer sky acuático.° Lalo gozaba como una criatura a pesar de tener dieciocho años cumplidos. A veces creo que se quedó conmigo durante más de un año a causa de los paseos en la lancha de Rolo.

paseo

¿Rolo, salimos el domingo? Hace mucho frío, la lancha no es un programa° de invierno. Pero… ¿qué te cuesta? Y a veces Rolo decía que sí. Dependía en gran parte de la cara que ponía mamá. A mamá le gustaba poco pasear en lancha. Prefería ir con Rolo al cine y a comer a un restaurante. Y bueno, volvemos temprano, insistía yo. Pero mamá decía que era más agradable almorzar en el centro e ir a una función de las tres de la tarde porque no son numeradas° las localidades y siempre hay lugar. Eso es mentira, los días de lluvia hay que hacer cola. Por lo menos, no hay que dar propina, decía mamá. ¿Y qué te importa si la da Rolo? Me importa, porque es una inmoralidad, decía mamá. Sos siempre la misma estúpida, decía Nica; no entendés nada de nada, sos totalmente ciega, sos capaz de no ver un elefante en un pasillo. Más estúpida sos vos, si no insisto no salimos nunca en lancha. Nica se encogía de hombros.

reservadas

no de la familia/le aceptaba
cualquier cosa
sin que supiera

Cuando nosotras no salíamos en lancha, Jorgito salía con sus amigos y a mí me daba rabia porque el domingo siguiente parecía él el dueño y nos explicaba dónde estaba la soda y la coca-cola y todo, como si fuéramos gente de afuera.° Mamá le consentía todo° a Jorgito. Le daba whisky a espaldas de° Rolo y chocolates que lo hacían engordar. Rolo decía que sus caderas parecían de mujer y que en el colegio tenían orden de hacerle un sistema para adelgazar. Mamá siempre nos decía que le dejáramos a Jorgito hacer sky puesto que le gustaba tanto y a veces iba con Rolo a Quilmes° a verlo al colegio. Le llevaba tricotas° tejidas por ella y a nosotros nunca nos tejía nada, pero Rolo para desquitarnos° nos traía perfumes que le regalaba un amigo de él, comisario de un barco francés, y chocolates de una fábrica de Belgrano;° mamá nunca los probaba porque detesta los dulces. A veces nos daba entradas para el teatro y Juancho y Lalo se alegraban de ir gratis, porque los viejos° los tenían a rienda corta.°

barrio de gente adinerada/
suéteres
to get even, to retaliate
rrio antiguo de Buenos Aires

los padres/con poco dinero

---

[1]de primavera, ya que las estaciones en Sudamérica son al revés de las del hemisferio norte

¿Rolo, no podrías conseguirnos entradas para el ballet ruso? ¿Rolo no podrías…? Basta, dejen en paz a Rolo, protestaba mamá. Pero al día siguiente Rolo nos traía lo que le habíamos pedido.

Mamá y Rolo salían casi todas las noches, pero siempre comían con nosotras y a veces se quedaban mirando la televisión y era cuando yo estaba más contenta.

Si me pongo a pensar me acuerdo poco de lo que hacía papá en esa época; todo el tiempo lo veo entrar y salir como los actores de esas piezas tan malas que escribe Felipe mi tío, que uno nunca sabe ni por qué entran ni por qué salen. Parecen girar por el escenario como los muñecos del reloj de la plaza de Praga, dice Rolo. No es de Praga es de Dijon, dice mamá. Hay miles de relojes donde los muñecos giran, concede Rolo, pero tu cuñado debería pensar un poco para qué hace entrar a sus personajes. Se sirven un whisky, dice mamá. No es motivo suficiente para entrar a un escenario. Yo pienso que papá tampoco tiene motivos muy valederos° para *buenos* entrar o salir de casa, ni siquiera tiene necesidad de traer plata,° porque *dinero* mamá tiene mucha. De todas maneras no molesta porque siempre está de buen humor. Siempre estaba de buen humor hasta que Rolo embarró° las *echó a perder* cosas. Nica dice que no es culpa suya, sino de esa tilinga° de Fernanda *tonta, boba* que se empeñó en conquistarlo porque es un buen partido.° Yo no creo *buen joven para casarse* que sea porque es un buen partido, sino porque después de haber cono- cido a Rolo todos los hombres resultan insulsos.° Rolo es como un sol, un *sin gracia* sol chiquito, manuable y sonriente. Rolo era nuestro sol.

¿No llamó Rolo? No. ¡Ah!

Así empezó todo. Mamá ya no se atrevía a preguntar nada cuando llegaba a casa. Después de decir: ¿No llamó Rolo?, empezó a preguntar: ¿Llamó alguien? Cuando le contestábamos que había llamado Silvia y Carlitos y abuela, ella preguntaba tímidamente: ¿Nadie más? No, nadie más. Yo hubiera dado cualquier cosa por poder decirle: llamó Rolo. Pero no había llamado y yo no podía mentir.

¿También esta noche vas a salir? Papá la miró azorado.° Hacía ocho *desconcertado* años que comía todas las noches en el club. El club, el club, siempre el club. ¿No podía pensar alguna vez que tenía una mujer todavía joven? Ella se aburría, estaba harta de comer siempre sola. Entraba al dormitorio lloriqueando. Papá entraba tras ella y golpeaba la puerta. Yo no oía las palabras pero percibía el tono irritado, impaciente. Papá salía sin dirigirnos la palabra y mamá tocaba el timbre y cuando venía la mucama° le decía *sirvienta* que no se sentía bien e iba a comer en cama. Nica y yo empezamos a comer solas. Nica ponía la televisión y yo discos de Palito Ortega.° Mamá *cantante popular de los años 70* nos mandaba decir que no hiciéramos tanto ruido que le dolía la cabeza y sin embargo de su cuarto partía un murmullo incesante: hablaba por teléfono con Silvia, con Martha, decía frases en francés aunque Martha entendía el francés todavía menos que nosotras que habíamos sido educadas en un colegio inglés.

Un día llamó Rolo. Vino a comer, nos preguntó como siempre por

---

Lalo y por Juancho, nos trajo marrons glacés pero nadie tenía ganas de bromas ni de dulces. Mamá dijo que prefería comer afuera. Salieron los dos.

Como a las tres de la mañana los oí llegar. Entrá, dijo mamá. Rolo sin duda no se movía. Yo tampoco, aunque me dolía todo el cuerpo por estar acurrucada° para escuchar. Pero entrá, no te voy a violar, dijo mamá con una voz dolorida, vulgar y cruel que yo no le conocía. Dios mío, hacé que entre, pensé. Que vuelva, así somos felices como antes y mamá vuelve a reír y papá está de buen humor y mamá se queda en casa y no estamos solas Nica y yo. Pero no entró. No, Mónica, es peor, la vida es así, las cosas son lo que son, hay que tomarlas como vienen. Papá decía siempre que Rolo no era muy inteligente y esa noche pensé que podía haber encontrado frases más tiernas, argumentos más convincentes. Pero podemos ser amigos, ¿no? La voz de mamá era un gemido. Más adelante, dijo Rolo: ¿Por qué no ahora? Porque no.

¡ROLO! El nombre cortó la noche. Rolo, por favor, una vez más, siquiera una vez más, no te pido nada, sólo verte. Los pasos de Rolo volvieron a acercarse. Es peor, Mónica, ¿no ves cómo te ponés? Mas adelante, cuando te tranquilices. Estoy muy tranquila. Sí, claro, pero ahora andá a dormir. Mañana te llamo. ¿Lo jurás? Sí, andá a dormir. ¿Cuándo te veo? ¡ROLO! Oí golpear la puerta del ascensor. ROLO. Mamá bajó por la escalera. Subió unos minutos después. Yo había visto el auto de Rolo arrancar° antes de que ella llegara a la vereda.

Cuando me desperté me dijeron que mamá acababa de volver. ¿De dónde? Del sanatorio,° se sintió mal anoche, la llevaron pero ya está bien, lo importante es no molestarla y ser muy cariñoso con ella. Papá trajo unas rosas espléndidas y le compró una pulsera de oro. Tomen, llévenle esta pulsera a su madre, dijo, díganle que la próxima vez será de brillantes.° Mamá sonrió tristemente: Dejala sobre la mesa de luz, murmuró, y volvió a cerrar los ojos. Papá se acercó, le pasó la mano por la frente: ¡Vamos!, ¿adónde está la mujer más valiente de Buenos Aires? Mamá sonrió débilmente y le oprimió la mano. Todo se olvida, Mónica, yo también pasé las mías,° no hay más remedio que sobreponerse.° Mamá sollozó suavemente. Mariano vino, le tomó el pulso, dijo que bastarían dos o tres días de reposo;° que por suerte papá se había dado cuenta y lo había llamado a tiempo. ¿No podés llevártela a Europa? Sí, dijo papá, haré lo posible. Pero no hizo nada y no se fueron a ningún lado.

Ahora salen a veces juntos. Pero cuando papá dice que va al club mamá sale por su cuenta, vienen a buscarla montones de gente, pasa los fines de semana en la estancia de Martha o en el yatch de Carlitos. Cuando pregunta ¿quién llamó?, le damos una larga lista de nombres que a veces no comprendemos bien y algunos dejan sus números para evitar confusiones. Ella marca todos los números, hace correr el agua caliente, se viste, sale. No me esperen, coman no más.

Nica y yo comemos solas. Nica rompió con Juancho y nadie se enteró,°

mamá ni se dio cuenta de que tenía los ojos chiquitos de tanto llorar. Lalo viene a veces y trata de consolarnos, pero es muy chiquilín. No tiene plata para traer cosas ricas como hacía Rolo, ni tiene auto, ni cuenta nada divertido; ponemos la televisión y para eso no necesitamos que esté él.

estupendas

Rolo no debió nunca habernos hecho eso. Debió pensar en nosotras al menos, si no pensaba en mamá. Nosotras siempre fuimos macanudas° con él, nunca le hicimos nada, no sé qué podía costarle venir de tanto en tanto a comer a casa; después de todo tenemos a la mejor cocinera de Buenos Aires, la única que todavía sabe hacer postres según dice abuela, y papá compró hace años los mejores vinos del club, ¿y todo para qué? Nosotras no tomamos vinos ni comemos postres para no engordar. Con

se servía dos veces

Rolo era otra cosa, uno comía sin darse cuenta y él repetía° todos los platos.

Rolo nunca debió habernos hecho esto.

En torno al texto

Hay que fijarse bien

1. Este cuento podría dividirse en secciones. Encuéntrelas y póngales subtítulos apropiados. Las secciones empiezan así:

   I. Nunca le perdonaré a Rolo el daño que nos hizo.
   II. ¿Cuándo empezó esto?
   III. Si me pongo a pensar me acuerdo poco…
   IV. Así empezó todo.
   V. Ahora salen a veces juntos.

2. Lea el cuento otra vez y, con un(a) compañero(a), ubiquen dónde se dice lo siguiente en otras palabras.

   (págs. 121–123)
   a. Entre los que se quieren no deben ocurrir ciertas cosas.
   b. Aunque trato de acordarme, no puedo.
   c. Hace mucho tiempo que Rolo está con nosotros.
   d. Rolo no sólo era guapísimo, sino listo y tenía mucha experiencia.
   e. Nica le contaba sus secretos a Rolo, no a su mamá.
   f. Nica quería casarse para irse de casa.
   g. No me gustaba mucho Jorgito; era pelirrojo y parecía pandillero.
   h. A Lalo le encantaba hacer esquí en el agua.
   i. Eres tan boba que no verías un elefante en un corredor pequeño.
   j. Mamá quería muchísimo a Jorgito y le daba lo que quisiera.
   k. Jorgito estaba interno en un colegio; no vivía en casa con su papá.
   l. Rolo les traía perfumes para recompensarlas por las cosas que su madre hacía por Jorgito.

(págs. 124–126)

m. Siempre le pedíamos todo a Rolo y él siempre nos complacía.
n. Papá era un extraño personaje en nuestras vidas porque nunca estaba ahí.
o. Además, no necesitaba darnos plata porque mamá era muy rica.
p. Rolo se fue porque Fernanda lo enamoró, lo conquistó.
q. Papá se sorprendió cuando mamá le preguntó si iba a ir al club otra vez.
r. Papá no veía que su mujer era joven y quería salir y pasarlo bien.
s. El se exasperaba porque mamá le pedía que saliera con ella o la acompañara. Pero ella estaba tan aburrida.
t. Nosotras también nos aburríamos sin Rolo; no había nada que hacer.

3. Elija un nuevo título para este cuento de la lista que sigue; explique por qué lo eligió.

a) Condiciones del cariño
b) La traición de Rolo
c) Mi segundo padre
d) Años felices; años de desgracia

En términos generales

1. ¿Quién narra este cuento? ¿Cómo lo sabe Ud.?
2. ¿Qué indicaciones del nivel social y económico de esta gente se pueden encontrar en el texto? ¿De qué manera influye esto en el cuento?
3. Según este cuento, ¿cuáles son las horas de comida más importantes en esta ciudad? ¿Cuál es el mes más bonito? ¿Cuál es el entretenimiento preferido?
4. ¿Por qué le parece Lalo un chiquilín a la chica, en comparación con Rolo? ¿Por qué tampoco le gusta Jorgito?
5. ¿A qué hora regresó el padre la noche trágica?
6. ¿Con qué compara la chica a Rolo? ¿Por qué dice que es «manuable»? ¿Qué pasó cuando él dejó de visitar la casa?
7. ¿Por qué no se dedica la madre a sus hijas después de perder a Rolo?
8. ¿A qué suena el reclamo de la chica por la traición de Rolo? ¿Suena a haber perdido al amante de su madre o a otra cosa? ¿A qué se parece esta situación?

Los personajes y sus papeles

1. Describa detalladamente a Rolo. ¿Cuál era su papel en esta familia? ¿Cuántos años anduvo con la madre?
2. Describa a la madre. ¿Qué impresión se formó Ud. de ella? ¿Cuál es su papel? ¿Cuántos años tiene más o menos? ¿Qué piensa ella misma de su papel en la familia?
3. Describa al padre. ¿Cuál era su papel? ¿Qué tipo de relación tenía con su mujer? ¿Con qué tono se dirige a su mujer? ¿Tiene o ha tenido él una amante también? ¿Por qué se va al club todas las noches?
4. Describa a la hija menor. ¿Cuál es su papel? ¿Cómo cambió después de la partida de Rolo? ¿Por qué escucha las conversaciones de los mayores?
5. ¿Qué personaje le pareció más simpático? ¿Por qué?
6. ¿Cómo se llamaba cada uno de los personajes? Dibuje el árbol genealógico de esta familia, incluyendo a Rolo y a su hijo.

. . . .

Es conveniente saber

El París de América. Buenos Aires, puerta de entrada al sur de Sudamérica es una de las grandes ciudades de la América Hispana. Muy europea en su apariencia, valores y costumbres, Buenos Aires no sólo tiene más de quince millones de habitantes sino que también es un importantísimo centro intelectual, artístico, comercial y financiero. Allí se encuentran las casas editoriales más grandes del continente, así como un gran número de compañías de teatro y ballet, además de la ópera del famoso teatro Colón.

El impacto de Buenos Aires se extiende más allá de sus calles y barrios hacia todos los rincones del mundo hispano a través de su literatura, música, modas, costumbres, cine y televisión. En este libro, Ud. tendrá la oportunidad de leer a varios autores, no sólo argentinos, que han vivido al menos un tiempo en Buenos Aires.

. . . .

Más allá del texto

1. **Pasarlo bien.** Hay distintas maneras de pasarlo bien y muchas veces éstas dependen de nuestra cultura. Primero, haga una lista de las cosas que hacía Rolo todos los días y los fines de semana con los chicos y Mónica para divertirse. Después, haga su propia lista y compárelas.

2. **Hijos del divorcio.** Con un(a) compañero(a) analicen las ventajas y desventajas de ser hijos del divorcio según lo vemos en Jorgito. Hagan una lista de cada categoría.

3. **Preguntas sin respuesta.** Con dos compañeros(as) traten de encontrarle alguna explicación a lo que no se explica en el cuento. En cuanto acaben, compartan sus opiniones con otro grupo o con toda la clase.

   a. ¿Cómo era Rolo físicamente? ¿Se parecía Jorgito a su papá?
   b. ¿Por qué consentía Mónica a Jorgito y no a Nica o Patricia?
   c. ¿Era divorciado Rolo o no? ¿Cómo lo sabe Ud.?
   d. ¿Qué hacía Rolo? ¿Dónde trabajaba? ¿A qué horas trabajaba? ¿Por qué?
   e. ¿Cree Ud. que se casó con Fernanda o no? ¿Por qué?
   f. ¿Por qué iba todos los días a la casa aunque no vivía allí?
   g. ¿Sería la culpa del padre de las chicas que Rolo fuera tan importante en la casa?

4. **Chismes del edificio.** Escriba una conversación entre dos señoras o entre Martha y Silvia sobre Mónica y su amante. Las dos señoras están criticándola por salir con Rolo a todos lados, incluso con sus hijas. Imite el estilo del cuento de Bullrich.

5. **¿Qué chiquilina o qué estúpida?** Por lo menos dos veces vemos que Patricia no se da cuenta de lo que realmente está ocurriendo, a diferencia de su hermana. Con un(a) compañero(a) ubiquen dónde están estos episodios y expliquen qué fue lo que no entendió Patricia.

6. **Otro final.** Escriba otro final para este cuento. Empiece con «¿No llamó Rolo? No. ¡Ah!»

7. **Otro capítulo.** Imagínese que Nica y Patricia son mayores ahora. Escriba un relato sobre sus vidas, sus hijos, sus amores. ¿Cree Ud. que la historia se repetirá?

Temas de ensayo

Elija uno de los siguientes temas según las instrucciones de su profesor(a). Use sus apuntes sobre el texto, especialmente lo que anotó en la sección **En torno al texto.** Cada vez que copie una frase del texto, póngala entre comillas («...») e indique en qué página aparece.

1. Analice el papel del padre y el del amante en este relato. Explique qué relación existe entre ellos y los demás personajes y qué impacto tienen en el desarrollo del cuento.

2. Discuta la sociedad bonaerense de la época en cuanto a las metas establecidas para chicos y chicas jóvenes. ¿Qué indicaciones de la edad apropiada para casarse o iniciar relaciones serias encuentra Ud. en este cuento? ¿Cuántos años de diferencia hay entre la madre y el padre, las chicas y sus novios? ¿Qué se puede decir acerca de los ideales y metas de estas chicas? Respalde sus opiniones con citas del texto.

3. Analice las técnicas narrativas que usa Bullrich en este relato. Discuta, por ejemplo, el punto de vista narrativo, el uso de distintos tipos de diálogo, el tono, etc. Ilustre con citas del texto.

4. Estudie la estructura de este relato. ¿Presenta las partes clásicas— *introducción, desarrollo, clímax* y *resolución?*

5. Analice la tensión entre hombre y mujer en este relato. Estudie cómo trata el marido a su mujer, qué le da y qué no le da. Estudie cómo trata la mujer a su marido. Explique sus motivos usando citas del texto. Contraste esta relación con la de Mónica y Rolo.

6. Analice el desarrollo psicológico de Patricia. Explique por qué considera ella que una persona no le puede hacer ciertas cosas a otra persona y su solidaridad para con su madre. Compare esto con su posición frente a Rolo, su padre y su hermana. Use citas del texto.

7. El padre de este relato parece no ser el hombre típico. Analice este personaje usando citas del texto que le ayuden a demostrar cómo controla él su situación y su posición dentro de la familia.

La guerra y la paz

MARIO BENEDETTI

Nombre:	Mario Benedetti (1920–)
Nacionalidad:	Uruguayo
Ocupación:	Cuentista, novelista, poeta, crítico, dramaturgo, político, periodista, oficinista.
Obras:	Montevideanos (1959)
	La tregua (1960)
	Gracias por el fuego (1965)
	El cumpleaños de Juan Angel (1971)
	Inventario. Poesía completa (1950–1980) (1980)
	Viento del exilio (1981)
	Primavera con una esquina rota (1982)
	Geografías (1984)
	El desexilio y otras conjeturas (1984)
Otros datos:	Participa activamente en la política como miembro de la coalición de izquierda Frente Amplio y por eso tiene que exilarse por muchos años después del golpe derechista de 1973 y la sangrienta represión que siguió. Hoy en día, pasa seis meses en España y seis en el Uruguay.

FICHA PERSONAL

Benedetti es un prolífico escritor que ha publicado más de cincuenta volúmenes de cuento, poesía, novela, teatro, ensayo y crítica literaria. Su obra temprana se caracteriza por sus descripciones de la vida monótona y algo venida a menos del oficinista y la pequeña burguesía uruguaya. Los cuentos de *Montevideanos* (1959) quizás sean el mejor ejemplo de esta vida rutinaria y algo desesperanzada donde los personajes apenas viven o «van tirando», como se dice en el Uruguay. Sin embargo, en ellos también vemos el sentido del humor, la ironía y el cariño o compasión que siente el autor por muchos de sus personajes.

Después de 1959—año importantísimo para muchos intelectuales hispanoamericanos porque es el año de la Revolución Cubana (véase pág. 257)—la obra de Benedetti refleja su creciente interés por la política. Así tenemos, por ejemplo, los ensayos de *El país de la cola de paja* (1960), y *El cumpleaños de Juan Angel* (1971), novela escrita en verso cuyo protagonista se une a la guerrilla tupamara[1] uruguaya. Se agrega a lo anterior su novela experimental que trata de la separación, el encarcelamiento y el exilio, *Primavera con una esquina rota* (1984), y muchos otros libros escritos y publicados en el exilio.

«La guerra y la paz» pertenece a *Montevideanos* y trata de la disolución de un matrimonio y su efecto sobre los miembros de la familia. El divorcio, que es mucho menos aceptado en los países hispanos que en EE.UU., se ve con más frecuencia hoy día que hace unos años, a pesar de que Uruguay adoptó en 1907 la primera ley de divorcio de toda Latinoamérica.

Aproximaciones al texto

1. **Conflictos.** Las relaciones entre la gente no son fáciles y tienen muchos altibajos. A veces, optamos por enfrentar los problemas y otras, no. En algunos casos, la gente necesita discutir (*to argue*) o pelearse para resolver algo; paradójicamente, entonces, los problemas se resuelven por medio de un conflicto. Con un(a) compañero(a) decidan cuál es la manera más común de resolver los siguientes problemas. Luego compartan sus ideas con el resto de la clase.

	discusión	abandono	silencio
a. Su novio(a) anda con otra persona.			
b. Ud. quiere dejar sus estudios.			
c. Una pareja quiere divorciarse.			
d. A Ud. le molesta el ruido de la residencia.			
e. Ud. se sacó una nota que considera injusta.			

[1]tupamaros: guerrilleros urbanos de los años 60 y 70

2. **Narraciones directas e indirectas.** Cuando contamos algo en voz alta o por escrito, a veces decimos exactamente lo que dijo una persona; pero otras veces contamos lo que dijeron de una manera indirecta. Analice los ejemplos que siguen.

- Papá dijo, «La institución matrimonial está por encima de todo». → *Papá dijo que la institución matrimonial estaba por encima de todo.*

- Después, papá dijo, «Ahora sí, apruebo el divorcio». Y mamá contestó, «Yo no. No me lo permite mi religión. Prefiero la separación amistosa». → *Después, papá dijo que aprobaba, ahora sí, el divorcio. Ella que no. No se lo permitía su religión. Prefería la separación amistosa.*

Ud. puede ver que para contar algo indirectamente, generalmente se cambian los verbos del presente al pasado; los pronombres y otras palabras, ¿verdad? Marque todas las palabras que cambiaron en los ejemplos anteriores. Luego, transforme el siguiente monólogo en una narración indirecta.

- Mi madre le dijo a mi padre: «¡Cuánto me fastidia que tengas Otra! No me importa que seas tan puerco como para verla; no es eso. Es la concurrencia al Jardín Botánico, del brazo; son las idas al cine y las citas en las confiterías. Lo haces para que Amelia se permita aconsejarme y para que mi hermano disfrute recordándome sus consejos prematrimoniales». →

3. **De la literatura universal.** ¿Sabía Ud. que hay una novela rusa famosa que se titula *La guerra y la paz*? Es una novela larguísima que cuenta la historia de varios personajes durante la invasión napoleónica de Rusia en 1812. Esta obra maestra es del gran escritor ruso León Tolstoi (1828–1910). ¿Por qué tendrá el mismo nombre el cuento que sigue? Léalo y después conteste esta pregunta.

. . . .

Es conveniente saber

El divorcio. Aunque existe el divorcio en varios países hispanos como Uruguay, España, México y la Argentina, puesto que la mayoría de la gente es de tradición católica y la iglesia no acepta el divorcio, muchas parejas no se divorcian aun cuando sean muy infelices en su matrimonio. En estos casos, hay parejas que no se separan nunca, mientras otras se separan oficial o extraoficialmente, sin tramitar nunca el divorcio.

En el cuento que sigue, va a ver una de estas variantes, en que se propone una separación legal de «cuerpos y bienes» ("*people and material possessions*").

▼▼▼ La guerra y la paz

MARIO BENEDETTI

Cuando abrí la puerta del estudio, vi las ventanas abiertas como siempre y
la máquina de escribir destapada y sin embargo pregunté: «¿Qué pasa?».
Mi padre tenía un aire autoritario que no era el de mis exámenes perdidos.

rabia, ira — Mi madre era asaltada por espasmos de cólera° que la convertían en una
cosa inútil. Me acerqué a la biblioteca y me arrojé en el sillón verde.
Estaba desorientado, pero a la vez me sentía misteriosamente atraído por el
menos maravilloso de los presentes. No me contestaron, pero siguieron
contestándose. Las respuestas, que no precisaban el estímulo de las

romperse — preguntas para saltar y hacerse añicos,° estallaban frente a mis ojos, junto
a mis oídos. Yo era un corresponsal de guerra. Ella le estaba diciendo

the other woman — cuánto le fastidiaba la persona ausente de la Otra.° Qué importaba que él
prostituta — fuera tan puerco como para revolcarse con esa buscona,° que él se olvidara
de su ineficiente matrimonio, del decorativo, imprescindible ritual de la

desvergonzada — familia. No era precisamente eso, sino la ostentación desfachatada,° la
concurrencia al Jardín Botánico llevándola del brazo, las citas en el cine,
en las confiterías. Todo para que Amelia, claro, se permitiera luego acon-

desvergonzada — sejarla con burlona piedad (justamente ella, la buena pieza°) acerca de
ciertos límites de algunas libertades. Todo para que su hermano disfrutara
recordándole sus antiguos consejos prematrimoniales (justamente él, el

marido engañado/En este — muy cornudo°) acerca de la plenaria indignidad de mi padre. A esta altura°
momento — el tema había ganado en precisión y yo sabía aproximadamente qué
pasaba. Mi adolescencia se sintió acometida por una leve sensación de
estorbo y pensé en levantarme. Creo que había empezado a abandonar el

sillón. Pero, sin mirarme, mi padre dijo: «Quédate». Claro, me quedé. Más hundido que antes en el pullman verde. Mirando a la derecha alcanzaba a distinguir la pluma del sombrero materno. Hacia la izquierda, la amplia frente y la calva paternas. Estas se arrugaban y alisaban alternativamente, empalidecían y enrojecían siguiendo los tirones de la respuesta, otra respuesta sola, sin pregunta. Que no fuera falluta.° Que si él no había chistado° cuando ella galanteaba con Ricardo, no era por cornudo sino por discreto, porque en el fondo la institución matrimonial estaba por encima de todo y había que tragarse las broncas° y juntar tolerancia para que sobreviviese. Mi madre repuso que no dijera pavadas,° que ella bien sabía de dónde venía su tolerancia. De dónde, preguntó mi padre. Ella dijo que de su ignorancia; claro, él creía que ella solamente coqueteaba con Ricardo y en realidad se acostaba con él. La pluma se balanceó con gravedad, porque evidentemente era un golpe tremendo. Pero mi padre soltó una risita y la frente se le estiró, casi gozosa. Entonces ella se dio cuenta de que había fracasado, que en realidad él había aguardado eso para afirmarse mejor, que acaso siempre lo había sabido, y entonces no pudo menos que desatar unos sollozos histéricos y la pluma desapareció de la zona visible. Lentamente se fue haciendo la paz. El dijo que aprobaba, ahora sí, el divorcio. Ella que no. No se lo permitía su religión. Prefería la separación amistosa, extraoficial, de cuerpos y de bienes.° Mi padre dijo que había otras cosas que no permitía la religión, pero acabó cediendo. No se habló más de Ricardo ni de la Otra. Sólo de cuerpos y de bienes. En especial, de bienes. Mi madre dijo que prefería la casa del Prado.° Mi padre estaba de acuerdo: él también la prefería. A mí me gusta más la casa de Pocitos.° A cualquiera le gusta más la casa de Pocitos. Pero ellos querían los gritos, la ocasión del insulto. En veinte minutos la casa del Prado cambió de usufructuario° seis o siete veces. Al final prevaleció la elección de mi madre. Automáticamente la casa de Pocitos se adjudicó a mi padre. Entonces entraron dos autos en juego.° El prefería el Chrysler. Naturalmente, ella también. También aquí ganó mi madre. Pero a él no pareció afectarle; era más bien una derrota táctica. Reanudaron la pugna a causa de la chacra,° de las acciones de Melisa, de los títulos hipotecarios, del depósito de leña. Ya la oscuridad invadía el estudio. La pluma de mi madre, que había reaparecido, era sólo una silueta contra el ventanal. La calva paterna ya no brillaba. Las voces se enfrentaban roncas, cansadas de golpearse; los insultos, los recuerdos ofensivos, recrudecían sin pasión, como para seguir una norma impuesta por ajenos.° Sólo quedaban números, cuentas en el aire, órdenes a dar. Ambos se incorporaron, agotados de veras, casi sonrientes. Ahora los veía de cuerpo entero. Ellos también me vieron, hecho una cosa muerta en el sillón. Entonces admitieron mi olvidada presencia y murmuró mi padre, sin mayor entusiasmo: «Ah, también queda éste». Pero yo estaba inmóvil, ajeno, sin deseo, como los otros bienes gananciales.°

hipócrita, poco sincera
dicho nada

reprimir la cólera sin decir nada
estupideces, tonterías, bobadas

posesiones, propiedades

antiguo barrio residencial de Montevideo
barrio residencial sobre la playa en Montevideo
dueño

le tocó el turno a dos autos

finca rústica pequeña

otra gente

propiedad común de una pareja

En torno al texto

Hay que fijarse bien

Lea otra vez el cuento y con un(a) compañero(a) busquen dónde se dice lo siguiente.

(pág. 134)

a. mi madre tenía tanta rabia que no podía hablar coherentemente
b. nadie me prestó atención, pero siguieron gritándose y peleándose
c. no era necesaria una pregunta para que alguien gritara un insulto
d. las bombas de esta guerra eran los insultos
e. él era tan bajo como para tener una amante desvergonzada
f. hay que mantener las apariencias de armonía, pase lo que pase
g. él se mostraba en público con la amante
h. me dieron ganas de irme para que discutieran solos

(pág. 135)

i. de rabia, mi padre se ponía rojo y arrugaba la frente
j. después de todo, la familia es lo más importante
k. ahora cambié de opinión y quiero divorciarme
l. aunque ellos pelearon por las dos casas, a mí me gustaba más la de la playa
m. los dos querían las cosas más valiosas
n. gritaron tanto que perdieron la voz
o. cuando terminaron de repartirlo todo se sintieron aliviados
p. ah, fíjate, se nos olvidó nuestro hijo
q. yo me sentía indiferente ante lo que había pasado

En términos generales

1. ¿De qué guerra trata este cuento?
2. ¿Cómo cree Ud. que se da cuenta el muchacho de que algo extraordinario está ocurriendo en el estudio? ¿Qué sintió al entrar?
3. Según el muchacho, ¿en qué se convierte la guerra entre los padres?
4. Ya sabemos que este cuento ocurre en Montevideo, pero ¿en qué estación? ¿Qué día y hora serán? ¿Cómo se puede verificar esto?
5. ¿De qué clase social será esta familia? ¿Por qué? ¿Sabemos qué profesión tiene el padre? ¿Y la madre?
6. ¿Cuándo empieza el período de la paz? ¿Por qué? Según Ud., ¿quién ganó la guerra?

Los personajes y sus papeles

1. ¿Qué papel desempeña el adolescente en este cuento? ¿Quiso él desempeñar este papel o no? ¿Qué siente él?
2. ¿A quién cree Ud. que favorece el hijo, al padre o a la madre? ¿Por qué? ¿Qué habría hecho Ud. en esta situación?
3. ¿Qué función tienen la pluma del sombrero de la madre y la frente y la calva del padre? ¿Por qué lleva sombrero la madre?
4. ¿Qué le procupa más a la madre, que su marido tenga una aventura con una mujer o que se mantengan las apariencias? ¿Por quiénes no quiere ser criticada? ¿Qué habría hecho Ud. en esta situación?
5. ¿Por qué se conforma el padre con las cosas menos valiosas? ¿Qué función cumple su estrategia?
6. ¿Qué papel tienen la religión y la tradición cultural aquí?
7. ¿Cuál es la función de la guerra? ¿Y de la paz?

Más allá del texto

1. **Vocabulario bélico.** Para poder hablar o escribir sobre este cuento, es necesario mejorar su vocabulario «de guerra». Use su diccionario (de preferencia monolingüe) y busque sinónimos o términos relacionados con los siguientes y otros que se le ocurran a Ud.

   a. guerra, batalla, lucha,...
   b. hablar en voz muy alta,...
   c. estar molesto, enojado,...
   d. tener rabia, bronca,...
   e. molestarse, enojarse,...
   f. darse cuenta, intuir,...
   g. dormir con un amante,...

2. **En la confitería.** En el Cono Sur—Uruguay, Argentina y Chile—la gente se junta a conversar en una confitería o salón de té. Allí se toma el té por la tarde entre cuatro y siete, pero todo el día se sirve café expreso, cortado (café expreso con un poco de leche caliente) o café con leche—además de pasteles, tortas, refrescos, licores, sandwiches y deliciosos helados. En este contexto, con dos compañeros(as) escriba una escena en que el padre se reúne con la Otra, pero son descubiertos por una amiga de la madre.

3. **¿Cómo acabó la guerra?** Benedetti no nos dice qué pasó con el hijo de este matrimonio que se está separando. Describa Ud. la escena que habrá tenido lugar después del final de este cuento.

4. **Dramaturgos.** Con dos compañeros(as) escriban el cuento en forma de obra teatral. La obra puede tener una o dos escenas con tres o más personajes. Den detalles sobre la escenografía, el vestuario y la iluminación. Después, pongan en escena su obrita y elijan las mejores versiones para representarlas delante de otras clases.

5. **En otro contexto.** Escriba un cuento parecido a «La guerra y la paz» pero sitúelo en otra parte, en otro país o en otra cultura. Cree otros personajes y otras normas culturales, como lo desee.

6. **Monólogo.** Escriba Ud. el monólogo interior del muchacho durante la «guerra» y su reacción durante los días que siguieron a la «guerra».

Temas de ensayo

Elija uno de los siguientes temas según las instrucciones de su profesor(a). Use sus apuntes sobre el texto, especialmente lo que anotó en la sección **En torno al texto.** Cada vez que copie una frase del texto, póngala entre comillas («...») e indique en qué página aparece.

1. Analice el desarrollo de uno o dos personajes de este cuento. Dé ejemplos del texto.

2. Discuta los valores de la burguesía o la clase media alta vistos en este cuento. Defienda sus ideas con citas del texto y ejemplos tomados de otros cuentos si lo desea.

3. Generalmente se espera que un cuento presente una situación y la resuelva. ¿Qué opina Ud. del final de «La guerra y la paz»? ¿Se ha resuelto verdaderamente el problema o no? Explique usando citas del texto.

4. Estudie la estuctura de este cuento. ¿En cuántas partes se podría dividir? ¿Qué las caracteriza? ¿Qué función tiene la tensión en este cuento? ¿Cómo la crea el autor? ¿La resuelve al final o no?

5. Analice el personaje del niño. Estudie las ramificaciones que este episodio tendrá en su vida y trate de explicar lo que pueda sucederle en el futuro.

Las sutiles leyes
de la simetría

ESTHER TUSQUETS

Nombre:	Esther Tusquets (1936–)
Nacionalidad:	Española, catalana
Ocupación:	Novelista, cuentista, directora de la Editorial Lumen de Barcelona.
Obras:	*El mismo mar de todos los veranos* (1978) *El amor es un juego solitario* (1979), Premio Ciudad de Barcelona *Varada tras el último naufragio* (1980) *Siete miradas en un mismo paisaje* (1981)
Otros datos:	Las tres primeras novelas de la lista forman una trilogía y el cuarto libro es una colección de cuentos. También ha publicado numerosos artículos en la revista *Destino*, colabora en *La Vanguardia* y ha escrito un libro para niños, *La conejita Marcela*.

FICHA PERSONAL

C uando se habla de la presencia femenina en las letras españolas, hay que recordar que antes, con pocas excepciones, las mujeres que aparecían en las obras eran creaciones de autores hombres. Esta situación ha cambiado en nuestro siglo con el surgimiento de varias excelentes escritoras españolas que han publicado obras de distintos géneros, en las cuales han presentado su propia visión de la mujer española y de su papel en la sociedad.

De la primera generación de escritoras españolas se destacan Carmen Laforet, Dolores Medio, Ana María Matute (cuyo cuento «Muy contento» se encuentra en la página 178) y Elena Quiroga. En sus primeros libros, casi todas tienen la tendencia a presentarnos una protagonista adolescente que se encuentra separada física o espiritualmente de quienes la rodean, sobre todo de sus familias. Por lo general, se rebelan contra lo que consideran la hipocresía burguesa y sus normas de vida. Estos personajes femeninos se encuentran en situaciones que trascienden lo personal y que incluyen cuestiones políticas, sociales, universales o existenciales. De esta manera, encajan muy bien en el enfoque socio-existencialista de la novela española de la época.

Lo mejor de la novelística femenina de las últimas cuatro décadas está seguido por una «segunda» generación que está definiendo nuevamente a la mujer española y presentando nuevos puntos de vista sobre la vida y el género de la novela. Las protagonistas de esta nueva narrativa a menudo son mujeres que narran la historia en primera o segunda persona, técnica que establece un lazo más íntimo entre personaje y lector. Ya no se ven las protestas y los deseos de reforma social, sino más bien preocupaciones de carácter personal que se prestan al desarrollo psicológico del personaje y, en muchos casos, al autoanálisis. También se distinguen por su interés en la nueva libertad sexual que cambia las actitudes tradicionales con respecto al matrimonio, la relación entre los sexos y el placer. Algunas de las escritoras de la nueva promoción son Ana María Moix, María Luz Melcón, Encarnació Ferré y Esther Tusquets, la mayoría de origen catalán.

«Las sutiles leyes de la simetría» forma parte de *Siete miradas en un mismo paisaje*, un grupo de cuentos entrelazados por sus temas. En este cuento, Sara hace uso de la libertad que Carlos había impuesto como condición en su relación amorosa. A diferencia de otras ocasiones, sin embargo, Sara actúa sin el visto bueno de Carlos cuando sale con Diego. Esto cambia el equilibrio y la situación entre ellos. El cuento trata de la independencia, del control que el hombre ejerce o pretende ejercer sobre la mujer y de la visión que tiene el hombre de la mujer—visión centrada en la pureza o falta de pureza de esta última—todo lo cual está ligado a la hipocresía del hombre.

Aproximaciones al texto

1. **Declaración de independencia.** Con otro(a) compañero(a) hagan una lista de las razones por las cuales algunos enamorados insisten en mantener su independencia, a pesar de estar unidos a la otra persona.
   Por ejemplo: *Quieren ser independientes porque no quieren tomar las cosas muy en serio todavía.*

2. **¿Cosa de hombres o de mujeres?** Entreviste a algunos de sus amigos y averigüe si las «declaraciones de independencia» son más comunes entre los hombres o entre las mujeres. Pregúnteles también por qué.

3. **El amor, siempre el amor.** Subraye las características que, según Ud., debe tener el amor. Luego compare su lista con la de otro(a) compañero(a) y discutan las diferencias.

ser amantes	abnegación
entrega total	compañerismo
romanticismo	independencia
respeto	placer para mí
tener poder sobre el otro	estar siempre juntos
pasión sin medida	estar de vacaciones
ser amigos nada más	ser jóvenes
darlo todo sin pedir nada	no tener que dar mucho
hacer el amor	no comprometerse a nada serio
belleza	amor loco
amistad	pasarlo bien
fidelidad	sufrimiento
confianza	larga duración

4. **Compromiso serio.** Con un(a) compañero(a) pongan en orden las siguientes relaciones de mayor a menor, según la importancia que debe tener un compromiso hecho entre dos enamorados.

vivir juntos	andar juntos
estar comprometidos	ser amigos y estar un poco
casarse	enamorados
salir juntos	

. . . .

Es conveniente saber

La pareja hispana. En general, la pareja hispana no es simétrica en cuanto a los compromisos y responsabilidades de cada uno. Por una parte, se espera que la mujer sacrifique su independencia, su tiempo, sus amistades y, a veces, su trabajo o vocación para dedicarse a su novio o marido. Por otra, el hombre ejerce gran poder sobre la mujer y, por supuesto, control casi exclusivo sobre sus propias acciones y decisiones. Claro está que hay excepciones y que la situación está cambiando. Sin embargo, la clara preponderancia del hombre (novio, amante, marido) en la pareja y la familia no puede negarse. Se puede apreciar gran parte de esto en el conflicto que se produce entre los protagonistas de este cuento. Después de leerlo, copie los términos o frases que reflejen esta actitud en las líneas que siguen:

_____

_____

_____

. . . .

▼
DESENCUENTROS

▼▼▼ Las sutiles leyes de la simetría

ESTHER TUSQUETS

No había razón alguna para que Carlos se enfadara con ella, ninguna razón para que se mostrara celoso y ofendido, y mucho menos todavía *infeliz* para que se sintiera desdichado° (esto sería lo peor), se había repetido Sara una y otra vez desde el momento en que «el otro», Diego, ese muchacho reservado y melancólico, la había despedido en el aeropuerto de su ciudad, besándola en el último instante, cuando estaban llamando ya a los viajeros para embarcar, con una furia en él inesperada, como si quisiera atrapar y retener el aroma y el sabor de su boca, y abrazándola fuerte, en un gesto que tenía algo de desolado, el abrazo de un niño al que abandona su mamá sabe Dios por cuánto tiempo, acaso para siempre («no puedo prometerte nada», había puntualizado Sara precavida, «no puedo asegurarte siquiera que volvamos a vernos», y luego, tan sin motivo a la defensiva, «yo no te debo nada», y él, sarcástico, de pronto y casi agresivo, «claro que no me debes nada, no hace falta que lo digas»). No había ante todo razón alguna para que ella, Sara, tuviera que considerarse ante Carlos culpable (como tampoco se sentía culpable ante este chico, ni entendía por qué no iban a poder seguir siendo felices los tres, ni por qué iba a tener alguien que sufrir), nada que tuviera fuerza suficiente como para obligarla a simular, a ocultar, a mentir, odiando Sara desde siempre la simulación y la mentira, puesto que también con Carlos (con él más que con nadie) había quedado la situación muy clara dos años atrás, el día que se conocieron (el día que hicieron el amor, porque se habían acostado por primera vez el mismo día en que se conocieron, arrastrada Sara por ese *pasión loca/ilusión* peligroso arrebato de locura,° ese espejismo° fascinante y letal, esa enfermedad dañina para la que no queremos sin embargo encontrar remedio, esa pasión que rompe incontrolada las barreras y puede con todo y lo *al revés* atropella todo y lo arrasa todo, que pone el universo entero patas arriba,° que nos impulsa a reaccionar y actuar y pensar y sentir como si fuéramos extraños a nosotros mismos —lo que en uno queda de sano y de sensato *destrucción* anonadado e impotente ante la magnitud del estropicio°—, esa fiebre maligna que se llama amor y que nos hace a un tiempo tan injustos, tan *malos* malvados,° tan inocentes, tan egoístas, tan desprendidos y magnánimos, tan terribles), todo acordado entre ellos dos, se había repetido Sara en el avión que la llevaba de una ciudad a otra ciudad, de un amor a otro amor —se dijo, con una sonrisa—, y, sin embargo, al cumplimentar los *pasar por la aduana, etc.* trámites° y recoger el equipaje en este aeropuerto desconocido, y al encontrarse con Carlos que la esperaba (curioso que hubiera ido a buscarla precisamente hoy, cuando no lo había hecho casi nunca en el curso de dos años), y que la besó también él con vehemencia inusitada,° como si *inesperada* llegara Sara del otro extremo del mundo, donde la hubieran retenido prisionera contra su voluntad, como si hubieran pasado tiempo y tiempo separados, cuando de hecho llevaban sólo unos pocos días sin verse, los imprescindibles para que Carlos pudiera terminar aquí el trabajo que le habían encargado, y la estrechó también en un apretado abrazo (cuando no tenía que temer él que Sara pudiera como un sueño desvanecerse, como un perfume evaporarse), se sintió la mujer incómoda y mal, y *intuyó* presintió° que acaso contra toda lógica iba Carlos a sufrir, y contra toda lógica iba quizá ella a considerarse culpable.

Intentó decírselo en el coche, antes de recoger a Mónica y a Miguel para emprender los cuatro juntos el viaje, aprovechando así esos minutos en que iban a estar todavía a solas. Pero se encontró a sí misma ansiosa y *dudas* llena de reparos° y vergüenzas, incapaz de enunciar sencillamente «me telefoneó aquel chico que conocimos en el concierto y que te cayó desde un principio tan mal, aquel tipo al que me pediste —y no me habías pedido nunca nada parecido— que no volviera a ver, me llamó pues y nos *hablando atropellada e* vimos y me acosté con él», se encontró a sí misma farfullando titubeante° *indecisamente* «he hecho algo que no te va a gustar», y era el tono de voz que empleaba de niña cuando llegaba a casa su mamá y había hecho ella algo malo y la esperaba a la entrada del piso para en seguida decírselo (imposible para Sara quedar libre de culpa y en paz consigo misma° sin que mediara esa *con ella misma* laica° parodia de la confesión), para explicarle que se había roto el jarrón *no religiosa* chino de la sala, o se había llamado estúpida a la niñera, o había andado ella a trompadas° con los hermanos, una vocecita amedrentada y vacilante *golpes* que anticipaba ya la súplica° del perdón, sólo que ahora y aquí Sara sabía *el ruego* bien que no tenía por qué pedir disculpas,° no tenía tan siquiera por qué *perdón* contarle (¿para qué se lo estaba contando en realidad?), puesto que había quedado todo muy claro entre ellos dos años atrás, y había sido Carlos, no ella, quien había hecho una explícita declaración de independencia, quien había proclamado su inalienable derecho a la libertad y había hecho votos° *prometido* de jamás amarla con ese amor romántico y total al que algunas adolescentes aspiraban (independencia y derecho que valían para los dos, puesto que no pretendía él en modo alguno una relación asimétrica, sólo que no imaginaba Sara en aquel entonces cómo podría ella utilizarlos ni con qué fin, votos a los que hubiera podido sumarse, de no estar empezando ya a quererle del único modo en que la adolescente que sobrevivía en ella entendía el amor). Había sido Carlos quien había decidido de una vez por *pasara* todas y en nombre de los dos que cuanto entre ellos aconteciera° tendría poco que ver con el gran amor, el loco amor, y sería más bien la plácida y civilizada amistad de dos adultos que se estimaban mucho, sin excesos y sin exclusividad, se respetaban mucho, tenían aficiones parecidas, se llevaban bien y hacían el amor de modo satisfactorio («extraordinariamente satisfactorio», hubiera dicho Carlos, con una chispa maliciosa en los ojos, y en la boca una sonrisa de gato satisfecho que se relamía los bigotes, gato pedante y suficiente° que se preciaba de haber descubierto —sólo él en la *arrogante* especie de los gatos— lo rico que era el sabor de la pescadilla, y hubiera añadido algo sobre el «tener buena cama» y sobre que era ella, Sara, «una diosa haciendo el amor», tan excepcional en esto que si un hombre la poseía y la perdía luego, no le quedaría otro recurso que meterse a monje o pasarse a la homosexualidad, y a Sara estas afirmaciones tan halagadoras la producían un escalofrío de desagrado y de incredulidad, aunque nunca se atrevió a decir que no entendía ella esto de la buena cama, no se animó nunca a cuestionar qué hacían ellos dos en la cama que no hicieran todos los demás y en qué aventajaba ella a las otras mujeres), y no se debían otra *fidelidad* cosa pues el uno al otro que este recíproco placer, y esta lealtad° que se produce entre los buenos amigos y que nada tiene que ver con la fidelidad que se exijen las parejas. (Que Sara estuviera viviendo el gran amor *patrón* romántico, porque no tenía otro esquema° ni otro modelo de amor, que tuviera la boca llena de grandes palabras, era un asunto que sólo a ella le *concernía* incumbía° y que ella debía resolver.)

 «He hecho algo que no te va a gustar», había empezado a decir Sara *maldad* con esa vocecilla de niñita que ha cometido alguna fechoría,° pero Carlos no entendió, y empezó a tratar de adivinar, a preguntarle por el trabajo del *ginecólogo* despacho, la visita al tocólogo,° las relaciones con los amigos, y esto lo puso para Sara más difícil, y fue más duro interrumpirle para explicar «no, no se trata de esto», y luego, tragando saliva y sin parpadear, «Diego me telefoneó y he salido con él», y ver cómo Carlos se ponía tenso, le cambiaba la expresión en un instante, y tratar entonces torpemente de justificarse («no tienes derecho a enfadarte, acordamos que los dos éramos *exigiste* libres para hacer lo que quisiéramos, lo impusiste° tú, ¿no recuerdas?», y Carlos, mirando fijo al frente, las dos manos aferradas al volante, como si de repente conducir el coche fuera algo que reclamaba toda su atención, «sí, lo propuse yo, pero desde entonces ha pasado mucho tiempo», y Sara, atónita, genuinamente sorprendida, «¿quieres decir que nuestra situación ha cambiado desde entonces?, ¡pero si nunca me has dicho nada!», y él, «hay cosas que no es preciso decir, cosas evidentes en sí mismas, ¿cómo no lo advertiste tú, que eres tan intuitiva y tan sensible?»), y tratar entonces torpemente de arreglarlo, porque no le gustaba a Sara verle sufrir así, y menos todavía siendo ella la causa («¿pero qué puede importarte?, no tiene nada que ver contigo, y yo he salido con otros hombres y nunca te ha *promovido* importado para nada, hasta lo has propiciado° algunas veces, incluso te ha divertido», y Carlos, amargo y obstinado, «esta vez es distinto», sin especificar qué era lo distinto, si el hecho de que se tratara de Diego, o la actitud de Sara, o la suya propia, o el lugar, el modo, la ocasión, empeñándose sólo en que esta vez era distinto, y Sara fingiendo no entender, tratando a toda costa de negar, pero diciéndose en secreto que acaso Carlos tuviera razón, algo había de diferente y nuevo, y de repente lo supo: las otras historias anteriores habían sido vividas siempre en función de Carlos, por causa de Carlos y para lograr algo de Carlos, aunque sólo fuera verle un poco más interesado o ligeramente celoso, aunque sólo fuera para afirmarse ante él o para castigarle por tantas inocentes brutalidades, mientras que ahora se trataba de una historia autónoma, una historia a dos y no ya a tres, una historia que afectaba indirectamente a Carlos pero que no pasaba ya por él).

No volvieron a estar solos hasta la noche, cuando se retiraron a la habitación del hotel. A lo largo de todo el día, delante de Mónica y de Miguel, que les miraban con extrañeza° pero que no preguntaron nada, Carlos se había mantenido huraño° y melancólico, sin intervenir apenas en la conversación y mirando a Sara en algunos instantes con una fijeza desolada, y Sara se había mostrado cariñosa y solícita, le había mimado con este cuidado especial que se dispensa a los enfermos (le hablaba incluso en voz más baja), convalecientes los dos —parecía— de una dolencia° que los había dejado especialmente sensibles y vulnerables. Y cuando cerraron tras ellos la puerta de la habitación, no le permitió Carlos que ordenara el equipaje, que se metiera en el baño, que se desnudara, sino que la agarró con firmeza, y allí mismo, de pie sobre la alfombra, ante el gran espejo del armario, la fue desnudando él entre manotazos tiernísimos, y la mantuvo luego así, desnuda ante el espejo, obligándola a mirarse y admirarse («¿has visto lo bonita que eres?»), y después Carlos estaba de rodillas, sujetándola por las nalgas, la cabeza de él hundida entre sus piernas, y la mordió en el pubis, y Sara protestó «me has hecho daño», pero no era verdad, no le había hecho apenas daño, y le gustaba, y le gustó que la tumbara allí, sobre la alfombra, y la penetrara con esta violencia entre ellos inédita, tan intensos en estos momentos en él —pensó— el odio y el amor, que libraban allí sobre el cuerpo desnudo de mujer una durísima batalla, y de la intensidad de este sentimiento ambivalente brotaba un placer escarpado° y difícil, y le gustó a Sara que la manipulara y maltratara y bientratara, que la hiciera gritar (vencida por una vez la vergüenza a lo que pudieran pensar los huéspedes de las habitaciones contiguas), y que la llevara luego en brazos hasta la cama, y la depositara allí como una muñeca repentinamente desarticulada, tan agotada que ni se movió siquiera y quedó inmóvil en la misma posición en que él la había dejado, y se tumbara él a su lado y la abrazara fuerte y escondiera la cabeza en el hueco de su hombro. Hasta que se dio cuenta de que Carlos estaba llorando, le estaba empapando de lágrimas el hombro, el cabello, la almohada, lloraba desolado y sin ruido, y no había llorado nunca antes ante ella y ahora que había empezado parecía que no iba a poder parar, y trató Sara de apartarlo de sí para mirarle al rostro, pero él se resistió, y entonces se limitó ella a acariciarle lentamente, maquinalmente el pelo, y por fin, siempre llorando y sin mirarla, Carlos dijo: «no vuelvas a verle, Sara, por favor, no vuelvas a verle», y luego «es maravilloso lo que existe entre nosotros, y si sigues viéndole, sé que se va a perder», y Sara le besó en la frente y le estrechó más fuerte, pero —y ni ella misma lo entendía— no dijo nada, no prometió nada.

Hacían ahora el amor la noche entera, casi sin pausas, como no lo habían hecho jamás, ni siquiera en las primeras semanas después de cono-

cerse, excitado Carlos por el miedo a perderla, por la furia de fantasearla
—y saber que no era sólo una fantasía— en la cama de otro, y excitada
Sara a su vez porque algo le había transmitido él de sus aprensiones y
temores, de su sorda° tristeza, de su oscuro rencor, o tal vez porque la
relación era ahora más intensa y literaria que en cualquier momento anterior, y vivía Sara a menudo su propia vida como una mala novela. Había
algo enfermizo° en el modo en que se amaban —se dijo—, cierta sensibilidad extrema, cierta morbosa receptividad, que no podían darse entre
personas adultas y sanas, que quedaban reservadas al mundo de los niños y
los locos. Y después del amor, llenando los paréntesis, antes del infatigable
recomenzar, Carlos no se dormía ya, ni se volvía de espaldas, ni se levantaba para encender un cigarrillo, Carlos quedaba abrazado a Sara y le
decía unas cosas que no le había dicho antes, cosas que Sara había estado
esperando y propiciando a lo largo de dos años, que hubiera pagado cualquier precio por oír, y que la pillaban ahora desprevenida y a destiempo,
cansada de esperar, y eran como mucho una loca invitación a la nostalgia,
nostalgia de lo nunca poseído —pensó—, que es la peor de todas las
notalgias. Y repetía Carlos las declaraciones de amor («nadie te ha querido
como yo, Sara, no sabes lo muchísimo que te quiero», y Sara sonreía y le
besaba y le decía que sí, que también ella le quería mucho, y era verdad,
pero también era verdad que se preguntaba en silencio por qué diría Carlos
«soy el que más te ha querido», en lugar de decir «eres tú la que más he
querido yo») y llegaba el momento de las autoacusaciones («yo he tenido
la culpa de lo que ahora sucede, no te he dado lo que merecías, lo que
querías», y ella, tranquilizadora y amable, como si estuviera hablando con
un niño, «qué tontería, ¿por qué piensas esto?, todo ha estado, también
para mí, muy bien», y él «pero a ti te hubiera gustado que viviéramos
juntos, que tuviéramos un hijo», y Sara, perezosa y olvidadiza, («¿de
verdad quise esto?, debió de ser hace muchísimo tiempo», y él, molesto,
al borde° de enfadarse, «¿quieres decir que no lo deseas ya?», y ella,
tratando de ser suave, pero concluyente,° «no, no quiero vivir contigo,
no, no quiero tener un hijo», hablando antes de pensar escuchando
sorprendida sus propias palabras, anteriores a cualquier razonamiento),
el momento de los reproches y las súplicas («te apiadas de cualquiera,
hasta de un gatito perdido, pero no te importa verme sufrir así», y Sara,
«claro que me importa, me importa más que nada, te quiero más que a
nadie», y Carlos, «déjale pues, promete que no volverás a verle, porque lo
nuestro se romperá si tú sigues con Diego, no vas a poder conservarnos a
los dos», y Sara, acaso más ingenua que cínica, «¿pero por qué?», sin
soltar prenda, sin prometer ya nada, empezando a admitir como posible
que decidiera ella seguir con Diego a toda costa, aunque apenas unos días
atrás, al despedirse de él en el aeropuerto, le había dicho «no te aseguro ni
que volvamos a vernos» y «yo no te debo nada», convencida entonces de
que era poco más que una aventura trivial, una travesura° de niñita mala
que iba a enojar a Carlos —otro modo en definitiva de atraer la atención

contenida

anormal

on the verge of
decidida

fechoría

de papá—, aunque nunca tanto como para que rompieran su relación, inconcebible entonces la posibilidad de una ruptura,° mientras que ahora, en las largas noches de amor y de guerra —se querían acaso más que nunca, pero luchaban ferozmente para romperse el uno al otro la voluntad o el espinazo°—, se veía tentada a admitir que tal vez se trataba de algo más, algo distinto a lo que había vivido ella antes, aunque se equivocara Carlos de medio a medio° al indagar° las causas y desesperado preguntarle, «¿qué te hace Diego que no pueda hacerte yo?, ¿cómo es posible que te dé más placer que el que yo te doy, el que reconquistamos noche tras noche juntos?», incapaz de fantasear cualquier otra razón, y no se atrevía Sara a sacarle de su error, a confesarle que Diego era apenas una sombra triste que se tumbaba a su lado, alguien que iba reinventando con ella viejos cuentos, olvidados mitos, mientras sonaba el tocadiscos y veían anochecer al otro lado de los cristales, no era nada especial Diego haciendo el amor, y no se trataba de que le diera más placer, ni siquiera se trataba —pensó una de las noches con sorpresa— de que se hubiera hartado° ella de Carlos, como él pretendía —«te he tratado mal, no te he dado lo que mereces, te he hecho sufrir», y era verdad, pero no se trataba de esto—, ni de que el tiempo hubiera deteriorado la historia de modo irreparable, era más bien —descubrió— que la historia había estado mal planteada° y mal montada° desde el principio y sobre todo era que ella había elegido un papel durísimo y agotador —muy difícil comportarse durante dos años enteros, sin desfallecer,° en enamorada romántica, abnegada sin límites, sin límites comprensiva, sin posible parangón° lírica— y lo había asumido y ahora se había cansado y no veía modo de cambiar de rol, o de invertir los roles, sin deshacer la historia).

Hacían el amor la noche entera, y en los paréntesis hablaba casi sin parar, cediendo cada vez más terreno, perdiendo irremisiblemente pie y sin lograr sin embargo que Sara cediera, porque Sara le compadecía y le mimaba y le consolaba, pero no prometió en ningún momento nada (la laica confesión no exigía por lo visto —pensó ella, con esta parte de sí misma que analizaba y juzgaba a la otra, como si se tratara de una extraña— el propósito de enmienda,° o era tal vez que había dejado de importarle la absolución), sintiéndose Sara más y más segura a medida que él naufragaba° (por mucho que le quisiera todavía, por mucho que la entristeciera verle sufrir —se confesó—, había también algo de ajuste de cuentas,° la satisfacción inevitable e involuntaria de ver triunfar al fin las sutiles e inexorables leyes de la simetría), y se dormían al amanecer, cuando entraban ya por las ventanas las primeras luces del nuevo día, y no salían entonces de las habitaciones de los distintos hoteles hasta el mediodía, y no le importaba ahora a Carlos —curioso infatigable, turista ejemplar— perderse las ciudades, los museos, las tiendas, los paisajes, al igual que había dejado asimismo de preocuparle —a él, tan pudoroso— lo que pudieran adivinar o suponer Mónica y Miguel, y dejó que se repartieran entre los dos el conducir el coche, y se sentó con Sara en el asiento

separación

la espalda

totalmente/preguntar, investigar

cansado

delineada
representada

cansarse
comparación

corregirse

se hundía

equilibrar la balanza

de atrás, y, aunque se limitó al principio a sentarse apretadamente junto a ella, a acariciarle el pelo, a hablarle muy bajito, luego, a la tercera o a la cuarta jornada del viaje, se abandonó a unas caricias más audaces y apremiantes, y lo miró Sara estupefacta, pero cedió enseguida divertida, y se tocaron y excitaron a partir de entonces como si fueran un par de novios que no se habían acostado nunca todavía y que no disponían de un lugar *verse/solos* donde encontrarse° a solas,° y torturaban y desahogaban así sus calenturas en los rincones más oscuros de los cafés en sombra, en las últimas filas de los cines o en los quicios de los portales, y esto no había existido en absoluto entre ellos dos al principio de la historia y aparecía en cambio disparatadamente al final, pensó Sara, y era la primera vez que surgía en sus elucubraciones la palabra «final», y esto la entristeció, como la entris- *conseguir* tecía también comprobar que sólo antes de la consecución° de su objeto, o cuando estaba uno al borde de perderlo, se alcanzaba la intensidad máxima del deseo.

se despertaban   Hacían el amor la noche entera, amanecían° al mediodía sonambú- *medio dormidos*/with dark circles licos° y ojerosos,° inventaban en la parte trasera del coche extrañas formas *under the eyes* de placer —fijas entre tanto las miradas de Mónica y Miguel en la carretera y hablando sólo entre ellos dos como si fueran los únicos ocupantes del vehículo— y hasta por las calles, en los restaurantes, en las tiendas, la tenía Carlos enlazada por la cintura, abrazada por los hombros, cogida de la mano, entrelazadas las piernas bajo las mesas y buscándose los pies desnudos, en una amplísima y complicada gama de contactos furtivos, cual si temiera Carlos que podía ella desvanecerse o escapar si dejaban de estar un instante en físico contacto, más desesperado y enloquecido él a medida que tocaba el viaje a su fin, y —en contra de su voluntad, despreciándose y acusándose en parte por así sentirlo—, más distante Sara y más *evaluar* segura cada vez, capaz ahora de enjuiciar° los hechos y calibrar los daños, porque había sanado tal vez, sin desearlo y sin saberlo, de su enfermedad, y estaba definitivamente en la otra orilla, y Carlos había dejado de ser el mundo todo, su más mínima contrariedad elevada por Sara a catástrofe universal, su capricho o sus deseos convertidos en ley, para pasar a ser tan *sufría* sólo un hombre más que se debatía en la corriente, que padecía° en el naufragio, pero que iba de un modo u otro —Sara estaba segura— a *sin hundirse* mantenerse a flote° y sobrevivir, puesto que nadie (y acaso Carlos menos que nadie) moría ya de amor.

bebió demasiado   Y cuando Carlos se emborrachó° la última noche (él que nunca bebía) y perdió absolutamente el control, la conciencia de lo que estaba haciendo, se olvidó de Miguel y de Mónica que los miraban asustados sin animarse a intervenir ni saber hacia dónde mirar, y empezó a agredirla a gritos, a insultarla a gritos, llamándola, a ella y a todas las mujeres, cosas espantosas, repitiendo hasta la saciedad° que Sara era una mala puta,° *mil veces/prostituta* porque había sólo dos clases de mujeres, las buenas y las putas, y las buenas eran mujeres como su madre o sus hermanas, que llegaban *no tenían relaciones sexuales* vírgenes al matrimonio y no jodían° con nadie más que con su marido, y ni con éste encontraban acaso de verdad placer, y ni se les occurría pensar en otros hombres, mujeres entre las cuales todo hombre sensato debía elegir su compañera, y no como él, que era un loco y un vicioso y un perdido y en el fondo un soñador, y por eso las mujeres buenas no le interesaban ni le gustaban para nada, y había ido a enamorarse de una de las otras, esas putas reputas hijas de la gran puta, que se acostaban con uno, jurándole que era el primero y que lo hacían por amor, y acababan a los dos años acostándose con cualquiera, con el primero que llegaba, mujeres a las que no debería sacarse del burdel,° sino gozarlas allí por un precio convenido y sin comprometer nada de uno mismo, en lugar de hacer lo que había hecho él, que se había enamorado de esta mala puta como un idiota y se había engullido sus embustes° y sus melindres° y su mala literatura, y estaba tan loco por ella como para proponerle todavía aquí y ahora que se casara con él, porque no podía, simplemente no podía, seguir vivo sin ella, no podía soportar la imagen de que estaba ella en la cama de otro, y por eso sacrificaba su dignidad y estaba dispuesto a olvidar lo que fuera y perdonar lo que fuera y pedirle a esa zorra que se casara con él ahora mismo, y cuando Sara perdió a su vez la paciencia y gritó también, aunque le gritó una sola frase, por dos veces una misma frase, «nunca, nunca me casaré contigo, te enteras, nunca me casaré contigo», y luego, hablando una vez más sin pensar y escuchándose atónita a sí misma, «antes me casaría con Diego», esto fue sólo un gesto simbólico que venía a marcar el final de la historia, que la dejaba sellada y terminada y definitivamente atrás (imposible pensar en reanudarla,° en salvar nada, después de haberle dicho él tamañas brutalidades,° pero sobre todo después de haber esgrimido° Sara contra él, como un arma certera° e inevitablemente mortal, «antes me casaría con Diego»), el último trazo° que venía a restablecer el equilibrio roto y a proclamar el triunfo final de la simetría.

casa de prostitución

mentiras/afectada delicadeza

volver a empezarla
insultado de tal manera
usado/eficaz
golpe

En torno al texto

Hay que fijarse bien

1. Este cuento es bastante denso; se mezcla el pasado con el presente y la narración con el diálogo. Además, hay pocos puntos y las frases a menudo son largas. Para ver mejor su estructura, con un(a) compañero(a) léanlo otra vez y coloquen los siguientes subtítulos en los lugares correspondientes. Los subtítulos están en orden.

   (págs. 142–143)
   a. la traición
   b. lo que es el amor para Sara
   c. principio de la confesión

d. las confesiones hechas a mamá
e. la declaración de independencia de Carlos
f. la arrogancia de Carlos
   (*págs. 144–145*)
g. el amor de Sara
h. la confesión
i. el enojo de Carlos y la sorpresa de Sara
j. ¡hay vida sin Carlos!: empieza la supremacía de Sara
k. la reconquista
l. una batalla de amor
m. Carlos desnuda su alma, llora y ruega
   (*págs. 146–147*)
n. sigue la reconquista
o. Carlos se muere de celos
p. Carlos como debió haber sido al principio
q. ya es muy tarde
r. sueños que nunca fueron y que no serán
s. Sara empieza a ver la simetría
t. Carlos se equivoca
u. el poder de Sara: no importa la absolución
v. Carlos naufraga: así debió haber sido al principio
   (*págs. 148–149*)
w. la simetría: Sara se recupera de su enfermedad
x. equivocación final de Carlos
y. mujeres buenas y malas: el credo machista de Carlos
z. la propuesta de matrimonio: fracaso final

2. Copie las palabras y frases que usa la autora para nombrar o describir a las siguientes personas o cosas.

   a. el amor
   b. Carlos
   c. Diego
   d. Sara
   e. la confesión
   f. la conciencia de su propio cambio en Sara
   g. la conciencia de su derecho a exigir fidelidad por parte de Carlos

En términos generales

1. ¿Qué habría hecho Ud. en el caso de Carlos? ¿Por qué?
2. ¿Qué habría hecho Ud. en el caso de Sara? ¿Por qué?
3. ¿Qué cree Ud. que piensa la autora del amor? ¿Por qué?
4. ¿Qué cree Ud. que siente la autora hacia los hombres?

Los personajes y sus papeles

1. Describa a Sara. ¿Qué edad tenía cuando ocurrió este episodio? ¿Es egoísta, dedicada, triste, trabajadora, afectuosa? ¿Qué profesión podrá tener y qué le interesa?

2. Describa a Carlos. ¿Cuántos años tendrá? ¿Cuál será su profesión? ¿Es comunicativo, afectuoso, egoísta, autoritario, alegre, comprensivo?

3. ¿Qué aprendió Sara en este período de su vida? ¿Cómo la ayudó Carlos a cambiar? ¿Cuándo se produce el gran cambio en su relación con Carlos? ¿Por qué se preocupa tanto de que Carlos no sufra?

4. ¿Qué aprendió Carlos? ¿Qué errores cometió? ¿Se dio cuenta de ellos? ¿Qué espera Carlos de una mujer?

5. ¿Será Diego igual o diferente a Carlos? ¿Qué vacío llena en este caso? ¿Será realmente «el otro» o no?

6. ¿Sería el padre de Sara como Carlos o como Diego? ¿Por qué?

7. ¿Por qué pierde el control Carlos al final? ¿Qué le hace pensar que insultándola la pueda obligar a quedarse con él?

Más allá del texto

1. **Reglas de oro.** Con dos compañeros(as) hagan una lista de las reglas que según Uds. serían convenientes para una pareja.
   Por ejemplo: *Los dos tienen que limpiar la casa.*

2. **Participación de matrimonio.** Imagínese que Sara regresa y se casa con Diego. Escriba la participación de matrimonio que les mandaron a sus amigos.

3. **Adiós.** Escriba la carta que le mandó Carlos a Sara, o vice versa, dos semanas después del incidente en el restaurante.

4. **Conmigo no, ¿eh?** Imagínese que Sara consiente en seguir con Carlos, pero bajo ciertas condiciones. Con dos compañeros(as) anoten tres condiciones que, según Uds., Sara debería ponerle a Carlos.
   Por ejemplo: *Ni yo ni tú podemos salir con ninguna otra persona.*
   Nunca...
   Nadie...
   Ninguno de los dos...

5. **¿Qué es el amor para mí?** En un párrafo, explique lo que significa el amor o estar enamorado para Ud. Puede definir el amor en serio, en broma o medio en serio y medio en broma.

6. **Locuras de amor.** Narre alguna locura que Ud. u otra persona haya hecho por amor.

Por ejemplo: *Una vez, me moría de ganas de ver a la chica que me gustaba. Viajé seis horas de ida, estuve con ella dos horas y viajé otras seis horas de vuelta.*

Temas de ensayo

Elija uno de los siguientes temas según las instrucciones de su profesor(a). Use sus apuntes sobre el texto, especialmente lo que anotó en la sección **En torno al texto.** Cada vez que copie una frase del texto, póngala entre comillas («...») e indique en qué página aparece.

1. Analice a Carlos desde las perspectivas de Sara y de la autora. Estudie la filosofía de Carlos según su definición de las mujeres «buenas» y «malas». Use citas del texto para respaldar sus hipótesis.

2. Estudie las técnicas usadas por la autora para aumentar la tensión en el cuento. ¿En qué momento ocurre el clímax? ¿Se resuelve la tensión al final del relato? Ilustre con citas del texto.

3. ¿Es el amor una enfermedad? Discuta las ideas de la autora al respecto usando a sus personajes Sara, Carlos y Diego. Ud. también podría comparar las ideas de dos autoras: Tusquets y Mistral (pág. 104). Cite los textos.

4. Analice los estereotipos de lo femenino y lo masculino en este cuento. Explique hasta qué punto se concretan los estereotipos en los protagonistas y hasta qué punto son individuos, más allá de los estereotipos.

5. Analice el papel de Sara como la madre-víctima de su hijo-amante, Carlos. Explique sus ideas basándose en citas del texto.

6. Compare los pactos de amor que aparecen en este cuento y en el poema de Gabriela Mistral (pág. 104). Analice el origen y propósito de los pactos y su función en la expresión de la filosofía de la vida de las autoras.

Autorretrato

Adolfo Halty Dubé

Halty

CUARTA PARTE

Ser y estar:
Identidad

Balada de los dos abuelos

NICOLÁS GUILLÉN

Nombre:	Nicolás Guillén (1902–1989)
Nacionalidad:	Cubano
Ocupación:	Poeta, periodista
Obras principales:	Motivos de son (1980)
	Songoro cosongo (1931)
	West Indies, Ltd. (1934)
	El son entero (1948)
	La paloma de vuelo popular (1958)
	El gran zoo (1967)
Otros datos:	Recibió el Premio Stalin de la Paz en 1954. Fue presidente de la Unión de Artistas y Escritores Cubanos.

FICHA PERSONAL

Para poder hablar de Nicolás Guillén hay que comprender de dónde viene la literatura afroantillana. Esta resulta de un deseo de renovación artística que surge en Europa a principios del siglo XX. En aquella época se consideraba que la cultura europea estaba envejecida y que había que introducir nuevas ideas para que recobrara vigor. Gracias a los estudios de arte y cultura africana de Leo Frobenius (1873–1938, famoso antropólogo y arqueólogo alemán) muchos escritores, pintores y músicos—entre ellos Pablo Picasso—hallaron una nueva fuente de inspiración en la música rítmica, el uso del color, las formas estilizadas, las ceremonias y los ritos del Africa. A esta nueva influencia debe añadirse la llegada del jazz a Europa y el impacto del Renacimiento Negro estadounidense de los años 20 y 30.

Este interés por lo negro repercute en la América Hispana y da lugar al nacimiento de la literatura afroantillana. La poesía de profunda raíz popular que surge refleja, por un lado, la vida, costumbres, sentimientos y modo de hablar de negros y mulatos; por otro, se compromete políticamente a la lucha por la igualdad social y económica del negro. Digno de destacar es que tanto autores negros como blancos escriben acerca de estos temas en toda América (véase, por ejemplo, a Nicomedes Santa Cruz, pág. 219). Sus máximos representantes, sin embargo, son cubanos y puertorriqueños.

El poeta más conocido de este grupo es, sin duda, Nicolás Guillén. Guillén pinta la vida del negro cubano con un lenguaje poético de enorme riqueza, íntimamente ligado a la música. De hecho, Guillén inventó el *son*, una forma poética basada en la música popular afrocubana y lo usó como vehículo tanto de expresión lírica como de protesta social. Su poesía puede dividirse en tres categorías: la que trata lo pintoresco de la experiencia negra con fuerte influencia del folklore y de la poesía tradicional española; la que refleja su preocupación social y política; y, finalmente, la que corresponde a su veta lírica.

La «Balada de los dos abuelos» se encuentra en *West Indies Ltd.* (1934), un libro de fuerte actitud antiestadounidense, que refleja su lucha por la igualdad de los negros y su militancia en el partido comunista, del cual se hizo miembro cuando era joven. En este poema, se despliegan el lirismo y la actitud crítica de Guillén cuando les canta a los abuelos que representan las dos razas que se unen en él.

Aproximaciones al texto

1. **Mundo cálido y verde.** En estos últimos años se ha producido una gran reacción contra la explotación y la quema de las selvas tropicales. En la lista que sigue, piense en la selva y subraye aquellas palabras que Ud. asocie con ella. Luego, use algunas de las palabras subrayadas para describir la selva, tal cual se la imagina, en un párrafo.

casas	gritos	cocodrilos	estrellas	barcos
cocos	camiones	tambores	gente negra	oro
tesoros	joyas	follaje verde	gente blanca	café
trabajo	sudor	plantaciones	machetes	lluvia
humedad	peligro	caña de azúcar	islas	viento
monos	esclavos	grandes árboles	sueño	tabaco
dolor	quemazón	huracán	plátanos	noche

2. **Nuestros antepasados.** En el mundo moderno, mucha gente tiene antepasados de distintas partes del mundo. Describa Ud. el origen, nacionalidad o procedencia de sus cuatro abuelos o de sus padres. Si corresponde, indique por qué se produjeron las grandes emigraciones (de un continente a otro) de su familia. Dibuje su árbol genealógico (*family tree*) para poder ver más claramente a todos sus parientes.

3. **Dos mundos.** Como ya señalamos anteriormente (véase la pág. 21), hay mucha gente que vive en dos mundos. Con dos compañeros piensen en gente (o entrevístenla) que tenga dos o más culturas para ver cuál es la dominante. Que contesten lo siguiente.
   a. ¿Prefieren la cultura y el idioma maternos o la nueva cultura?
   b. En el caso de tener dos culturas, ¿prefieren la cultura dominante o la cultura minoritaria? ¿la cultura de la madre o la del padre?
   c. ¿Hay ciertas preferencias que dependen de lo que estemos considerando? Es decir, ¿hay quienes prefieran la comida de una cultura y las relaciones interpersonales y la religión de la otra?
   d. ¿De qué factores dependen nuestras preferencias? ¿De la influencia de uno de nuestros padres o del lugar en que hemos crecido?

Es conveniente saber

El negro en Hispanoamérica. Los primeros negros llegaron a la América Hispana con Colón y los conquistadores españoles, puesto que en la España de esa época la esclavitud era ya una institución antigua. A principios del siglo XVI, el rey autorizó el envío de esclavos negros cristianos nacidos en la Península Ibérica a América.

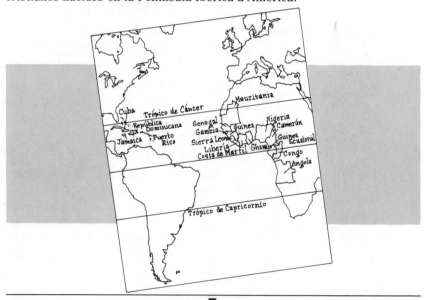

Unos años más tarde, en 1518, Carlos I autorizó el primer transporte de esclavos directamente de Africa a América. España fue, pues, el primer país en iniciar el tráfico de esclavos en el Atlántico y controlarlo mediante los *asientos*. Estos le concedían a un individuo o a una compañía el derecho a transportar esclavos africanos a las colonias españolas. Mucho después, en 1789, se decretó la disolución de los asientos. La gran paradoja es que, sin el control del gobierno, el tráfico de esclavos aumentó extraordinariamente, precisamente en la época en que más y más naciones estaban aboliendo esta práctica inhumana.

Una vez llegados a la América Hispana, los negros se mezclaron tanto con indios como blancos y empezaron a dejar su huella en la cultura hispana del Nuevo Mundo. En la zona del Caribe—donde desapareció la gran mayoría de los indígenas—predomina una cultura en la cual se unen lo europeo y lo africano. Esto resulta evidente en los temas así como en las cadencias de la música y la poesía modernas. La música caribeña le debe muchísimo a la influencia africana, cosa que se ve claramente en los ritmos populares como la rumba, la conga, el calipso y, más recientemente, la salsa.

En el poema que sigue, «Balada de los dos abuelos», Ud. podrá oír y sentir el ritmo y las cadencias del Caribe.

. . . .

▼ Balada de los dos Abuelos

NICOLÁS GUILLÉN

Sombras que sólo yo veo,
me escoltan° mis dos abuelos.　　　*van conmigo*
Lanza con punta de hueso,
tambor de cuero y madera:
mi abuelo negro.
Gorguera en el cuello ancho,
gris armadura guerrera:
mi abuelo blanco.

Africa de selvas húmedas
y de gordos gongos sordos...
—¡Me muero!
(Dice mi abuelo negro.)
Aguaprieta de° caimanes,　　　*Agua negra llena de*
verdes mañanas de cocos...
—¡Me canso!
(Dice mi abuelo blanco.)

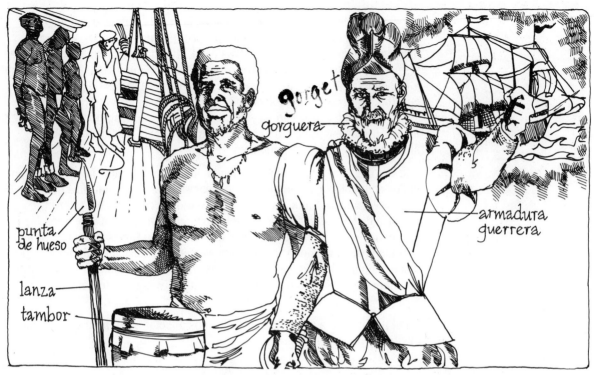

gorget
gorguera
armadura
guerrera
punta
de hueso
lanza
tambor

sails	Oh velas° de amargo viento,
barco de vela,	galeón° ardiendo en oro…
	—¡Me muero!
	(Dice mi abuelo negro.)
	¡Oh costas de cuello virgen
chucherías	engañadas de abalorios…!°
	—¡Me canso!
	(Dice mi abuelo blanco.)
decorado, adornado	¡Oh puro sol repujado,°
línea del Trópico de Cáncer	preso en el aro del trópico;°
	oh luna redonda y limpia
	sobre el sueño de los monos!
	¡Qué de barcos, qué de barcos!
	¡Qué de negros, qué de negros!
	¡Qué largo fulgor de cañas!
	¡Qué látigo el del negrero!
	Piedra de llanto y de sangre,
	venas y ojos entreabiertos,
muy temprano por la mañana	y madrugadas° vacías
tardes/fábricas para procesar	y atardeceres° de ingenio,°
el azúcar	y una gran voz, fuerte voz,
rompiendo	despedazando° el silencio.

¡Qué de barcos, qué de barcos,
qué de negros!

Sombras que sólo yo veo,
me escoltan mis dos abuelos.

abuelo/padre

Don Federico me gritá
y Taita° Facundo calla;
los dos en la noche sueñan
y andan, andan.
Yo los junto.
               —¡Federico!
¡Facundo! Los dos se abrazan.

respiran hondo
levantan

Los dos suspiran.° Los dos
las fuertes cabezas alzan;°
los dos del mismo tamaño,
bajo las estrellas altas;
los dos del mismo tamaño,

deseos

ansia negra y ansia° blanca,
los dos del mismo tamaño,
gritan, sueñan, lloran, cantan.
Sueñan, lloran, cantan.
Lloran, cantan.
¡Cantan!

En torno al texto

Hay que fijarse bien

1. Lea otra vez el poema y con un(a) compañero(a) ubiquen dónde se dice lo siguiente.

   a. en mi sueño, mi abuelo negro está vestido como los miembros de su tribu
   b. en mi sueño, mi abuelo blanco está vestido de conquistador
   c. en la selva del Africa se escuchan unos gongos de sonido sordo
   d. un barco español lleva tanto oro que brilla bajo el sol como un incendio
   e. los negreros cambiaban esclavos por joyas falsas en las playas de Africa Occidental
   f. hace tanto calor en el trópico que parece que el sol estuviera fijo sobre él
   g. mientras duermen los monos en la selva, la luna brilla en el cielo
   h. han llegado muchísimos barcos con esclavos al puerto
   i. la caña ya está muy alta, lista para la zafra (*sugar cane harvest*)

j. en la plantación de caña de azúcar, el negrero azota (*whips*) a los esclavos negros
k. sobre las piedras cae el dolor: las lágrimas de los ojos y la sangre de las venas de los negros
l. al despertar en la plantación, el negro no siente nada
m. por la tarde, después de cortar caña, hay que trabajar en el ingenio
n. siempre se escucha la fuerte voz del amo (*master*) o del negrero

2. **Otra dimensión.** Lea otra vez el poema y copie los versos que corresponden a cada uno de los siguientes subtítulos.
    Por ejemplo: Así era mi abuelo negro: «*Lanza con punta de hueso y...*»

    a. Así era mi abuelo negro: _____
    b. Así era mi abuelo blanco: _____
    c. Así era la tierra donde vivía mi abuelo negro: _____
    d. Así era la tierra que vino a conquistar mi abuelo blanco: _____
    e. El comercio y el tráfico de esclavos: _____
    f. La plantación y el ingenio azucarero: _____
    g. Los dos abuelos: _____
    h. La redención o reconciliación: _____

En términos generales

1. ¿Quién escribió este poema? ¿A quién se lo escribió?
2. ¿Qué tierras y continentes se nombran? ¿Por qué?
3. ¿Qué cosas evocan o recuerdan el trópico?
4. ¿Qué intención tuvo el poeta cuando escribió este homenaje a sus abuelos?
5. ¿Dónde gritan, sueñan, lloran, cantan los abuelos? ¿Por qué lo hacen?

Los personajes y sus papeles

Lea el poema otra vez y conteste las siguientes preguntas.

1. ¿Cómo se llama el abuelo negro? ¿Cómo se llama el abuelo blanco? ¿Cómo se dio cuenta Ud.?
2. ¿Qué caracteriza al abuelo negro? ¿Qué palabras lo describen mejor? ¿Qué colores se asocian con él?
3. ¿Qué caracteriza al abuelo blanco? ¿Qué palabras lo describen mejor? ¿Qué colores se asocian con él?
4. ¿Qué puntos de contraste hay entre los dos abuelos?
5. ¿De qué se muere el abuelo negro?
6. ¿De qué se cansa el abuelo blanco?

7. ¿Fueron amigos los dos abuelos en la vida real? ¿Son amigos ahora?
8. ¿Cree Ud. que Guillén esté hablando de sus abuelos, bisabuelos o tatarabuelos o sólo de dos símbolos? ¿Por qué?

Más allá del texto

1. **De colores.** En este poema se insinúan varios colores, ideas y sentimientos. Copie todos los versos asociados con cada categoría de la lista que sigue y después vea qué simboliza cada color.

   oro: _____   negro: _____
   _____
   riqueza: _____   verde: _____
   _____
   dolor: _____   rojo: _____
   _____

2. **Nuevo Mundo.** Todo nuevo mundo sufre no sólo la invasión de los descubridores sino la explotación de su riqueza. Haga una lista de las cosas que encontraron los europeos cuando llegaron a su región o que produjeron en su región para venderlas en otras partes.
   Por ejemplo: *Cuando los primeros colonizadores llegaron a mi región, encontraron grandes bosques vírgenes y por dos siglos talaron los árboles para construir casas y para exportar madera a otros países.*

3. **Mi abuelo.** Piense en una persona mayor que haya influido mucho sobre Ud., un abuelo o abuela, su padre, un tío o algún amigo de la familia. Escriba un pequeño poema en que Ud. cuenta dónde vivía o qué hacía esta persona, cómo era y cómo reaccionaba (así como los abuelos del poema «¡me canso!, ¡me muero!»).
   Por ejemplo: *Sombra de mi tío que sólo yo puedo ver,*
   sombrero de vaquero y pistolón antigüo,
   caminando por la pradera tras sus animales.
   —¡Me canso!
   (Dice mi tío.)
   Por las llanuras frías del invierno amarillo,
   cantamos las penas de las nieves que no llegan.
   —¡Me muero!
   (Dice mi tía.)
   ¡Qué largo mes de febrero!
   ¡Qué látigo el del viento!
   Por las praderas del frío,
   viajan los sueños de un niño.

4. **Mi propio homenaje.** Escriba su propio poema para recordar a sus dos abuelos. Destaque lo que le es propio a cada uno y después compárelos, sin dejar de pintar el paisaje típico de cada cual.

5. **El mundo verde.** Hay un mundo que está más allá del crisol de razas: es el mundo verde de las selvas ecuatoriales. Con dos compañeros(as) hagan una lista de cinco puntos que resuman las medidas que tomarían para evitar la destrucción de este mundo.
   Por ejemplo: *Sería necesario que las Naciones Unidas aprobaran un decreto que prohíba…*

6. **«Mis dos abuelos».** Para salir adelante en la vida a veces tenemos que unir a nuestros «dos abuelos», es decir, tratar de reconciliar dos tendencias opuestas en nosotros. Describa los dos aspectos de su persona como en el ejemplo.
   Por ejemplo: *Mi «abuelo» aventurero me dice que me vaya a trabajar para el Cuerpo de Paz por unos dos años y que después… Sin embargo, mi otro «abuelo» me dice al oído que si deseo casarme… tengo que… Por supuesto, podría convencer a… que también entrara al Cuerpo de Paz, pero…*

7. **Dolor del pasado negro.** El autor pinta muy vívidamente el dolor del pasado negro en este poema. Expréselo Ud. en prosa o haga una presentación oral en clase.

8. **Genes diferentes.** A menudo, los dos lados de nuestra familia, el paterno y el materno, son diferentes. Según lo que diga su profesor(a), escriba una redacción o prepare una presentación oral para la clase en que explica estas diferencias en su familia.

Por si acaso
. . . .

por el contrario,…	
por un lado…	por el otro…
…	en cambio…
…	mientras que…
…	tanto como…
al contrario de…,	…

Es conveniente saber

Desgraciadamente, los hispanos no están libres del pecado del prejuicio en contra de negros e indígenas, aunque las cosas están cambiando lentamente. En Cuba y otros lugares, por ejemplo, se solía preguntar si una persona tenía «pinta», es decir, si tenía sangre negra, antes de aceptar a alguien como amigo o pariente. Además, no cabe duda que, en muchos casos, la posición económica del individuo tiene algo que ver con cómo se le acepte en la comunidad. Hay población de origen negro en las islas del Caribe (Cuba, Santo Domingo, Puerto Rico), en sus costas (Venezuela, Colombia, Panamá, Costa Rica, Nicaragua, México), en la costa del Pacífico de Colombia, Ecuador y Perú y también (en muy pequeños números) en Uruguay y Argentina.

Temas de ensayo

Elija uno de los siguientes temas según las instrucciones de su profesor(a). Use sus apuntes sobre el texto, especialmente lo que anotó en la sección **En torno al texto.** Cada vez que copie un verso del texto, póngalo entre comillas («…») e indique en qué página aparece.

1. Analice el papel de los dos abuelos. Explique qué simbolizan y si el poeta siente una preferencia por uno de ellos. Use citas del texto.

2. Compare este poema de Guillén con el de Abelardo Delgado, «Homenaje a los padres chicanos» (pág. 11). Explique en qué se parecen y en qué difieren. Respalde sus opiniones con citas de los poemas.

3. Estudie la obra de Guillén y/o de otros poetas afroantillanos como Luis Palés Matos y analice su temática. Consulte la Bibliografía. Ilustre con citas.

4. Si Ud. conoce la obra de un autor norteamericano que haya desarrollado temas de la cultura o la experiencia negra, compárelo con Guillén. Apóyese en citas de los textos.

5. Analice la tensión entre dos mundos y los sentimientos encontrados de amor y de odio hacia ambos que siente la gente bicultural. Lea a Tino Villanueva, Abelardo Delgado u otros autores biculturales que conozca y estudie este tema ilustrando sus ideas con citas de los textos.

6. En este poema hay varios contrapuntos o contrastes a distintos niveles (temperamento, color, origen, poder, misión). Analice al menos tres de ellos, usando versos del poema para respaldar sus opiniones.

▼

Autorretrato

ROSARIO CASTELLANOS

Nombre:	Rosario Castellanos (1925–1974)
Nacionalidad:	Mexicana
Ocupación:	Poeta, novelista, cuentista, dramaturgo, ensayista, profesora, diplomática
Obras principales:	*Sobre cultura femenina* (1950)
	Balún-Canán (1957)
	Oficio de tinieblas (1962), por la que recibe el Premio "Sor Juana Inés de la Cruz"
	Album de familia (1971)
	El eterno femenino (1974)
	Poesía no eres tú (1977), volumen póstumo en el que se recoge casi toda su obra poética.
Otros datos:	Fue embajadora de México en Israel. Se suicidó en 1974.

FICHA PERSONAL

Esta escritora mexicana (véase también la pág. 78) cuya extensa obra cubre diversos géneros, se preocupa mucho por el tema de la mujer en la sociedad mexicana. Lo que nos comunica tiene resonancias para toda mujer hispana. Si ha leído «Kinsey Report: Nº6» (pág. 81), verá que los dos poemas están unidos por este hilo común.

En «Autorretrato» la poeta habla en primera persona y se describe con ironía mostrándonos el contraste que existe entre lo que la define a ella y lo que aprecia la sociedad, entre lo que ella es y lo que debiera ser según los cánones existentes. Para ella, el matrimonio (que la sociedad ve como meta máxima de toda mujer) no es más que una especie de cárcel. Sus logros profesionales, tan importantes para ella, no son valorados como lo serían si se tratara de los logros de un hombre. «Autorretrato» está escrito en verso libre, o sea tiene versos que no tienen ni rima ni medida específica. Verán que las estrofas varían; las hay de dos, tres, cuatro y hasta de diez versos.

Aproximaciones al texto

1. **Identidad.** Elija las expresiones de la siguiente lista que mejor lo (la) describan a Ud. y después descríbase en un párrafo. Si no encuentra los términos que desea, pregúntele a su profesor(a). Recuerde que tiene que cambiar el género de las palabras cuando sea necesario.

Por si acaso	
soy más o menos	joven/mayor; rubio/moreno; gordo/flaco; alto/bajo
soy más bien	bueno/mediocre (en lo que hago); buen/mal amigo; trabajador; sacrificado; despreocupado; alegre; vivaz/callado; impetuoso/tranquilo
sería feliz si	tuviera…; pudiera trabajar en… /viajar/…; estuviera en/con…; supiera otro idioma/ álgebra/tocar la guitarra/…; fuera más sociable/ listo/…; ….

me visto mal/bien; hago el ridículo a veces; nunca camino por el parque/…; a veces estudio o trabajo; escucho música; voy al cine-club; me gusta la pintura; prefiero leer/… en vez de salir/…

2. **Una buena mujer.** Con dos compañeros(as) hagan una lista de las cualidades que la gente espera que tenga una mujer. Es verdad que algunas pueden ser estereotipos, pero traten de pensar en las expectativas de la mayoría de la gente.
   Por ejemplo: *Tiene que ser bonita y…*

3. **Vanidades.** Ordene las siguientes características físicas y también la ropa y/o accesorios según la importancia que tengan hoy en día. Agregue otros elementos si es necesario.

   ojos, boca, nariz, pelo, altura, poco peso, peso mediano, maquillaje, ropa a la moda y de marca conocida, buenos zapatos, bolso o mochila a la moda, camiseta de marca…

4. **¿Qué se espera de mí?** Escriba un párrafo sobre lo que Ud. cree que se espera de Ud. a corto y a largo plazo.
   Por ejemplo: *Se supone que debo encontrar un buen empleo, pagar mis deudas y…*

▼▼ Autorretrato

Rosario Castellanos

difícil

Yo soy una señora: tratamiento
arduo° de conseguir, en mi caso, y más útil
para alternar con los demás que un título
extendido a mi nombre en cualquier academia.

uso

estrellas
de mis glándulas

Así, pues, luzco° mi trofeo y repito:
yo soy una señora. Gorda o flaca
según las posiciones de los astros,°
los ciclos glandulares°
y otros fenómenos que no comprendo.

wig

se pone blanco

Rubia, si elijo una peluca° rubia.
O morena, según la alternativa.
(En realidad, mi pelo encanece,° encanece.)

los cosméticos

Soy más o menos fea. Eso depende mucho
de la mano que aplica el maquillaje.°

me evita

Mi apariencia ha cambiado a lo largo del tiempo
—aunque no tanto como dice Weininger
que cambia la apariencia del genio—. Soy mediocre.
Lo cual, por una parte, me exime° de enemigos
y, por la otra, me da la devoción
de algún admirador y la amistad
de esos hombres que hablan por teléfono
y envían largas cartas de felicitación.
Que beben lentamente whisky sobre las rocas
y charlan de política y de literatura.

evito/mirrors

to flirt

Amigas… hmmm… a veces, raras veces
y en muy pequeñas dosis.
En general, rehúyo° los espejos.°
Me dirían lo de siempre: que me visto muy mal
y que hago el ridículo
cuando pretendo coquetear° con alguien.

será mi
quizás/executioner

Soy madre de Gabriel: ya usted sabe, ese niño
que un día se erigirá en° juez inapelable
y que acaso,° además, ejerza de verdugo.°
Mientras tanto lo amo.

Soy profesora.

Escribo. Este poema. Y otros. Y otros.
Hablo desde una cátedra.°
Colaboro en revistas de mi especialidad
y un día a la semana publico en un periódico.

Vivo enfrente del Bosque.[1] Pero casi
nunca vuelvo los ojos para mirarlo. Y nunca
atravieso la calle que me separa de él
y paseo y respiro y acaricio
el tronco   la corteza° rugosa de los árboles.

Sé que es obligatorio escuchar música
evito   pero la eludo° con frecuencia. Sé
que es bueno ver pintura
pero no voy jamás a las exposiciones
ni al estreno teatral ni al cine-club.

Prefiero estar aquí, como ahora, leyendo
y, si apago la luz, pensando un rato
cosas/asuntos   en musarañas° y otros menesteres.°

Sufro más bien por hábito, por herencia, por no
las demás mujeres   diferenciarme más de mis congéneres°
que por causas concretas.

Sería feliz si yo supiera cómo.
Es decir, si me hubieran enseñado los gestos,
lo que tengo que decir   los parlamentos,° las decoraciones.

En cambio me enseñaron a llorar. Pero el llanto
es en mí un mecanismo descompuesto
un funeral   y no lloro en la cámara mortuoria°
ni en la ocasión sublime ni frente a la catástrofe.

Lloro cuando se quema el arroz o cuando pierdo
a la propiedad   el último recibo del impuesto predial.°

En torno al texto

Hay que fijarse bien

1. ¿Cuántos versos tiene este poema? ¿Y cuántas estrofas?

2. ¿Nota usted algo que una a los versos de cada estrofa?

3. Lea el poema nuevamente y, con un(a) compañero(a), ubiquen los versos que dicen lo siguiente.

   a. me fue difícil encontrar marido
   b. el título de señora es más útil que mis títulos universitarios
   c. el título de señora es como un premio

---

[1]Bosque de Chapultepec, hermoso parque de la Ciudad de México

d. cambio de aspecto según la época del mes y de mi vida
e. no soy muy bonita, pero los cosméticos me ayudan
f. soy una mujer común, nada especial
g. no me llevo muy bien con las mujeres
h. no me gusta lo que veo en los espejos
i. mi hijo me va a criticar algún día
j. soy profesora; soy periodista
k. nunca voy al parque
l. la gente espera que uno vaya a funciones artísticas
m. pero prefiero estar sola y pensar
n. a las mujeres se les enseña a sufrir, pero no a ser felices
o. sólo lloro por pequeñas tragedias sin importancia

4. Este poema cubre varios aspectos de la persona de la poeta. Ponga los siguientes subtítulos en el poema.

madre	amiga	físico
intelecto	esposa	ocupaciones
preferencias	contactos con el mundo exterior	

En términos generales

1. ¿Qué piensa la autora de la apariencia física de la mujer? ¿Qué piensa Ud.? ¿Cree Ud. que sea de igual importancia en el hombre?
2. ¿Qué expectativas de la sociedad respecto a las mujeres han afectado la identidad de la poeta? ¿Lo(a) han afectado a Ud.?
3. ¿Qué mecanismos usa Castellanos para no tener conflictos con la sociedad? ¿Se adapta a sus requisitos? ¿Se destaca mucho?
4. ¿Qué le debe la sociedad a ella?
5. ¿Qué aspectos de la sociedad critica ella en este poema? ¿Qué nos sugiere acerca de la mujer hispana en general?

Los personajes y sus papeles

1. ¿Qué papeles tiene esta mujer? ¿Cuáles la hacen feliz? ¿Es importante ser señora para ella?
2. ¿Qué papel tiene su marido? ¿Cómo lo sabe? ¿Y su hijo?
3. ¿Qué poder tiene ella sobre su físico? ¿Qué medios puede usar para cambiarlo? ¿Tiene interés en verse bien? ¿Por qué?
4. ¿Qué ventajas le da el ser mediocre? ¿Está Ud. de acuerdo?
5. ¿Por qué no parece llevarse bien con las mujeres? ¿Con quiénes convive esta mujer? ¿Es un ser que vive rodeado de gente pero aislado?
6. En dos líneas, ¿cómo es Rosario Castellanos y qué desea?

Más allá del texto

1. **A contraluz: la verdadera Rosario.** Con un(a) compañero(a) lean el poema otra vez. Marquen los versos o frases que, según Uds., realmente describen a Rosario Castellanos, sin enfocarse en la crítica de su sociedad. En seguida, escriban un párrafo o un poema que se llame «Retrato verdadero de Rosario Castellanos» y compárenlo con los poemas de otros grupos de la clase. ¿En qué se parecen? ¿En qué difieren? ¿Por qué?

2. **Mediocre: una persona del montón.** Con un(a) compañero(a) hagan una lista de las ventajas y las desventajas de ser una persona del montón, que no se destaca mucho por nada.
   Por ejemplo: *Si uno es del montón, los profesores no esperan que...*

3. **La pura verdad.** Exprese lo que Ud. piensa respecto a lo que la sociedad espera de Ud. Use la lista que hizo en la actividad de **Aproximaciones al texto.**
   Por ejemplo: *Todos esperan que yo..., pero la verdad es que yo quiero...*

4. **Mi propio autorretrato.** Escriba su autorretrato en unos quince a veinte versos. Divídalo en dos partes, como la autora: descripción física y descripción interior. Use las expresiones que eligió en la actividad 1 de **Aproximaciones al texto,** si lo desea.

5. **Retrato de mi compañero(a).** Ahora escriba un retrato de un compañero(a) y, cuando termine, compárelo con el autorretrato que éste(a) escribió en la actividad anterior. ¿Qué semejanzas y diferencias hay? ¿Por qué?

6. **Indignación.** Use esta actividad para expresar su indignación (*outrage*) por las cosas que se esperan o exigen de nosotros que a Ud. le parecen fuera de lo razonable o lo posible.
   Por ejemplo: *Me indigna que la gente espere que uno se reciba, se case y compre casa, todo en un solo año. A mí me parece que... Yo no pienso hacer esto sino irme a...*

Por si acaso

es inaudito/increíble que la gente...
en cuanto a mí, yo pienso...
pienso viajar/seguir estudiando/casarme/descansar...
no pienso casarme/trabajar/estudiar/hacerle caso a...

---

7. **Madre: ¿mito o ser humano?** Piense en la visión que tenía Ud. cuando niño de su madre o de la persona que lo(a) crió y compárela con la visión que tiene hoy. ¿Qué diferencias nota? ¿Se ha vuelto(a) Ud. «juez» de su madre o la acepta como es? Escriba un párrafo con sus ideas.

Temas de ensayo

Elija uno de los siguientes temas según las instrucciones de su profesor(a). Use sus apuntes sobre el texto, especialmente lo que anotó en la sección **En torno al texto.** Cada vez que copie un verso del texto, póngalo entre comillas («...») e indique en qué página aparece.

1. Analice el tema de la soledad y el aislamiento del individuo en este poema. Explore cómo las fuerzas externas obligan a cierta gente a aislarse. Respalde sus opiniones con citas del texto.

2. Analice el efecto que tienen las costumbres y las tradiciones sobre la identidad de la mujer. ¿De qué manera afectan su concepto de sí misma según este poema? ¿Qué estrategias usa la mujer para pasar desapercibida (*unnoticed*) y evitar las críticas? Ilustre sus ideas con ejemplos concretos.

3. Estudie el contraste entre ser público y ser íntimo según este poema—y en el de Burgos (pág. 95), si lo desea. ¿Qué efectos tiene esta dualidad sobre las expectativas de esta mujer y de otras personas?

4. Compare a la madre de este poema con la madre de «La salud de los enfermos» (pág. 49). Estudie a fondo las ramificaciones del marianismo (y de su contraparte, el machismo). Consulte las notas sobre estas tendencias (págs. 83 y 72) y la Bibliografía, si es necesario. Use citas de los textos.

5. Contraste el desdoblamiento de esta poeta y el de Borges en «Borges y yo» (pág. 171). Estudie el tono y los recursos usados por cada escritor para describirse. Analice también las diferencias causadas por sus papeles de hombre y mujer. Use citas de los textos y sus apuntes para respaldar sus opiniones.

Borges y yo

JORGE LUIS BORGES

Nombre:	Jorge Luis Borges (1899–1986)
Nacionalidad:	Argentino
Ocupación:	Poeta, cuentista, ensayista, profesor
Obras principales:	*Fervor de Buenos Aires* (1923)
	Inquisiciones (1925)
	Ficciones (1944)
	El Aleph (1949)
	Otras inquisiciones (1952)
	Obra poética (1969)
Otros datos:	Presidente de la Academia Argentina de Letras (1950–53). Recibió numerosos premios y doctorados *honoris causa*. Fue director de la Biblioteca Nacional de Argentina.

FICHA PERSONAL

Jorge Luis Borges es sin duda uno de los escritores hispanos más extraordinarios de este siglo, famosísimo en todo el mundo, no sólo en los países de habla española. Fue uno de los primeros de su generación en reaccionar contra los movimientos literarios de su juventud. Durante su estadía y estudios en Europa, estuvo en contacto con los intelectuales y escritores de la época. En Madrid se unió al grupo de los jóvenes que pretendían reformar la literatura. A su regreso a la Argentina, fue uno de los líderes de la renovación literaria en Hispanoamérica.

Hombre de enorme intelecto, agnóstico (o sea, que cree que el ser humano es incapaz de entender la noción de lo absoluto) y políticamente conservador, Borges vive en un mundo intelectual poblado de libros e ideas, no de acción. Como él mismo lo declarara, para él la única aventura es escribir. Las numerosas referencias en sus libros nos muestran que desde pequeño fue lector voraz de literatura inglesa, francesa y española, además de filosofía, historia, escandinavo antiguo, la Biblia y la Cábala. Siendo aún relativamente joven, empezó a perder la vista debido a una enfermedad congénita. No obstante y gracias a su prodigiosa memoria y a secretarios que le leían y le ayudaban con sus manuscritos, Borges siguió escribiendo. Una vez que quedó totalmente ciego, dijo que le resultaba más fácil escribir poesía porque el verso se presta más a ser recordado que la prosa.

En sus libros, Borges se complace en desplazar los elementos tradicionales del espacio, el tiempo y la identidad. En ellos es fácil ver la increíble profundidad de sus conocimientos y su predilección por los juegos del intelecto. Un estudio de su obra revela los siguientes temas: el infinito, el eterno retorno, la coincidencia de la biografía de un individuo con la historia de todos los hombres, el efecto de lo sobrenatural—o superreal—sobre lo real, el universo como laberinto caótico que sólo puede ser ordenado por medio de la inteligencia. Sus cuentos y demás escritos reflejan su enorme conocimiento y la increíble complejidad de su pensamiento.

«Borges y yo» forma parte de *El hacedor* (1960). Como lo indica su título, es un autorretrato en el que Borges presenta, de modo algo esquizofrénico, dos aspectos de sí mismo. Hay aquí un juego entre su ser y el otro; entre Borges, el hombre, y Borges, el autor o personaje famoso. En la descripción de esta dualidad, Borges también nos da su visión de la interacción entre el arte, el artista y la sociedad. Así vemos que la relación que existe entre el artista y su creación nunca es sencilla, como tampoco lo es la relación entre el artista y su público.

Aproximaciones al texto

1. **Soy complicado(a), pero sencillo(a) (¡!)** La personalidad de cada uno de nosotros tiene distintos aspectos. Trate Ud. de descubrir y describir los suyos. ¿Qué contrastes son evidentes en Ud. mismo(a)? No se olvide de cambiar el género de las palabras cuando sea necesario.
   Por ejemplo: *Soy impulsiva, pero muy cuidadosa cuando trabajo.*
   Soy alegre, pero muy serio cuando estudio.
   Soy metódico sólo cuando estudio; en lo demás soy un caos.

. . . .

Soy un poco/bastante…

cuidadoso(a)	desordenado(a)	impulsivo(a)	rebelde	inteligente
metódico(a)	alegre	reservado(a)	tímido(a)	sociable
confiable	irresponsable	serio(a)	desconfiado(a)	torpe
ocupado(a)	trabajador(a)	divertido(a)	perezoso(a)	rápido(a)

2. **Mis gustos.** Haga una lista de las cosas que más le gustan a Ud. Incluya actividades físicas e intelectuales, diversiones, comidas, cualidades humanas, etc. Luego, con dos compañeros(as) comparen sus listas. ¿En qué se diferencian?

   Por ejemplo: *Me encanta ir al campo con una cometa cuando hay viento. Colecciono gafas de todas las épocas y de todo tamaño.*

3. **¿Cuántas personas soy yo?** Describa sus papeles en un párrafo.

   Por ejemplo: *Ya sé que soy una sola persona, pero yo veo en mí al (a la) (hijo/hija/deportista/hombre/mujer) profundo(a), responsable (hermano(a)/madre/padre…).*
   También veo al (a la) (persona a quien le gusta pasarlo bien; empleado(a) aburrido(a); estudiante agobiado(a); novio(a) feliz; padre/madre cansado(a)…).

. . . .

Es conveniente saber

La realidad y el mundo del escritor. Toda literatura es una nueva versión de la realidad o de las experiencias del autor, su propia interpretación del mundo. Sin embargo, no todas estas versiones aspiran a ser reproducciones del mundo y de las experiencias que ha tenido el autor. A veces, el

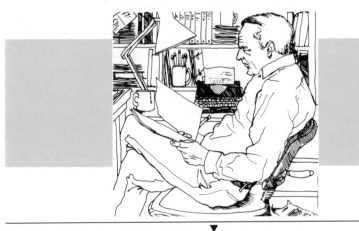

escritor hace uso de la licencia poética—es decir, se toma ciertas libertades con el lenguaje para poder expresarse con mayor facilidad. Otras veces, necesita recurrir a lo fantástico para poder comunicarnos su mensaje. En el caso de este cuento, Borges usa un fantástico desdoblamiento del personaje para transmitirnos su sensación de que él es dos personas.

▼▼ # Borges y yo

JORGE LUIS BORGES

tardo/tal vez
portal de una casa/segunda
puerta de una casa

tres candidatos a un empleo
estudios de los orígenes de las
palabras

permito/idear, crear

yo conozco/exagerar

tocar
barrio pobre en las afueras de
una ciudad
inventar

Al otro, a Borges, es a quien le ocurren las cosas. Yo camino por Buenos Aires y me demoro,° acaso° ya mecánicamente, para mirar el arco de un zaguán° y la puerta cancel;° de Borges tengo noticias por el correo y veo su nombre en una terna° de profesores o en un diccionario biográfico. Me gustan los relojes de arena, los mapas, la tipografía del siglo XVIII, las etimologías,° el sabor del café y la prosa de Stevenson;[1] el otro comparte estas preferencias, pero de un modo vanidoso que las convierte en atributos de un actor. Sería exagerado afirmar que nuestra relación es hostil; yo vivo, yo me dejo° vivir, para que Borges pueda tramar° su literatura y esa literatura me justifica. Nada me cuesta confesar que ha logrado ciertas páginas válidas, pero esas páginas no me pueden salvar, quizá porque lo bueno ya no es de nadie, ni siquiera del otro, sino del lenguaje o la tradición. Por lo demás, yo estoy destinado a perderme, definitivamente, y sólo algún instante de mí podrá sobrevivir en el otro. Poco a poco voy cediéndole todo, aunque me consta° su perversa costumbre de falsear y magnificar.° Spinoza[2] entendió que todas las cosas quieren perseverar en su ser; la piedra eternamente quiere ser piedra y el tigre un tigre. Yo he de quedar en Borges, no en mí (si es que alguien soy), pero me reconozco menos en sus libros que en muchos otros o que en el laborioso rasgueo° de una guitarra. Hace años yo traté de librarme de él y pasé de las mitologías del arrabal° a los juegos con el tiempo y con lo infinito, pero esos juegos son de Borges ahora y tendré que idear° otras cosas. Así mi vida es una fuga y todo lo pierdo y todo es del olvido, o del otro.

No sé cuál de los dos escribe esta página.

---

[1]Robert Louis Stevenson (1850–1894), escritor inglés, autor de *Treasure Island*, muy admirado—como tantos otros ingleses—por Borges.

[2]Baruch Spinoza (1632–1677) filósofo holandés de origen sefardí portugués, excomunicado por su comunidad. Promueve un racionalismo religioso y desarrolla el método cartesiano, dándole una forma rigurosamente geométrica. Su filosofía es panteísta—un sistema que identifica a Dios con el mundo. La filosofía de Spinoza le interesa muchísimo a Borges.

En torno al texto

Hay que fijarse bien

1. Vuelva a leer el cuento y con un(a) compañero(a) ubiquen aquellas partes que dicen lo siguiente.

   a. yo soy el ser interno; Borges es la persona a quien le ocurren cosas
   b. a mí me interesa gozar de mi ciudad; a él le interesa su carrera
   c. tenemos los mismos gustos, pero en Borges se convierten en noticia
   d. yo pienso, yo existo para que Borges pueda escribir
   e. las obras de un artista no son personales; le pertenecen al mundo
   f. yo voy a morir y lo que perdurará será la obra de Borges
   g. quizás yo sea más como la música de una guitarra
   h. le doy todo lo que sé y lo que pienso a Borges
   i. el artista crea distorsionando los hechos y los acontecimientos
   j. hace años quise engañar a Borges con nuevas ideas complicadas, pero no me resultó
   k. trato de ser más yo mismo, pero Borges me quita todo lo que pienso

2. Haga una lista de lo que le gusta al «yo».

3. Haga una lista de lo que le gusta a Borges.

En términos generales

1. ¿Por qué lo llama «Borges» al otro y no Jorge Luis?
2. ¿Por qué no se llama a sí mismo Jorge o Borges?
3. ¿Cree Ud. que éste sea un cuento sobre Borges realmente? ¿Por qué?
4. ¿En qué consiste la ironía de este cuento? ¿Se ríe Borges de nosotros o de sí mismo? ¿Por qué?

Los personajes y sus papeles

1. ¿Cuáles son los personajes de este cuento?
2. ¿En qué persona está narrado el cuento? ¿Quién narra?
3. ¿Cómo se llevan el «yo» y «Borges»? ¿Tienen buenas relaciones?
4. ¿Qué papel tiene el «yo»? ¿Por qué trató de separarse de «Borges» hace años?
5. ¿Qué papel tiene Borges?
6. ¿Cuál de los dos escribió el cuento según Ud.? ¿Por qué?
7. ¿Qué papel tiene la sociedad o la tradición en el arte?
8. ¿Qué sugiere todo esto sobre el papel del artista y de su obra?

Más allá del texto

1. **Dos caras de la misma moneda.** Trate de recordar una situación en la que Ud. se haya sentido como si fuera más de una persona. Describa esta situación en un párrafo.

   Por ejemplo: *Una vez iba en el auto con mi madre y chocamos. Yo salí volando por la puerta. Tendida en la calle, me sentía muy débil, pero al mismo tiempo tenía la sensación de estar observando todo desde afuera. Fue muy extraño.*

2. **Nunca había querido admitirlo, pero...** Haga dos listas—una de las cosas que admite que le gustan cuando está en público y otra de las que no admitiría que le gustan.

   Por ejemplo:

	Lo admito en público	**No lo admito**
Me vuelve loco(a)	*salir*	*salir a bailar*
Me fascina	*ver las telenovelas*	*leer novelas*
Me encanta		
Me gusta		

3. **El «yo» público y el «yo» íntimo.** Con dos o tres compañeros(as) analícense un poco. ¿Tienen Uds. una forma distinta de comportarse en público y otra en privado? ¿Cómo cambian? ¿Por qué? ¿Creen que esto le ocurre a todo el mundo? Cuando terminen, cuéntenle a la clase el contraste más interesante que hayan descubierto.

4. **Yo y mi otro «yo».** Descríbase en dos párrafos refiriéndose a dos aspectos de su persona o dos papeles que tenga. Use la técnica de Borges o la suya propia.

5. **Las dos mitades.** Con un(a) compañero(a) escriban una escena de dos páginas en que «Borges» y «yo» conversan sobre lo que quieren hacer. Traten de expresar los sentimientos de «ambos».

6. **¿Qué serías sin mí, «yo»?** Escriba un cuento semejante a éste en que el narrador es Borges, no el «yo». ¿Qué cambios habría que introducir? Si Ud. lo desea, cree otros personajes, por ejemplo un lector o un crítico de las obras de Borges.

7. **«Mi vida es una fuga».** Escriba dos o tres párrafos con sus propias ideas sobre esta frase de Borges. ¿Qué perdurará de Ud.? ¿Qué le gustaría que permaneciera? ¿Por qué?

Temas de ensayo

Elija uno de los siguientes temas según las instrucciones de su profesor(a). Use sus apuntes sobre el texto, especialmente lo que anotó en la sección **En torno al texto.** Cada vez que copie una frase del texto, póngala entre comillas («...») e indique en qué página aparece.

1. Analice los temas que aparecen en este cuento. Use citas del texto para ilustrar sus opiniones.

2. Trate de determinar cuál de «los dos» Borges escribe el cuento y analice la dualidad de la existencia humana. Use citas del texto.

3. Examine las diferencias que existen según el narrador entre «Borges» y el «yo». Ilustre con citas del texto.

4. Analice la idea de que desaparecemos con la muerte y que lo único que perdura son nuestras creaciones. ¿Está de acuerdo con esto?

5. Compare este cuento con el poema «Autorretrato» de Castellanos (pág. 164). ¿En qué se parecen? ¿En qué difieren? ¿Qué se puede decir acerca de la dualidad de estos escritores, del tono de sus obras, del uso de la ironía, de la distancia emocional que establecen entre su literatura y su yo?

Muy contento

ANA MARÍA MATUTE

Nombre:	Ana María Matute (1926–)
Nacionalidad:	Española
Ocupación:	Cuentista, novelista, ensayista, profesora de la University of Indiana
Obras principales:	**Novela:**
	Los Abel (1948)
	Fiesta al noroeste (1953), Premio Café Girón
	Pequeño teatro (1954), Premio Planeta
	Los hijos muertos (1958), Premio de la Crítica, Premio Nacional de Literatura
	Primera memoria (1959) Premio Nadal
	Los soldados lloran de noche (1964)
	La trampa (1969)
	Cuento:
	Tres y un sueño (1961)
	Historias de Artámila (1961)
	Algunos muchachos (1968)

FICHA PERSONAL

Esta escritora es la más fecunda de su generación. Desde el principio, la crítica la consideró de gran promesa, si bien algo inmadura. Con el tiempo, resulta claro que está entre los mejores novelistas españoles de su época. Además de numerosas novelas, Matute ha escrito varias colecciones de cuentos y de relatos para niños.

Se ha dicho que la obra de Matute es marcadamente determinista, porque en ella la inevitabilidad del destino tiende a afectarlo todo. Si nos fijamos en sus personajes, vemos que no pueden escapar a su sino (o destino) y que se sienten presos dentro de sí mismos tanto como del ambiente que los rodea y los limita. Otro tema que vemos es el del existencialismo, el de la soledad y el aislamiento del individuo, que aparece una y otra vez en la literatura occidental del siglo XX. A pesar de esta actitud algo pesimista, Matute también parece alinearse con los que luchan por una sociedad mejor, cosa que por lo general asociamos con una visión más optimista del mundo y de la vida.

«Muy contento», que proviene de *Algunos muchachos*, es considerado por muchos el mejor cuento del libro. El narrador, Ramón, es único hijo de una pareja ya madura que no sólo le ha dado todo, sino que le ha planificado toda la vida también. El determinismo de Matute es muy claro en esta parte de la narración. El simple hecho de sacarse una foto con su novia, sin embargo, desencadena una increíble reacción en Ramón, a quien, irónicamente, vemos contento sólo al final del cuento.

Aproximaciones al texto

1. **Papá y mamá.** Con un(a) compañero(a) hagan dos listas: una de situaciones importantes en la vida de Uds. y otra que indique si sus padres toman decisiones por o con Uds. en estas situaciones.

Por ejemplo:	Situación	Quién(es) deciden
	mi fiesta de cumpleaños de los 21 años	...

Otras situaciones: elegir una universidad, decidir mi especialidad en la universidad, comprar un coche, decidir dónde ir de vacaciones de primavera, elegir novia o novio, elegir amigos(as), buscar y seleccionar un trabajo permanente o de verano, comprar algo relativamente caro, escoger ropa y otras cosas, etc.

2. **Placer o disgusto.** El contacto físico es algo que puede producir profundo placer o disgusto, según la situación y las personas involucradas. Por escrito, dé su reacción a cinco de los elementos de la lista y diga cuándo son (des)agradables, si es posible.

tomar del codo/del brazo
   a alguien para ayudarlo(la)
tomarse de la mano
besos
caricias en la cara

caminar de la mano
abrazos
palmaditas suaves en los brazos
sentarse muy cerca
tocarse sin querer

3. **La fuerza del destino.** En algún momento de la vida, muchos de nosotros hemos sentido que, de algún modo, el destino nos controla y que no podemos hacer nada para cambiar los acontecimientos. En un párrafo, describa un episodio de esta naturaleza y explique cómo se sentía usted.

4. **Un(a) hombre (mujer) ejemplar.** En inglés, haga una lista de las frases que se usan para referirse a una persona que es un modelo en su comunidad. Muchas veces, estas expresiones se usan en los funerales de esta gente.
   Por ejemplo: *"loving father," "outstanding...."*

Es conveniente saber

La predestinación y el libre albedrío. Desde la época de los griegos, los filósofos y teólogos se han planteado el siguiente problema: ¿tendrá el individuo acceso a la virtud o dependerá esto exclusivamente del poder de Dios? Por una parte, San Agustín, uno de los grandes teólogos cristianos, sugiere que la omnipotencia de Dios implica la predestinación, ya que el hombre depende de la gracia divina. Por otra parte, Santo Tomás de Aquino, otro teólogo famoso, cree que gozamos del libre albedrío, pese a la omnipotencia de Dios. Estas dos posiciones son las más importantes de esta polémica dentro de la tradición judeocristiana. Si se cree en la predestinación, uno cree que el ser humano no es capaz de evaluar y determinar sus actos. Por el contrario, si se cree en el libre albedrío, uno cree que el individuo sí puede tomar decisiones y ejercer cierto control sobre el curso de su vida.

Este debate se ve reflejado en la literatura a lo largo de los siglos. Por ejemplo, en la España del Siglo de Oro se discute el concepto del libre albedrío en la famosa obra *La vida es sueño* del dramaturgo Pedro Calderón de la Barca.

1. Según Ud., ¿cuál de estas actitudes predomina en nuestra cultura actualmente? ¿Por qué?
2. ¿En cuál cree Ud. personalmente? ¿Por qué?
3. Después de leer el cuento, ¿cuál es, según Ud., la posición de la autora al respecto?

La primera vez que lea este cuento, no lea las frases o los párrafos que están entre paréntesis.

▼▼▼ Muy contento

Ana María Matute

…y un oscuro y obsceno guardarropa ocupará el mundo…

Pablo Neruda

Empezó el día de la fotografía, es decir, el día que miré la fotografía al minuto, que nos hicimos Elisa y yo, como si todo marchara perfectamente. Por lo menos, así estaba escrito, o decidido, en un inexorable° orden que presidió mi vida desde que nací.

incambiable

Elisa y yo habíamos ido a dar una vuelta por el Paseo del Mar, y era domingo, antes de comer. Ella, habla que te habla,° y yo escuchando, como siempre. Faltaban tres días para la boda, y estábamos repletos,° atosigados de proyectos. No de proyectos amorosos, que ésos, si los hubo, yacían sofocados° por todos los demás: la casa, el dinero, el viaje de

hablando mucho
llenos

perdidos

novios, los mil detalles de la ceremonia, etcétera. No se acababan nunca los proyectos, y yo me sentía, como siempre, así como flotante° sobre nubes esponjosas de órdenes aparentemente suaves y planes sobre mi persona, en cadena ininterrumpida desde el minuto en que nací (como antes dije). Mientras la oía hablar y hablar, se me ocurrió que la cosa no merecía tanto jaleo,° y al tiempo, pensé que posiblemente el día en que yo vine a este mundo, hubo en la familia un revuelo° parecido, y que desde aquel preciso instante todos se enzarzaron° en proyectos y proyectos —o quien sabe, acaso aún antes de que yo diese mi primer vagido°— y todavía, todavía, todavía, yo caminaba dócilmente sobre la calzada° de aquellos proyectos, sin parar. Fue entonces cuando me invadió la vasta y neblinosa pereza° que en otras ocasiones se iniciara, y que, con frecuencia, me empujara de Norte a Sur como un desdichado° globo. Por ejemplo, era una clase de pereza parecida a la que me invadió el día de las bodas de oro° de mis padres (yo fui hijo tardío de un matrimonio tardío). Recuerdo la cantidad de telegramas que se recibieron en casa aquel día. Todos los amigos, o conocidos, o deudores, les enviaron parabienes,° tales como si hacía tantos años que empezaron el negocio, y que si tantas cosas pasaron, cosas que se referían al negocio que llevaban juntos, y que si mi madre era la mujer fuerte y compañera-accionista ideal, trabajadora, etcétera, y que si años y más años juntos y levantando el negocio hombro con hombro sin reposo, ni fiestas, ni esparcimientos,° ni tabaco (como quien dice). Total, que me entraba una pereza cada vez más grande a medida que oía como todo aquello debía servirme de estímulo, a mí, que tanto me gustaba estarme quietecito° con un pedazo de sol en un pie. Así que la pereza incontenible crecía al recuerdo de todos los puestos que mi padre, ayudado por la fidelidad inconmoviblemente ahorrativa° de mi madre, había acumulado, desde que empezó como vulgar° quesero° a mano —lo aprendió del abuelo, que era pastor y tenía le cara ampliada en una fotografía, muy negra por las cejas y bigotes, encima del aparador° con las tazas que nunca se usaban porque se rompían sólo de mirarlas— y había acabado (o por lo menos llegado el día de sus bodas de oro) como propietario de una importante cadena de industrias queseras, dentro y fuera de la región, porque hasta en Madrid era conocido y valorado su nombre (siempre en relación al queso, se entiende, porque en la guerra no se significó, ni luego). Así que aquel día me sentí atropellado° por legiones de años y quesos, y de fechas importantes en la industria familiar, y tuve ganas de esconderme en alguna parte oscurita, cerrar los ojos, o, por lo menos dejarme resbalar debajo de la mesa, que estaba cubierta de copas azules con Chinchón° y migas. Pero todo eso no me lo decía yo de una manera clara, sino que me venía a retazos° sueltos, desde algún agujero° que yo tenía dentro y no sabía. Total que, resumiendo, aquella mañana, Elisa, que estaba tan locuaz,° dijo:

—Ramoncito, vamos a hacernos una foto de ésas al minuto. Mira, va a ser nuestra última foto de solteros... (etcétera).

---

en el aire

atención
agitación
enredaron
grito
ancho pavimento

ganas de no hacer nada
infeliz

50 años de matrimonio

felicitaciones

diversiones

inmóvil

económica
común y corriente/persona que hace quesos
mueble de comedor

atacado

licor de anís
por partes/hueco

habladora

He de confesar que esas palabras me produjeron una sensación rara. No sé, como una desazón° absolutamente desordenada que rompía todo el engranaje,° todo el minucioso programa establecido sobre mi persona, desde el (tantas veces rememorado en mi presencia) día de mi nacimiento (sucedido, al parecer, tras un parto° que me hacía dudar sobre la tan alabada sabiduría de la Naturaleza).

Aquella mañana con Elisa, en el Paseo del Mar, cuando ella me dijo eso del último día de solteros, venía hacia nosotros un hombrecito con guardapolvo y boina, que arrastraba sobre una tarima° de ruedas una máquina fotográfica del año de la polka.° Dije que bueno, porque jamás fui discutidor. Nos cogimos del brazo, el hombrecito dijo que nos sonriéramos y luego se metió debajo del trapo negro.

Estuvimos mirando luego cómo sacaba la placa° y la metía en un cubo con líquido, y en la cartulina cuadradita se fueron marcando sombras que, al parecer, éramos nosotros en los últimos días de solteros. Cuando nos dio la foto, ya terminada, casi seca, se me desveló° todo esto que estoy contando. Era como si a mí también me hubieran metido en un líquido misterioso y apareciera por primera vez, tal y como soy, ante mis ojos. Me vi triplicado en aquella pequeña cartulina, mal cortada por los bordes, húmeda aún, abarquillándome° junto a una desconocida. Era yo, yo mismo, con mi cara ligeramente estúpida de retratado sin ton ni son,° con mi soltería, aún, con mi traje azul oscuro del domingo (que por cierto tenía los bajos del pantalón fofos). Allí estaba yo, mirándome, con un brazo como en cabestrillo,° sujetando a una mujer que no conocía. Elisa seguía diciendo cosas, y me di cuenta de que hacía muchos años que yo no escuchaba esas cosas. Aquel ser, que se aferraba posesivamente a° mi pobre brazo como enyesado tras una rotura, era un ser absolutamente ajeno a mí. Pero, principalmente, he de admitir que mi atención se fijaba en aquel pomito de flores que la muy insensata habíase prendido en el pico del escote.° Era un manojo de flores artificiales que salía como disparado° hacia afuera, como disparado hacia mí. Mis ojos se centraron en aquellas flores de pétalos anchos y coloreados, como dispuestos a saltar de un momento a otro, igual que animales dañinos.° Me fascinaron y, a un tiempo, aborrecí aquellas ridículas flores, con un odio espeso y antiguo, que me llegaba como viento, como un resplandor a través de sombras. De repente, me dije que yo nunca había odiado antes, que nunca había amado. Y aquel odio recién nacido, reconfortante, suntuoso, se centraba en el adorno, y yo lo paladeaba° como un caramelo.

Me desasí° de las manos de Elisa, sujetas a mi brazo como las garritas° de un pájaro a un barrote, y ellas se enroscaron° de nuevo sobre él, y la foto cayó al suelo. Encontré sus ojos mirándome, me parece que con asombro, y vi sus labios redondeados en una O, sin proferir palabra, y experimenté cuán placentero° podía resultar no oír hablar a Elisa. Me vino entonces a las mientes° una sarta° de hechos, de bocas redondeadas, que a su vez redondeaban programas y órdenes. Cosas establecidas, inmutables,

inquietud
plan, cadena

delivery

plataforma
viejísima

plate

se me ocurrió

pegándome
sin motivo, fuera de orden

as if in a sling

se tomaba con fuerza de

corte del vestido en el pecho
parado

malos

saboreaba
Desprendí/uñitas
se enrollaron

agradable
cabeza, mente/muchas

inexorablemente que me condujeron, sin piedad,° hasta una mañana de domingo prima-
veral, en la acera del Paseo del Mar.

vieja
sombrero ancho

(Por vacaciones nos visitaba tía Amelia, se inclinaba hacia mí, su ajada°
cara enmarcada en la pamela,° que la teñía de sombras amarillas, y me
invadía una ola de perfumes encontrados. Redondeaba la boca, y con un
dedo largo, rematado por uña afilada de color rosa brillante, se daba unos
golpecitos en la mejilla, con lo que indicaba el lugar exacto donde debía

odié besarla. Creo que aborrecí° aquella mejilla, aquella boca en forma de O,
con secreta pereza y odio mezclados, tal como se me estaba desvelando,
durante toda mi vida. Ya desde aquellos besos a tía Amelia, tan claramente

actos de obediencia especificados y programados, mi vida fue una sucesión de acatamientos.°
Cuando cursaba el 4.° de bachillerato, más o menos, tía Amelia trajo con
ella a Elisa, durante las vacaciones. Elisa tenía mi edad, y era gordin-

gorda y fofa flona,° pálida, de ojos celestes bastante bonitos, y espesas trenzas. Un día,
jugando estúpidamente con ella y otros muchachos —estábamos escon-

playing hide-and-seek diéndonos y encontrándonos° por los altillos de la casa de mis padres—
de repente ella surgió súbita° de un armario, me rodeó con sus brazos gorditos, y
me dió redondeando la boca igual que tía Amelia, me espetó° un par de sonoros
besos ósculos.° No puedo detallar con exactitud la sensación que eso me produjo
entonces. Pero a la vista del ramillete exhibido en el escote de la mujer
que se colgaba tan injustamente de mi brazo, comprendí mi sufrida y

silenciosa amordazada° irritación, y la angustiada sospecha de que debía ser yo quien
decidiera dónde y a quién debía besar. Tal vez, mi vieja aversión a los
besos nace de aquel día).

Mirando el escote y el ramillete de la mujer que me era profundamente
lejana, ni siquiera antipática, me dije: ¿por qué? Me invadieron unas
confusas ganas de llorar, la dejé en el Paseo, y anduve, anduve.

He repasado, y con cierto deleite, lo que fueron mis días. Reconozco
que soy tirando a feo, con mi barbilla caída. Me gustaban las chicas
guapas, sobre todo en el verano, que se las ve mejor, pero yo estaba
tomado del brazo por Elisa, bajo la aquiescente (y, ahora lo sé positiva-
mente), la bien planeada programación Paterna-Tía Amelia. Fui estudiante gris, ni el primero ni el último. Ingresé en la industria familiar
quesera, y mis días, mis años, fueron cayendo, uno a uno, tras la puerte-
cilla de cristal esmerilado donde, desde hacía poco tiempo, colocaron unas

administrador letras doradas que decían GERENTE.° Siempre, en casa, mis padres, tía
Amelia, Elisa, hablaban de mí, de mí. Quitándose la palabra, y estructu-
rándome. Un día llegarían mis hijos —y vagamente yo repasaba visiones
de niños conocidos, en brazos de madres o niñeras, salivosos, emitiendo
chillidos inesperados y totalmente desprovistos de luz espiritual—. Y me

aplastado sentía cubierto, rodeado, abrumado° por chiquillos carnosos con ojos de
porcelana, como Elisa, que crecerían, y a su vez, serían nombrados

pasaban gerentes (o sabe Dios qué otras cosas). Me hundía, y desfilaban° por mi
recuerdo hermosas criaturas de verano, muchachos delgados y tostados por
el sol, barcos, mendigos, perros, y hasta hormigas e insectos voladores.

Un largo dedo con la uña lacada de rosa señalaba una pastosa y arrugada mejilla blanducha, donde yo debía besar. Inexorablemente.

Todo, repito, sucedió gracias a la fotografía. Es gracias a ella, que ahora estoy aquí, por fin, contento, tranquilo, libre. Confieso que en un primer impulso desesperado se me pasó por las mientes degollar° a Elisa o a tía Amelia debajo de su pamela, pero tengo los nervios muy machacados por órdenes, y además el forcejeo° que supongo sucedería llegado el caso, y todas esas cosas de la sangre, que me da asco,° me lo quitaron de la cabeza. Mejor era no enfrentarme a ellos, a sus ojos y sus voces, porque me volvería en seguida obediente y ambiguo, como durante tantos años. Así que era mejor no verles, y hacer las cosas solo, por mi cuenta.° Por tanto, hice lo otro, que era más cómodo, y por eso estoy aquí, ahora. Y no me caso. Ni soy gerente, ni tendré hijos ni nada. Ni me van a felicitar nunca las bodas de oro, ni voy a ver un queso en mi vida. Conque° llevo ya cerca de una semana tendidito° en mi catre, mirando el techo y las paredes, tan cubiertas de inscripciones divertidas, con trocitos de vida de hombres que, a pesar de todo, han hecho lo que les dio la gana. Lo que les dio la gana, como a mí. ¡Cómo ardían° las GRANDES QUESERÍAS DE GUTIÉRREZ E HIJO! Me acordé de cómo me gustaba de niño encender cerillas° y dejarlas caer sin apagar, y vino mi padre y me dio una torta.°

Ahora estoy contento. A veces viene ése, con sus ojos tan confortablemente juntos sobre su agradable nariz de patata, a vigilarme por la mirilla,° o a traerme comidita. Sólo me preocupa que me vengan con psiquiatras y gente así, y me saquen de aquí. Pero no me costará convencerles de que soy normal, y además, estoy contento.

cortarle el cuello

lucha
me desagrada

yo solo

Así
acostado cómodamente

se quemaban

fósforos
un golpe

ventanilla

En torno al texto

Hay que fijarse bien

1. Lea el cuento otra vez y marque con lápiz verde o negro todos los paréntesis y guiones usados para agregarle algo a la historia. En seguida, preste atención a lo que se nos comunica en esas frases y párrafos entre guiones o paréntesis. Clasifique los párrafos y frases en dos categorías: historias del pasado y comentarios de Ramón. Copie el principio de cada frase en las líneas que siguen.

Comentarios	Pasado
como antes dije	yo fui hijo tardío de…

¿Qué cosas importantes ha aprendido acerca de Ramón por medio de las frases intercaladas entre guiones o paréntesis?

a. _____

b. _____

2. Lea el cuento otra vez y marque con lápiz azul todas las referencias a cosas agradables y con lápiz rojo todas las referencias a cosas desagradables. Copie estas frases o palabras bajo los rótulos siguientes.

Placer o deleite	Disgusto o asco
pereza	sangre
estarme quietecito con un…	garritas de…

¿Qué le sugieren estas dos listas?

3. Según el texto, complete una típica tarjeta de felicitación para las bodas de oro de los padres.

«¡Enhorabuena en sus bodas de oro, queridos amigos! Un matrimonio ejemplar, con una esposa totalmente dedicada a apoyar a su marido, sin un momento de descanso, siempre ahorrando, siempre…»

4. En el texto hay siete palabras usadas en su forma diminutiva. ¿Denotan cosas pequeñas realmente o se asocian con sensaciones o sentimientos de Ramón? Si se refieren a una sensación, ¿de qué sensación se trata? y ¿la aumentan o la disminuyen? ¿Qué efectos consigue la escritora?

Ramoncito   oscurita   garritas
quietecito   tendidito   comidita
gorditos

Entonces, ¿qué funciones tiene la forma diminutiva en español?

5. Busque y marque en el texto dónde se refiere Ramón a Elisa como a una desconocida.

6. Busque y póngale el nombre a los episodios que marcan el clímax de la acción (el punto más importante del relato) y el desenlace (o resolución final).

7. Busque y marque en el texto el párrafo donde Ramón se ve a sí mismo en perspectiva por primera vez en la vida; éste es el momento en que todo empieza a cambiar.

8. Busque dónde y cuántas veces se dice lo siguiente en el texto

   a. desde que nací, toda mi vida ha sido planeada por ellos
   b. yo siempre hice lo que quería mi familia y siempre fui mediocre
   c. me da pereza cuando la gente empieza a planificarme la vida
   d. mi padre empezó haciendo quesos en casa y terminó con una gran compañía
   e. me sentía incómodo con los éxitos de mis padres y tanta perfección
   f. los ácidos del proceso fotográfico me permitieron verme y reaccionar
   g. soy un muchacho común y corriente, desabrido, alumno mediocre que terminó en la industria de papá por falta de carácter
   h. me encantó sentir algo con fuerza por primera vez y le tomé el gusto a este nuevo odio
   i. qué asco tener que besar a tía Amelia y a Elisa
   j. ahora estoy feliz en la cárcel y no quiero irme de aquí

En términos generales

1. Puesto que en este cuento hay un solo narrador, tenemos sólo un punto de vista. ¿Qué técnicas usa la escritora para hacernos saber lo que otros personajes piensan o desean?
2. ¿Qué visión de la familia nos da el cuento? ¿Está de acuerdo con lo que sabemos de la familia hispana? ¿Por qué se siente tan presionado Ramón por sus padres, su tía y su novia?
3. ¿Qué efecto tiene la constante repetición de la sensación de impotencia y la pereza del narrador?
4. ¿Cómo logra el clímax la escritora? ¿Por qué está tan bien logrado?
5. En el cuento la acción se desarrolla en el pasado y el presente. ¿Dónde ocurre la acción del presente?
6. ¿Cuál es el tema principal de este cuento? ¿Hay otros temas?
7. ¿Podría ser mujer el protagonista de este cuento? ¿Por qué?

Los personajes y sus papeles

1. ¿Quién es el personaje principal de este cuento? ¿Cómo es? ¿Qué edad tiene más o menos?
2. Elija tres adjetivos que retraten al narrador de la mejor manera posible. Explique por qué los eligió. Si sabe dibujar, haga un retrato de Ramón con sus padres.
3. ¿Qué problema tenía Ramón? ¿Estaba consciente de su problema? ¿Qué esperaba de su futuro? ¿Qué cambio se produjo?
4. ¿Qué otros personajes aparecen en el cuento? Según Ud., ¿cuál es el más importante de todos ellos? ¿Por qué?
5. ¿Qué representa Elisa? ¿Qué papel tiene en la vida de Ramón? Escoja tres adjetivos que la describan fielmente. Si sabe dibujar, haga un retrato de ella con su madre.
6. ¿Qué importancia tienen el ramillete de flores, la fotografía, las cerillas y el incendio de la quesería? Explique.

Es conveniente saber

La fuerza de la familia. En este texto es evidente la importancia de la familia, las ceremonias y las reuniones familiares en la cultura hispana. Así como se hacen múltiples referencias al nacimiento del hijo, también se habla del matrimonio y las bodas de oro de los padres, y *se programa* el primer amor del hijo, su trabajo, su matrimonio y la llegada de los nietos, entre otras cosas. Por supuesto, estos temas son comunes en cualquier cultura, pero es importante recalcar en este caso la constante actividad familiar en torno al hijo. Lo cierto es que en la vida real hay muchas familias de este tipo, aunque no todos los hijos llegan a resentir tan profundamente a sus padres que les incendien los negocios.

Más allá del texto

1. **Igual que Ramón.** Escriba un párrafo corto describiendo aquellas cosas que le molestaban sobremanera cuando era chico(a).
   Por ejemplo: *Cuando era chico(a), no me gustaba (me cargaba/molestaba) que mi tía... me tomara en brazos y me diera besos. Tampoco soportaba que... me tocara la cabeza porque... Lo peor era cuando... quería... Eso sí que me volvía loco(a).*

2. **Era quesero y qué.** En un párrafo describa las ocupaciones de sus abuelos u otros antepasados, especialmente las de aquéllos que se ganaron la vida en ocupaciones artesanales.
   Por ejemplo: *Mi abuelo materno era fontanero (plomero, gásfiter). Era muy bueno y muy entretenido porque había trabajado en dos países diferentes y había tenido muchas aventuras.*

3. **Un Ramón cualquiera.** ¿Conoce Ud. a un Ramón o a una Ramona? Describa a una persona que se someta fácilmente a los deseos y exigencias de los demás y trate de explicar por qué lo hace.
   Por ejemplo: *Una prima mía es una Ramona cualquiera. La vida es muy fácil para ella porque no tiene más que dejarse llevar por su madre y su abuela. Ellas le hacen todo; ¡no tiene necesidad de pensar siquiera!*

4. **El viento.** En España el viento viene del norte y empuja a Ramón como un globo flotante. ¿De dónde viene el viento en su comunidad? ¿Hacia dónde le lleva? Es decir, ¿qué cosas típicas se esperan de Ud.?
   Por ejemplo: *Todos esperan que una chica termine la universidad y se case y tenga hijos en unos… años. Si uno no se casa antes de los… años, la gente empieza a… Además…*

5. **¿Vida de perros o de reyes?** Escriba un párrafo en que explica por qué envidia o detesta la vida de Ramón, tan protegido por su familia. Compare su vida con la de él y describa qué le gustaría tener de lo que tenía Ramón.

6. **Querida Elisa.** Escriba una carta de tres párrafos que Ramón pudiera mandarle a Elisa desde la cárcel. Tome la actitud que mejor le parezca, pero no cambie los hechos ocurridos.

7. **Un Ramón local.** ¿Sabe Ud. la historia de alguna persona que haya roto todos los moldes y que haya cambiado su vida totalmente, a pesar de las expectativas de la familia y de la comunidad? Escriba un cuento contando la transformación de esta persona.

8. **Un final distinto.** Con un(a) compañero(a) escriban otro desenlace para este cuento. Empiecen a partir del punto de la revelación de la fotografía y agreguen otros personajes si lo desean.

9. **¡Ahora me toca a mí!** Escriba el cuento desde el punto de vista de Elisa o de la madre de Ramón. Use los mismos personajes de Matute; no cambie más que el punto de vista.

10. **Puesta en escena.** Con dos compañeros escriban una obra de teatro en un acto basado en este cuento. Una vez terminada la obra, represéntenla en clase y decidan cuál versión es la mejor de todas.

Temas de ensayo

Elija uno de los siguientes temas según las instrucciones de su profesor(a). Use sus apuntes sobre el texto, epecialmente lo que anotó en la sección **Hay que fijarse bien.** Cada vez que copie una frase del texto, póngala entre comillas («...») e indique en qué página aparece.

1. Analice la estructura de «Muy contento» y explique qué técnicas usa Matute para lograr una creciente tensión en el relato. Examine cómo logra transmitirnos la desidia y luego el odio del protagonista. Use citas del texto.

2. Examine las limitaciones y las ventajas de usar un solo narrador. Estudie los mecanismos que usa la escritora para suplir la falta de otros puntos de vista. Apoye sus ideas con citas del texto.

3. Estudie las ideas de Matute sobre el aislamiento del ser humano y la fuerza del destino o del libre albedrío en «Muy contento». Apoye sus explicaciones o comentarios con citas del texto.

4. Analice a fondo las relaciones entre los distintos personajes de «Muy contento» y la posibilidad de ver en ésta a una familia prototípica. Apóyese en citas del texto.

Las lavanderas

Adolfo Halty Dubé

QUINTA PARTE

La trama social

¿Por qué me odias tú?

DOMITILA BARRIOS DE CHUNGARA
CON DAVID ACEBEY, RECOPILADOR

Nombre:	Domitila Barrios de Chungara (1937–)
Nacionalidad:	Boliviana de origen indígena
Ocupación:	Luchadora por los derechos de los mineros bolivianos
Obras:	*«Si me permiten hablar…» Testimonios de Domitila, una mujer de las minas de Bolivia* (1977), testimonio recopilado por Moema Viezzer. *¡Aquí también, Domitila!* (1985), testimonio recopilado por David Acebey.
Otros datos:	De la oscuridad y dolor de las minas bolivianas, salta a la escena internacional por su labor a favor de los mineros de su tierra, de los trabajadores y las mujeres. En 1975, fue la única mujer de la clase obrera invitada a formar parte de la Tribuna del Año Internacional de la Mujer en México.

FICHA PERSONAL

Domitila Barrios de Chungara, al igual que la guatemalteca Rigoberta Menchú (véase la pág. 19), da testimonio de la vida de los indígenas en Hispanoamérica. Su padre indio fue campesino y luego minero en la mina Siglo XX—donde hubo más de una rebelión y masacre de mineros, sus mujeres y niños. En la mina, el padre se convirtió en dirigente sindical y su lucha tuvo gran influencia sobre Domitila. Muerta su mujer cuando Domitila tenía diez años, la niña se transformó en madre de cuatro hermanitas menores, mientras su padre les inculcaba a todas la idea de que las mujeres tenían los mismos derechos que los hombres y que eran capaces de «hacer las mismas hazañas que hacían los hombres» («*Si me permiten hablar…*», pág. 59). Con mucho sacrificio y luchando contra la percepción que existía en su pueblo de que las mujeres no servían para nada, Domitila terminó la escuela primaria, cosa extraordinaria en aquel tiempo y lugar.

Desde pequeñas y a pesar de su enorme pobreza, Domitila y sus hermanas compartían lo poco que tenían con otros pobres como ellas. Ya mayor, Domitila sigue el ejemplo de su padre y se dedica a luchar por el mejoramiento de las condiciones de vida y de trabajo de los mineros y por los derechos del pueblo boliviano. A raíz de sus actividades político-sindicales, se tuvo que exiliar en Suecia, donde vivió con su familia en un campamento de refugiados.

Como en el caso de «La familia» (véase la pág. 19), la que sigue es **literatura testimonial.** Es decir, el texto es una recopilación o transcripción de la narración oral (testimonio) de una persona. Si Ud. lee con cuidado, se dará cuenta que Domitila está hablándole a otra persona porque de vez en cuando dice algo como «¿verdad?» o «¿no?», buscando la confirmación del que la escucha. El fragmento que sigue forma parte del Anecdotario de ¡*Aquí también, Domitila!*, libro que trata de sus actividades políticas en Bolivia, del exilio y de sus experiencias en los distintos países que ha visitado. En este fragmento, vemos ilustrados el racismo y las tensiones entre las clases sociales.

Aproximaciones al texto

. . . .

Es conveniente saber

La mujer. En la cultura hispana, las mujeres suelen desempeñar sus actividades y funciones dentro de un grupo, ya sea el de la familia y los amigos o el de los compañeros de trabajo. En general, la sociedad no apoya ni el desarrollo de sus intereses personales ni su independencia. Sin embargo, es importante notar que esto cambia, en mayor o menor medida, según el nivel socio-económico de la persona. En la lectura que sigue, se puede ver con gran claridad que Domitila, siendo de la clase obrera, se siente cohibida en un ambiente lujoso y muy incómoda cuando la dejan sola.

. . . .

1. **Estar fuera de lugar.** Hay ciertas ocasiones en que a veces nos sentimos mal o fuera de lugar. Combine un elemento de cada columna para indicar qué nos puede producir inseguridad.

   Por ejemplo: *Me siento fuera de lugar cuando llego a una fiesta y todos están vestidos con mucha elegancia y yo no.*

   ### Por si acaso

   Me siento/Uno se siente fuera de lugar en/cuando…

una fiesta de mis compañeros	es demasiado elegante
una reunión con un(a) profesor(a)	son demasiado informales
una cena en casa de mi novio(a)	todos son demasiado serios
una reunión de mi piso	hay demasiada gente
una fiesta de familia	hay mucha gente desconocida
un almuerzo en un restaurante	hay mantel y servicio fino
una fiesta de cumpleaños	no tengo suficiente dinero
una despedida	no conozco a nadie
una boda	me tratan formalmente
	es demasiado lujoso
	me siento aparte de los demás

2. **¿Cómo reacciona la gente?** La gente reacciona de distintas maneras cuando está en una situación nueva. Elija reacciones de la lista que sigue y explique cuándo las ha observado en otros o en Ud. mismo(a). Agregue otras si le parece.

   Por ejemplo: *Cuando no conozco a nadie, me pongo nervioso(a) y hablo mucho. Otras veces, trato de seguir a un grupo y de hacer lo que hacen todos.*

   ### Por si acaso

no digo lo que pienso	me retiro de la reunión
hablo mucho	me siento en un rincón
hablo poco	hago lo que hacen los demás
busco a otra persona como yo	me pongo a leer algo
trato de conversar con alguien	me pongo a comer tranquilamente
camino por todos lados	me pongo a mirar a la gente

3. **De la vida real.** Dividan la clase en grupos de 3 o 4 personas y escriban una escena usando las descripciones del problema y de los papeles principales que siguen.

Papel A: Ud. es una persona que está de visita en una ciudad y está esperando que alguien lo(a) recoja. Se siente algo incómodo(a) porque no conoce nada ni a nadie y está sentado(a) solo(a) en el salón de un hotel.

Papel B: Ud. Es empleado(a) de un hotel y su jefe le ha dicho que tenga mucho cuidado, que no deje entrar a ningún desconocido y que mantenga todo muy limpio y ordenado. Entonces, Ud. ve que hay alguien en el salón.

Escriban el diálogo entre A y B y otros personajes que Uds. quieran crear. Ensayen la escena y después represéntenla en clase.

· ·

Es conveniente saber

La Hispanoamérica indígena. Una gran parte de la población de los países hispanoamericanos es de origen indígena, por supuesto. Según el país, la proporción de indígenas en la población total puede ser alta (como en Bolivia, Perú, Ecuador, Paraguay, México, Guatemala, El Salvador) o relativamente más baja (como en Colombia, Venezuela, Puerto Rico, Nicaragua). Es difícil saber exactamente cuál es la población indígena en un país, ya que ahora una gran parte de ellos son *mestizos* (mezcla de indio y europeo) o *zambos* (mezcla de indio y negro). De todas maneras, la influencia de las culturas indígenas y de sus idiomas está presente en las sociedades hispanoamericanas no sólo en los rasgos físicos de la gente, sino en la gran variedad de costumbres y vocabularios locales que cambian según la cultura indígena dominante del lugar.

· ·

4. **Antepasados indígenas.** Con dos compañeros(as) averigüen de qué
   zonas geográficas o países son cinco de los siguientes grupos de
   indígenas americanos. Indíquelos en el mapa. Cuando terminen,
   comparen sus resultados con los de otro grupo. Agreguen otros grupos
   que Uds. conozcan.

   Por ejemplo: *Los indios navajos viven principalmente en...*

quechuas	hopis
mayas	navajos
aztecas	cheyenes
chibchas	mohicanos
guaraníes	mineolas
aymaráes	pueblos
jíbaros	comanches

Es conveniente saber

Cómo reaccionar. Para expresar reacciones y opiniones, a menudo se usan las construcciones como **gustarle a uno.** En estas construcciones, siempre hay que usar un complemento indirecto antes del verbo; el complemento representa a la persona que reacciona o sujeto. Lo que produce la reacción viene después del verbo y concuerda con él.

Por ejemplo: «**Les** dolía que la cena era en honor mío y yo no podía comer.»
«**Me** da rabia su actitud.»
«No **me** agradó que me echara del comedor.»

a mí me	a ti te	a Ud. le	a él/ella le
a nosotros nos	a vosotros os	a ustedes les	a ellos/as les

Reacciones de agrado: a mí me… agrada, gusta, encanta, fascina, interesa, parece bien, vuelve loco(a)

Reacciones de desagrado: a mí me… desagrada, duele, molesta, afecta, parece mal, irrita, da rabia, indigna, cae mal

. . . .

▼

me detestas

¿Por qué me odias° tú?

DOMITILA BARRIOS DE CHUNGARA CON DAVID ACEBEY, RECOPILADOR

Cuando fui a la Conferencia sobre Exilio y Solidaridad Latinoamericana en Venezuela, me pasó una cosa interesante.

Me pusieron/elegantísimo

protesté

Me alojaron° en un hotel lujoso,° tal vez el mejor de Caracas. Me dieron un cuarto grande, con esas comodidades que aterran. Pero después reclamé° y pude conseguir que venga a dormir una compañera conmigo. Incluso les dije que si pensaban que me vendría a vivir con todos mis hijos. Porque aparte de grande y lujoso, tenía tantas camas…

En ese hotel se realizó parte de la Conferencia, la inauguración y la clausura. Habían restaurantes lujosos y en uno de ésos invitaron una cena.

la responsable de cosas que hay que hacer de antemano

Una de las compañeras que me acompañaba era la encargada° de hacer los preparativos.° Y como le dije que no quería quedarme sola, ella me dijo que bajáramos porque tenía que hacer algunas cosas.

En el restaurante donde teníamos que cenar, vi una mesa servida ¡con tanto lujo!, ¡tanto detalle!, que parecía de esas películas donde se hacen los banquetes de la burguesía o las fiestas de los reyes. Yo estaba pensando, «sólo en películas se ve este tipo de cosas». Estaba mirando ahí, y en ese momento me dice la compañera:

irme

—Tengo que ausentarme°— y que la esperara allí sentada. Incluso me dijo que si quería beber algo.

▼

—Sí —le dije—, me voy a servir un jugo de naranja.

Me trajo el jugo y me quedé sentada a la orilla de la mesa. Cuando de repente me ve uno de los que estaban arreglando y limpiando la mesa del lado, y me dice:

inquieto   —¡Y usted! ¿qué hace aquí? —así bien alarmado° él.

Entonces le digo:

—Le estoy esperando a la señora —pensando que él vio a la compañera, ¿no?

toma   —Usted no puede quedarse aquí —me dice, y me agarra° del brazo y
rápido/escalones   carrera° me lleva por ahí adentro. Me baja por unas gradas,° me mete a un cuarto y me dice—: aquí es donde tiene que esperar.

entonces   Yo estaba desconcertada. No sabía qué pensar. Y al último° creí que la compañera había encargado que la fuera a esperar a ese otro lugar. Solamente pensé eso y me senté otra vez.

Era un cuarto grande y estuve mirando... Cuando de repente aparece un señor, abre unos cajones, saca unos platos —ahí al fondo habían habido unas ollas— y comienza a servirse comida. Busca así dónde sentarse. Y cuando me ve se viene a sentar delante de mí.

—¿Tú no comes? —me pregunta.

—¿Hay para comer? —le digo.

—Sí, claro, sírvete —me dice—. Allí están los platos.

atrevía   Yo no me animaba° todavía a servirme, pero él se paró, alzó un plato
tomó y me lo dio   y me alcanzó.° Entonces me fui a servir y empezamos a comer. Me preguntó si estaba trabajando o si buscaba trabajo.

—No. No trabajo todavía —le dije.

insistió   El se empeñó° en hablar. Me dijo que tenía amigos, que me podía
a medida que   conseguir trabajo y todo eso. Y conforme° íbamos hablando y comiendo fue entrando más gente. Y me di cuenta que en ese lugar comía el personal del hotel.

Ya habíamos acabado ese plato y nos servimos otro. Estábamos muy
entretenidos   divertidos.° El me contaba muchas anécdotas de sus hijos, de su hogar.
contó   Me avisó° que su señora también trabajaba y que estaban decididos a conseguirme trabajo. Yo no me animaba a decirles qué hacía ahí, ¿no?
no lo contradije   Solamente le seguí la corriente.° Pero el señor estaba muy convencido de que me iría a trabajar con él. Incluso, me preguntó cuánto me pagaba la señora, pensando que la compañera que me acompañaba era mi patrona.

La compañera que estaba conmigo comenzó a buscarme. Y como no aparecía por ningún lado, pensaron que había sido secuestrada y movilizaron al personal del hotel, a los detectives. Cuando de repente abrieron la puerta de la cocina y gritaron:

—¡Aquí está! ¡Pero Domitila!

Y se hizo el escándalo, ¿no? Me preguntaron qué es lo que estaba haciendo ahí. Y les dije que le estaba esperando a la compañera, ¿no?

—¡Por qué! ¡Cómo! Si yo te dejé allá arriba —me dijo.

—Pero si me han dicho que venga aquí —le dije.

—¿Quién te dijo? —me preguntó.

Me fijé° rápido y reconocí al señor. Pero como escuché palabras amenazantes° del gerente° que dijo que inmediatamente lo iban a sancionar.

—¡No sé quién será! —nomás° les dije.

Entonces hicieron formar° al personal delante de mí. Pero les dije que lo único que me acordaba era que tenía un saco guindo,° pero como todo el personal tenía el mismo uniforme, con ese pretexto no lo identifiqué. Y volvió la calma.

Empezó la cena, pero yo ya no podía comer. Me dijeron que les acompañara, pero les dije que ya había comido y que me había sentido muy bien allí adentro y que no se apenaran.°

Lo que más les dolía° era que la cena era en mi honor. Entonces me dijeron que por lo menos les acompañe con un café o un refresco. Pedí un refresco. Y mala suerte, porque quien tenía que servirme era el mismo señor que me llevó a la cocina. Noté cierta actitud en él, no tenía voluntad° para servirme. Parecía que me tenía rabia.° Porque cuando me trajo el refresco, lo puso al otro lado, a la orilla de la mesa. Entonces me dolió y me hizo pensar bastante, ¿no? El estaba acostumbrado a servir a «la gente bien», como llaman a los patrones. Pero no estaba acostumbrado a servir a la gente como yo, de su clase. Entonces me dio mucha rabia. Y en ese momento quise decir que fue él el que me echó. Pero pensé y me dije «mejor no digo nada».

Por molestarle, me tomé todo el refresco y después pedí té. Y justamente cuando él estaba cerca mío le dije:

—Deseo un té más —y a él mismo le mandaron por el té.

Hizo lo mismo. Me di cuenta que realmente tenía rabia de servirme.

Bueno. Pasó el acto.° Habíamos terminado de cenar. Todo el mundo se recogía. Salían, charlaban… Yo, intencionalmente me quedé hasta el final. Este señor estaba recogiendo los platos, todo… Entonces me acerqué. Y como él me agarró del brazo, yo le agarré igual y le dije:

—¿Por qué me odias tú? ¿Tú crees que no te he reconocido? ¡Yo te he reconocido! Podía denunciarte pero no lo he hecho. ¿Tú crees que la gente como nosotros no tiene derecho a sentarse un día en un banquete así? —y le dije—: ¿por qué me odias vos? Un día, tú o tus hijos igual nos vamos a sentar en un banquete así —y el señor me miró y…

—¡Señora! —me dijo.

Pero no le di más tiempo a reaccionar y me salí.

Claro, esta actitud me dolió más porque éramos de la misma clase. Tal vez si hubiera sido el gerente no me hubiera dolido tanto. Parece que la mentalidad de alguna gente es así, servil con los patrones y rencoroso° con los de su clase.

miré
que dan miedo/jefe,
administrador
solamente
ponerse en fila
chaqueta roja

se preocuparan
les molestaba

no quería/me detestaba

el banquete

de mala voluntad

En torno al texto

Hay que fijarse bien

Lea el texto otra vez. Con un(a) compañero(a) copien tres frases del texto que indiquen que…

a. Domitila se siente fuera de lugar
b. al empleado que come en la cocina le encanta Domitila
c. Domitila ha decidido estar de acuerdo en todo con el empleado
d. al camarero no le gusta servirle a Domitila
e. Domitila quiere molestar un poco al camarero
f. para Domitila es muy importante que las cosas sigan su ritmo normal
g. alguien está escuchando el relato de Domitila sin participar en la conversación

En términos generales

1. ¿Cuál es la idea principal de esta anécdota?
2. En el hotel, ¿qué aprendió Domitila de la gente?
3. ¿Cómo habría reaccionado el empleado si él (y no el camarero) hubiera encontrado a Domitila en el comedor?
4. ¿Qué aprendió Ud. acerca de Domitila y de otras mujeres como ella en esta anécdota?
5. ¿Qué aprendió Ud. acerca de la sociedad hispana en este relato?

Los personajes y sus papeles

1. ¿Por qué se encontró en esta situación Domitila? ¿Cómo se pudo haber ahorrado la molestia y la rabia?
2. ¿Cómo reacciona el empleado ante Domitila? ¿Por qué?
3. ¿Cómo reacciona el camarero ante Domitila? ¿Por qué?
4. ¿Qué aspectos de la personalidad de Domitila se pueden ver en este texto? Describa su personalidad. Use citas del texto para apoyar sus ideas.
5. ¿Qué tipo de persona es el empleado del hotel? ¿Cómo lo sabe Ud.? Use citas del texto.
6. ¿Qué tipo de persona es el camarero? Use citas del texto para describirlo.
7. ¿Qué papel desempeña la encargada del acto? ¿Y la gente que está en el banquete?

Es conveniente saber

Reformas en la lengua también. Durante los años de lucha y reivindicación
social que precedieron el surgimiento de las dictaduras militares de los
años 60 y 70 en Hispanoamérica, se desarrolló en muchos países un
cambio en el lenguaje que se caracterizaba por lo siguiente.

a. Cambio generalizado de **usted** a **vos** o **tú** en situaciones públicas entre
gente que no se conocía de antes. Antes de esta época, el **vos** o el **tú**
(según el dialecto) se reservaba para los amigos íntimos o los familiares
exclusivamente.

b. Uso de las palabras **compañero** o **camarada** entre gran parte de la gente
joven, amigos, políticos y miembros de los movimientos político-
sociales cristianos o socialistas que se difundieron por el continente.
El uso de estos términos identificaba a todos aquéllos que apoyaban
cambios como: reforma de la universidad, reforma agraria, reforma de
la previsión y garantías laborales de los trabajadores y sus sindicatos,
reforma de los sistemas sociales para proteger a la madre y el niño, etc.

c. Términos tales como **burgués, vendepatrias, imperialista, colonialista**
y **reaccionario** se referían en general a los conservadores y eran usados
como insultos. Por el contrario, otros tales como **el pueblo, compañero trabajador, madres trabajadoras,** y **compañero(a),** adquirieron
prestigio e identificaban a los que luchaban por los cambios sociales y
a la gran mayoría de la juventud estudiantil. Fue en esta época que se
hizo famoso el lema usado en varios países: «El pueblo unido jamás
será vencido».

En general, el difundido uso en público de **vos** o **tú** son los únicos
cambios lingüísticos que sobrevivieron a los golpes de estado y los
gobiernos represivos que sucedieron al breve período de efervescencia
político-social de los años 60 y 70.

. . . .

Más allá del texto

1. **Todo depende del cristal con que se le mire.** Al parecer, el camarero sacó a Domitila del comedor sólo por su apariencia física. Sin embargo, él pudo haber tenido otros motivos que no conocemos. Con dos compañeros encuentren otras dos razones que expliquen su acción. En seguida, compartan sus ideas con toda la clase y defiéndanlas.

   Por ejemplo: *Creemos que el camarero sacó a Domitila del comedor porque quería...*

2. **Metida de pata.** La mayoría de nosotros hemos cometido algún error por ignorancia, por no saber algo o por no conocer a una persona clave. Entreviste a un(a) compañero(a) y pregúntele sobre alguna metida de pata importante suya. En seguida, cuéntele lo que descubrió a la clase.

   Por ejemplo: *—¿Has metido la pata alguna vez en público?*
   —Sí, por supuesto. Una vez confundí al jefe con un cliente y le dije que no comprara en esa tienda porque era muy cara. Me echaron inmediatamente.

3. **Retrospectivamente.** Ahora que Ud. ya sabe lo que le pasó a Domitila, hay ciertas preguntas que quedan por contestar. Con un(a) compañero(a) elijan uno de los temas que siguen. Analícenlo usando las preguntas dadas. En seguida, presenten un resumen a toda la clase o escriban al menos dos párrafos con sus ideas, según las instrucciones de su profesor(a).

   a. ¿Por qué alojaron a Domitila en un gran hotel en vez de llevarla a casa de alguien o a un hotel pequeño? ¿Qué habrían hecho Uds.? ¿Por qué?

   b. Además de charlar con el empleado, ¿por qué comió también Domitila con él? ¿Será parte de su papel como mujer? ¿Será una cuestión cultural? ¿Qué habrían hecho Uds. en su lugar? ¿Por qué?

   c. ¿Por qué decidió Domitila enfrentarse al camarero? ¿Qué habrían hecho Uds. en su lugar? ¿Por qué? ¿Hay alguna diferencia cultural en este caso, según su parecer?

4. **No tan cerca que te queme.** Es interesante analizar la función del contacto físico entre la gente. Con dos compañeros(as) analícenla en esta lectura. Usen las preguntas que siguen como guía y prepárense para defender sus ideas ante la clase.

   a. ¿Cuándo hay contacto físico entre los personajes?

   b. ¿Por qué se agarran el brazo?

   c. ¿Qué efecto tiene este contacto en cada uno de ellos?

   d. ¿Qué efecto tuvo en Uds.?

   e. ¿Hay alguna diferencia entre la cultura hispana y la estadounidense en este caso?

5. **Una perspectiva diferente.** Divídanse en grupos pequeños y monten una pequeña obra sobre lo que pasó en el hotel. Cada persona debe tomar un papel diferente y reaccionar a su manera; es decir, debe hacer lo que le parece bien y no necesariamente lo que hicieron Domitila, el camarero y el empleado. De esta manera, se puede ver cómo se desarrollan otros tipos de interacción en la misma situación. Después, decidan cuál es la mejor obra y por qué. Además, analicen las diferencias culturales que hayan notado entre las obras y la anécdota de Domitila.

Temas de ensayo

Elija uno de los siguientes temas según las instrucciones de su profesor(a). Use sus apuntes sobre el texto, especialmente lo que anotó en la sección **En torno al texto.** Cada vez que use una cita del texto, póngala entre comillas («...») e indique en qué página aparece.

1. Compare la actitud de los dos hombres frente a Domitila. Analice los efectos que producen en ella y en el lector.

2. Discuta la actitud de Domitila frente a los dos hombres. Analice cuidadosamente su paso gradual de la pasividad al enfrentamiento y trate de explicar sus motivos.

3. Analice los signos lingüísticos y sus funciones en este relato. Por ejemplo, estudie el uso de distintas formas de tratamiento (**Ud., tú, vos**) y las funciones que tienen los pronombres en cada caso (acercar o distanciar a la gente). Estudie también las diferentes estrategias de interacción usadas por Domitila según la situación y según con quién está hablando (a veces sigue la corriente y a veces toma la iniciativa).

4. Comente acerca de los papeles de hombres y mujeres hispanos, según se ve en este testimonio y en las otras lecturas que haya leído hasta la fecha.

5. Compare los dos ambientes: el comedor y la cocina. Analice qué efectos producen en los personajes en conjunto y por separado.

6. Analice la sociedad hispanoamericana según se ve reflejada en este testimonio y en otros que haya leído hasta aquí. Identifique los grupos principales y describa sus características. Explique el papel de la gente como Domitila en esta sociedad.

7. Estudie a Domitila (págs. 70 y 192) y a Rigoberta Menchú (pág. 19). Analice las semejanzas entre estas dos mujeres. Explique cómo fue posible que surgieran en sus respectivos contextos. Preste especial atención a la tremenda tarea de desarrollo interior que ambas llevaron a cabo para convertirse en líderes de sus pueblos.

El delantal blanco

SERGIO VODANOVIĆ

Nombre:	Sergio Vodanović (1926–)
Nacionalidad:	Chileno de origen yugoslavo
Ocupaciones:	Abogado, dramaturgo, profesor, periodista
Obras:	*El príncipe azul* (1947)
	El senador no es honorable (1952), Premio Municipal de Drama (Santiago)
	Mi mujer necesita marido (1953)
	La cigüeña también espera (1955)
	Deja que los perros ladren (1959), Premio Municipal de Drama (Santiago)
	Viña: Tres comedias en traje de baño (1964), Premio Municipal de Drama (Santiago)
	Los fugitivos (1965)
	Perdón,... ¡estamos en guerra! (1966)
	Nos tomamos la universidad (1971)
	El mal espíritu (1990), estrenada en Gottingen
Otros datos:	Ha escrito varias telenovelas y miniseries para la televisión.

FICHA PERSONAL

La obra de Vodanović—si bien refleja el contexto sicológico, social, económico y político de su país—encuentra resonancias en el resto de Hispanoamérica, ya que los temas que presenta son comunes en la región. Vodanović ataca la corrupción y la hipocresía, cuestiona los valores tradicionales y las instituciones sociales, examina los conflictos que existen entre las generaciones y nos muestra también la enorme distancia que a menudo existe entre nuestros sueños y la realidad.

El delantal blanco forma parte de *Viña: Tres comedias en traje de baño*, una trilogía de obras en un acto que se desarrollan en Viña del Mar, el balneario chileno más elegante y conocido. En cada una de estas obras, los personajes nos van demostrando sus prejuicios y las diferencias socioeconómicas entre las clases (de las cuales están muy conscientes). Asímismo, nos revelan sus problemas íntimos, los que generalmente están relacionados a los dos anteriores tanto como a la soledad y la falta de comunicación. *El delantal blanco* se enfoca en la relación que existe entre una señora y su empleada doméstica al igual que en la enorme importancia de las apariencias (o manera de vestirse y arreglarse) como indicación de la clase social a la que uno pertenece.

Aproximaciones al texto

1. **Uniformes.** Indique cuáles de las siguientes personas se pueden reconocer porque llevan un uniforme característico. Describa los uniformes.

profesores	militares	mineros	estudiantes	niñeras
cocineros	secretarios	médicos	camareras	abogados
pilotos	vendedores	choferes	enfermeros	técnicos
empleadas domésticas		empleados de correos		policías

2. **Estereotipos.** Hay telas y colores que, según dice la gente, indican a qué grupo social pertenece una persona. Elija un grupo de gente (los jóvenes universitarios o profesionales, los empleados de seguros, los muchachos de colegio, etc.) y trate de caracterizarlo por la ropa que llevan generalmente. Después, con un(a) compañero(a), analicen sus descripciones y vean por qué están o no están de acuerdo.
Por ejemplo: *Para andar a la moda, los profesionales jóvenes usan trajes de algodón o seda de colores claros o gris suave.*

Por si acaso

telas: seda, algodón, pana, lana pura, lana con poliéster, poliéster, rayón, nailón, acetato, viscosa

ropa: trajes, vestidos, trajes de dos piezas, traje pantalón, blusas, blusones, camisas, poleras, polerones

colores: negro, blanco, gris, morado, malva, rosa(do), pardo, marrón, azul (marino), azul claro (celeste), verde nilo

3. **Con una varita mágica.** Casi todos tenemos por lo menos un traje o un vestido que nos gusta mucho y que nos hace sentir especiales o distintos. Descríbalo con detalles.
Por ejemplo: *Cuando me pongo la falda negra con la chaqueta morada que tengo, soy como otra persona porque me quedan muy bien y, por lo tanto, me siento estupenda.*

Es conveniente saber

Las empleadas domésticas. En la época en que se escribió esta obra, no sólo la clase alta sino también la clase media hispanoamericana solía tener empleadas domésticas. Muchas de ellas eran «con cama» o «puertas adentro», lo que quiere decir que vivían con la familia que las empleaba. Hoy en día, debido a las crecientes oportunidades de trabajo para las mujeres, por una parte, y la crisis económica por otra, puede resultar más difícil tener empleada, excepto que a veces las depresiones económicas o la inflación obligan a muchas mujeres a buscar trabajo como criada o empleada. En época de crisis, se considera que ser empleada es una ocupación bastante buena, puesto que le garantiza a una mujer casa, comida y cierta seguridad.

4. **¿Comodidad o molestia?** Imagínese que en su casa hubieran tenido empleada doméstica cuando Ud. estaba en el colegio, ya sea de puertas adentro o de puertas afuera. Haga dos listas, una de las ventajas y otra de las desventajas de tener una criada en casa. Use frases con *habría + participio pasado*.

Por ejemplo: *Comodidad:* *Me habría hecho la cama todos los días.*

Molestia: *Habría sabido demasiado acerca de mí.*

▼▼ El delantal blanco

Sᴇʀɢɪᴏ Vᴏᴅᴀɴᴏᴠɪᴄ́

gafas de sol

Personajes

LA SEÑORA
LA EMPLEADA
DOS JOVENES
LA JOVENCITA
EL CABALLERO DISTINGUIDO

La playa.

tienda

Al fondo, una carpa.°

Frente a ella, sentadas a su sombra, la SEÑORA y la EMPLEADA.

La SEÑORA está en traje de baño y, sobre él, usa un blusón de toalla

piel *blanca que le cubre hasta las caderas. Su tez° está tostada por un largo*
vacaciones *veraneo.° La EMPLEADA viste su uniforme blanco. La SEÑORA es una*
cara *mujer de treinta años, pelo claro, rostro° atrayente aunque algo duro. La*
EMPLEADA tiene veinte años, tez blanca, pelo negro, rostro plácido y
agradable.

LA SEÑORA: *(Gritando hacia su pequeño hijo, a quien no ve y que se*
supone está a la orilla del mar, justamente, al borde del escenario.)
¡Alvarito! ¡Alvarito! ¡No le tire arena a la niñita! ¡Métase al agua! Está
muy buena/No le destruya rica°... ¡Alvarito, no! ¡No le deshaga° el castillo a la niñita! Juegue con
ella... Sí, mi hijito... juegue...

agresivo LA EMPLEADA: Es tan peleador°...

Es como su LA SEÑORA: Salió al° padre... Es inútil corregirlo. Tiene una
personalidad dominante que le viene de su padre, de su abuelo, de su
abuela... ¡sobre todo de su abuela!

su marido LA EMPLEADA: ¿Vendrá el caballero° mañana?

sin interés LA SEÑORA: *(Se encoge de hombros con desgano.°)* ¡No sé! Ya estamos en
marzo, todas mis amigas han regresado y Alvaro me tiene todavía
aburriéndome en la playa. El dice que quiere que el niño aproveche° las
take advantage of vacaciones, pero para mí que es él quien está aprovechando. *(Se saca el*
blusón y se tiende a tomar sol.) ¡Sol! ¡Sol! Tres meses tomando sol. Estoy
intoxicada de sol. *(Mirando inspectivamente a la EMPLEADA.)* ¿Qué
haces tú para no quemarte?

LA EMPLEADA: He salido tan poco de la casa...

LA SEÑORA: ¿Y qué querías? Viniste a trabajar, no a veranear. Estás
recibiendo sueldo, ¿no?

LA EMPLEADA: Sí, señora. Yo sólo contestaba su pregunta...

La SEÑORA permanece tendida recibiendo el sol. La EMPLEADA
tela/fotonovelas *saca de una bolsa de género° una revista de historietas fotografiadas° y*
empieza *principia° a leer.*

LA SEÑORA: ¿Qué haces?

LA EMPLEADA: Leo esta revista.

LA SEÑORA: ¿La compraste tú?

LA EMPLEADA: Sí señora.

LA SEÑORA: No se te paga tan mal, entonces, si puedes comprarte tus revistas, ¿eh?

La EMPLEADA no contesta y vuelve a mirar la revista.

LA SEÑORA: ¡Claro! Tú leyendo y que Alvarito reviente, que se ahogue°...

que muera en el agua

LA EMPLEADA: Pero si está jugando con la niñita...

LA SEÑORA: Si te traje a la playa es para que vigilaras° a Alvarito y no para que te pusieras a leer.

cuidaras

La EMPLEADA deja la revista y se incorpora° para ir donde está Alvarito.

se para

LA SEÑORA: ¡No! Lo puedes vigilar desde aquí. Quédate a mi lado, pero observa al niño.¿Sabes? Me gusta venir contigo a la playa.

LA EMPLEADA: ¿Por qué?

LA SEÑORA: Bueno... no sé... Será por lo mismo que me gusta venir en el auto, aunque la casa esté a dos cuadras. Me gusta que vean el auto. Todos los días, hay alguien que se para al lado de él y lo mira y comenta. No cualquiera tiene un auto como el de nosotros... Claro, tú no te das cuenta de la diferencia. Estás demasiado acostumbrada a lo bueno... Dime... ¿Cómo es tu casa?

LA EMPLEADA: Yo no tengo casa.

LA SEÑORA: No habrás nacido empleada, supongo. Tienes que haberte criado en alguna parte, debes haber tenido padres... ¿Eres del campo?

LA EMPLEADA: Sí.

LA SEÑORA: Y tuviste ganas de conocer la ciudad, ¿ah?

LA EMPLEADA: No. Me gustaba allá.

LA SEÑORA: ¿Por qué te viniste, entonces?

LA EMPLEADA: Tenía que trabajar.

LA SEÑORA: No me vengas con ese cuento. Conozco la vida de los inquilinos° en el campo. Lo pasan bien. Les regalan una cuadra para que cultiven. Tienen alimentos gratis y hasta les sobra° para vender. Algunos tienen hasta sus vaquitas... ¿Tus padres tenían vacas?

campesinos

tienen de más

LA EMPLEADA: Sí, señora. Una.

LA SEÑORA: ¿Ves? ¿Qué más quieren? ¡Alvarito! ¡No se meta tan allá° que puede venir una ola! ¿Qué edad tienes?

No vaya tan adentro

LA EMPLEADA: ¿Yo?

LA SEÑORA: A ti te estoy hablando. No estoy loca para hablar sola.

LA EMPLEADA: Ando en° los veintiuno...

Tengo aproximadamente

LA SEÑORA: ¡Veintiuno! A los veintiuno yo me casé. ¿No has pensado en casarte?

La EMPLEADA baja la vista y no contesta.

LA SEÑORA: ¡Las cosas que se me ocurre preguntar! ¿Para qué querrías casarte? En la casa tienes de todo: comida, una buena pieza, delantales limpios... Y si te casaras... ¿Qué es lo que tendrías? Te llenarías de chiquillos, no más.

LA EMPLEADA: *(Como para sí.)* Me gustaría casarme...

LA SEÑORA: ¡Tonterías! Cosas que se te ocurren por leer historias de amor en las revistas baratas... Acuérdate de esto: los príncipes azules° ya no existen. No es el color lo que importa, sino el bolsillo.° Cuando mis padres no me aceptaban un pololo° porque no tenía plata, yo me indignaba, pero llegó Alvaro con sus industrias y sus fundos y no quedaron contentos hasta que lo casaron conmigo. A mí no me gustaba porque era gordo y tenía la costumbre de sorberse los mocos,° pero después en el matrimonio, uno se acostumbra a todo. Y llega a la conclusión que todo da lo mismo,° salvo° la plata. Sin la plata no somos nada. Yo tengo plata, tú no tienes. Esa es toda la diferencia entre nosotras. ¿No te parece?

LA EMPLEADA: Sí, pero...

LA SEÑORA: ¡Ah! Lo crees ¿eh? Pero es mentira. Hay algo que es más importante que la plata: la clase. Eso no se compra. Se tiene o no se tiene. Alvaro no tiene clase. Yo sí la tengo. Y podría vivir en una pocilga° y todos se darían cuenta de que soy alguien. No una cualquiera. Alguien. Te das cuenta,° ¿verdad?

LA EMPLEADA: Sí, señora.

LA SEÑORA: A ver... Pásame esa revista. (*La EMPLEADA lo hace. La SEÑORA la hojea. Mira algo y lanza una carcajada.*) ¿Y esto lees tú?

LA EMPLEADA: Me entretengo,° señora.

LA SEÑORA: ¡Qué ridículo! ¡Qué ridículo! Mira a este roto° vestido de smoking.° Cualquiera se da cuenta que está tan incómodo en él como un hipopótamo con faja°... (*Vuelve a mirar en la revista.*) ¡Y es el conde de Lamarquina! ¡El conde de Lamarquina! A ver... ¿Qué es lo que dice el conde? (*Leyendo.*) «Hija mía, no permitiré jamás que te cases con Roberto. El es un plebeyo. Recuerda que por nuestras venas corre sangre azul». ¿Y ésta es la hija del conde?

LA EMPLEADA: Sí. Se llama María. Es una niña sencilla y buena. Está enamorada de Roberto, que es el jardinero del castillo. El conde no lo permite. Pero... ¿sabe? Yo creo que todo va a terminar bien. Porque en el número anterior Roberto le dijo a María que no había conocido a sus padres y cuando no se conoce a los padres, es seguro que ellos son gente rica y aristócrata que perdieron al niño de chico o lo secuestraron...

LA SEÑORA: ¿Y tú crees todo eso?

LA EMPLEADA: Es bonito, señora.

LA SEÑORA: ¿Qué es tan bonito?

LA EMPLEADA: Que lleguen a° pasar cosas así. Que un día cualquiera, uno sepa que es otra persona, que en vez de ser pobre, se es rica; que en vez de ser nadie se es alguien, así como dice Ud...

LA SEÑORA: Pero no te das cuenta que no puede ser... Mira a la hija... ¿Me has visto a mí alguna vez usando unos aros así? ¿Has visto a alguna de mis amigas con una cosa tan espantosa? ¿Y el peinado? Es detestable. ¿No te das cuenta que una mujer así no puede ser aristócrata?... ¿A ver? Sale fotografiado aquí el jardinero...

LA EMPLEADA: Sí. En los cuadros del final. (*Le muestra en la revista.*

---

hombres ideales
cuánto dinero tienen
enamorado (chilenismo)

to sniffle

no importa nada/excepto

lugar para los cerdos

Comprendes

Me divierto
hombre vulgar, obrero
(chilenismo)
tuxedo
girdle

puedan

La SEÑORA ríe encantada).

LA SEÑORA: ¿Y éste crees tú que puede ser un hijo de aristócrata? ¿Con esa nariz? ¿Con ese pelo? Mira…Imagínate que mañana me rapten a Alvarito. ¿Crees tú que va a dejar por eso de tener su aire de distinción?

le tiró abajo, le destruyó

LA EMPLEADA: ¡Mire, señora! Alvarito le botó° el castillo de arena a la niñita de una patada.

LA SEÑORA: ¿Ves? Tiene cuatro años y ya sabe lo que es mandar, lo que es no importarle los demás. Eso no se aprende. Viene en la sangre.

LA EMPLEADA: *(Incorporándose.)* Voy a ir a buscarlo.

LA SEÑORA: Déjalo. Se está divirtiendo.

La EMPLEADA se desabrocha el primer botón de su delantal y hace un gesto en el que muestra estar acalorada.

LA SEÑORA: ¿Tienes calor?

LA EMPLEADA: El sol está picando fuerte.

LA SEÑORA: ¿No tienes traje de baño?

LA EMPLEADA: No.

LA SEÑORA: ¿No te has puesto nunca traje de baño?

LA EMPLEADA: ¡Ah, sí!

LA SEÑORA: ¿Cuándo?

LA EMPLEADA: Antes de emplearme. A veces, los domingos, hacíamos excursiones a la playa en el camión del tío de una amiga.

LA SEÑORA: ¿Y se bañaban?

balneario de obreros y clase media baja/Alquilábamos

LA EMPLEADA: En la playa grande de Cartagena.° Arrendábamos° trajes de baño y pasábamos todo el día en la playa. Llevábamos de comer y…

LA SEÑORA: *(Divertida.)* ¿Arrendaban trajes de baño?

LA EMPLEADA: Sí. Hay una señora que arrienda en la misma playa.

gasolina
colgaban
derrière

LA SEÑORA: Una vez con Alvaro, nos detuvimos en Cartagena a echar bencina° al auto y miramos a la playa. ¡Era tan gracioso! ¡Y esos trajes de baño arrendados! Unos eran tan grandes que hacían bolsas° por todos los lados y otros quedaban tan chicos que las mujeres andaban con el traste° afuera. ¿De cuáles arrendabas tú? ¿De los grandes o de los chicos?

de pésimo humor

La EMPLEADA mira al suelo taimada.°

LA SEÑORA: Debe ser curioso… Mirar el mundo desde un traje de baño arrendado o envuelta en un vestido barato… o con uniforme de empleada como el que usas tú… Algo parecido le debe suceder a esta gente que se fotografía para estas historietas: se ponen smoking o un traje de baile y debe ser diferente la forma como miran a los demás, como se sienten ellos mismos… Cuando yo me puse mi primer par de medias, el mundo entero cambió para mí. Los demás eran diferentes; yo era diferente y el único cambio efectivo era que tenía puesto un par de medias… Dime… ¿Cómo se ve el mundo cuando se está vestida con un delantal blanco?

LA EMPLEADA: *(Tímidamente.)* Igual… La arena tiene el mismo color… las nubes son iguales… Supongo.

LA SEÑORA: Pero no… Es diferente. Mira. Yo con este traje de baño, con este blusón de toalla, tendida sobre la arena, sé que estoy en «mi lugar», que esto me pertenece… En cambio tú, vestida como empleada sabes que la playa no es tu lugar, que eres diferente… Y eso, eso te debe hacer ver todo distinto.

LA EMPLEADA: No sé

Déjame usar

LA SEÑORA: Mira. Se me ha ocurrido algo. Préstame° tu delantal.

LA EMPLEADA: ¿Cómo?

LA SEÑORA: Préstame tu delantal.

LA EMPLEADA: Pero… ¿Para qué?

LA SEÑORA: Quiero ver cómo se ve el mundo, qué apariencia tiene la playa cuando se la ve encerrada en un delantal de empleada.

LA EMPLEADA: ¿Ahora?

LA SEÑORA: Sí, ahora.

LA EMPLEADA: Pero es que… No tengo un vestido debajo.

LA SEÑORA: *(Tirándole el blusón.)* Toma… Ponte esto.

ropa interior

LA EMPLEADA: Voy a quedar en calzones°…

LA SEÑORA: Es lo suficientemente largo como para cubrirte. Y en todo caso vas a mostrar menos que lo que mostrabas con los trajes de baño que arrendabas en Cartagena. *(Se levanta y obliga a levantarse a la EMPLEADA.)* Ya. Métete en la carpa y cámbiate. *(Prácticamente obliga a la EMPLEADA a entrar a la carpa y luego lanza al interior de ella el blusón de toalla. Se dirige al primer plano y le habla a su hijo.)*

los pies
que le teme al agua (chilenismo)

LA SEÑORA: Alvarito, métase un poco al agua. Mójese las patitas° siquiera… No sea tan de rulo°… ¡Eso es! ¿Ves que es rica el agüita? *(Se vuelve hacia la carpa y habla hacia dentro de ella.)* ¿Estás lista? *(Entra a la carpa.)*

Después de un instante, sale la EMPLEADA *vestida con el blusón de toalla. Se ha prendido el pelo hacia atrás y su aspecto ya difiere algo de la tímida muchacha que conocemos. Con delicadeza se tiende de bruces° sobre la arena. Sale la SEÑORA* abotonándose aún su delantal blanco. Se va a sentar delante de la EMPLEADA, *pero vuelve un poco más atrás.*

boca abajo

LA SEÑORA: No. Adelante no. Una empleada en la playa se sienta siempre un poco más atrás que su patrona. *(Se sienta sobre sus pantorri-*

calves

llas° y mira, divertida, en todas direcciones.)

La EMPLEADA *cambia de postura con displicencia. La SEÑORA toma la revista de la EMPLEADA y principia a leerla. Al principio, hay una sonrisa irónica en sus labios que desaparece luego al interesarse por la lectura. Al leer mueve los labios. La EMPLEADA, con naturalidad, toma de la bolsa de playa de la SEÑORA un frasco de aceite bronceador° y principia a extenderlo con lentitud por sus piernas. La SEÑORA la ve. Intenta una reacción reprobatoria, pero queda desconcertada.*

loción para el sol

LA SEÑORA: ¿Qué haces?

La EMPLEADA *no contesta. La SEÑORA opta por seguir la lectura. Vigilando de vez en vez° con la vista lo que hace la EMPLEADA. Esta ahora se ha sentado y se mira detenidamente las uñas.*

de vez en cuando

LA SEÑORA: ¿Por qué te miras las uñas?

LA EMPLEADA: Tengo que arreglármelas.

LA SEÑORA: Nunca te había visto antes mirarte las uñas.

LA EMPLEADA: No se me había ocurrido.

LA SEÑORA: Este delantal acalora.° *da mucho calor*

LA EMPLEADA: Son los mejores y los más durables.

LA SEÑORA: Lo sé. Yo los compré.

LA EMPLEADA: Le queda bien.

LA SEÑORA: (*Divertida.*) Y tú no te ves nada de mal con esa tenida.° (*Se ríe.*) Cualquiera se equivocaría. Más de un jovencito te podría hacer la corte°... ¡Sería como para contarlo! *conjunto de ropa (chilenismo)* *cortejar*

LA EMPLEADA: Alvarito se está metiendo muy adentro. Vaya a vigilarlo.

LA SEÑORA: (*Se levanta inmediatamente y se adelanta.*) ¡Alvarito! ¡Alvarito! No se vaya tan adentro... Puede venir una ola. (*Recapacita de pronto y se vuelve desconcertada hacia la EMPLEADA.*)

LA SEÑORA: ¿Por qué no fuiste tú?

LA EMPLEADA: ¿Adónde?

LA SEÑORA: ¿Por qué me dijiste que yo fuera a vigilar a Alvarito?

LA EMPLEADA: (*Con naturalidad.*) Ud. lleva el delantal blanco.

LA SEÑORA: Te gusta el juego, ¿ah?

Una pelota de goma, impulsado por un niño que juega cerca, ha caído a los pies de la EMPLEADA. Ella la mira y no hace ningún movimiento. Luego mira a la SEÑORA. Esta, instintivamente, se dirige a la pelota y la tira en la dirección en que vino. La EMPLEADA busca en la bolsa de playa de la SEÑORA y se pone sus anteojos para el sol.

LA SEÑORA: (*Molesta.*) ¿Quién te ha autorizado para que uses mis anteojos?

LA EMPLEADA: ¿Cómo se ve la playa vestida con un delantal blanco?

LA SEÑORA: Es gracioso.° ¿Y tú? ¿Cómo ves la playa ahora? *divertido*

LA EMPLEADA: Es gracioso.

LA SEÑORA: (*Molesta.*) ¿Dónde está la gracia?

LA EMPLEADA: En que no hay diferencia.

LA SEÑORA: ¿Cómo?

LA EMPLEADA: Ud. con el delantal blanco es la empleada; yo con este blusón y los anteojos oscuros soy la señora.

LA SEÑORA: ¿Cómo?... ¿Cómo te atreves a decir eso?

LA EMPLEADA: ¿Se habría molestado en recoger la pelota si no estuviese vestida de empleada?

LA SEÑORA: Estamos jugando.

LA EMPLEADA: ¿Cuándo?

LA SEÑORA: Ahora.

LA EMPLEADA: ¿Y antes?

LA SEÑORA: ¿Antes?

LA EMPLEADA: Sí. Cuando yo estaba vestida de empleada...

LA SEÑORA: Eso no es juego. Es la realidad.

LA EMPLEADA: ¿Por qué?

LA SEÑORA: Porque sí.

LA EMPLEADA: Un juego… un juego más largo… como el «paco-ladrón».° A unos les corresponde ser «pacos», a otros «ladrones».

cops and robbers

LA SEÑORA: *(Indignada.)* ¡Ud. se está insolentando!°

no me está respetando

LA EMPLEADA: ¡No me grites! ¡La insolente eres tú!

LA SEÑORA: ¿Qué significa eso? ¿Ud. me está tuteando?°

tratando de tú

LA EMPLEADA: ¿Y acaso tú no me tratas de tú?

LA SEÑORA: ¿Yo?

LA EMPLEADA: Sí.

LA SEÑORA: ¡Basta ya! ¡Se acabó este juego!

LA EMPLEADA: ¡A mí me gusta!

LA SEÑORA: ¡Se acabó! *(Se acerca violentamente a la EMPLEADA.)*

LA EMPLEADA: *(Firme.)* ¡Retírese!°

¡Váyase!

La SEÑORA se detiene sorprendida.

LA SEÑORA: ¿Te has vuelto loca?°

¿Estás loca?

LA EMPLEADA: Me he vuelto señora.

LA SEÑORA: Te puedo despedir° en cualquier momento.

echar del trabajo

LA EMPLEADA: *(Explota en grandes carcajadas, como si lo que hubiera oído fuera el chiste más gracioso que jamás ha escuchado.)*

LA SEÑORA: ¿Pero de qué te ríes?

LA EMPLEADA: *(Sin dejar de reír.)* ¡Es tan ridículo!

LA SEÑORA: ¿Qué? ¿Qué es tan ridículo?

LA EMPLEADA: Que me despida… ¡Vestida así! ¿Dónde se ha visto a una empleada despedir a su patrona?

LA SEÑORA: ¡Sácate esos anteojos! ¡Sácate el blusón! ¡Son míos!

LA EMPLEADA: ¡Vaya a ver al niño!

LA SEÑORA: Se acabó el juego, te he dicho. O me devuelves° mis cosas

me das

o te las saco.°

quito

LA SEÑORA: ¡Cuidado! No estamos solas en la playa.

LA SEÑORA: ¿Y qué hay con eso? ¿Crees que por estar vestida con un uniforme blanco no van a reconocer quién es la empleada y quién la señora?

LA EMPLEADA: *(Serena.)* No me levante la voz.°

No me grite.

La SEÑORA exasperada se lanza sobre la EMPLEADA y trata de sacarle el blusón a viva fuerza.°

a la fuerza

LA SEÑORA: *(Mientras forcejea.)* ¡China!° ¡Ya te voy a enseñar quién

rota

soy! ¿Qué te has creído? ¡Te voy a meter presa!°

en la cárcel

Un grupo de bañistas han acudido al ver la riña.° Dos JOVENES, una

pelea

MUCHACHA y un SEÑOR de edad madura y de apariencia muy distin-guida. Antes que puedan intervenir la EMPLEADA ya ha dominado la situación manteniendo bien sujeta° a la SEÑORA contra la arena. Esta

tomando firmemente

sigue gritando ad libitum expresiones como: «rota cochina»… «ya te las vas a ver° con mi marido»… «te voy a mandar presa»… «esto es el colmo»,°

vas a tener que hablar/too much

etc., etc.

UN JOVEN: ¿Qué sucede?

EL OTRO JOVEN: ¿Es un ataque?

LA JOVENCITA: Se volvió loca.

UN JOVEN: Puede que sea efecto de una insolación.

EL OTRO JOVEN: ¿Podemos ayudarla?

clínica de urgencias   LA EMPLEADA: Sí. Por favor. Llévensela. Hay una posta° por aquí cerca…

EL OTRO JOVEN: Yo soy estudiante de Medicina. Le pondremos una inyección para que se duerma por un buen tiempo.

la señora   LA SEÑORA: ¡Imbéciles! ¡Yo soy la patrona°! Me llamo Patricia Hurtado, mi marido es Alvaro Jiménez, el político…

LA JOVENCITA: *(Riéndose.)* Cree ser la señora.

UN JOVEN: Está loca.

EL OTRO JOVEN: Un ataque de histeria.

UN JOVEN: Llevémosla.

LA EMPLEADA: Yo no los acompaño… Tengo que cuidar a mi hijito… Está ahí, bañándose…

LA SEÑORA: ¡Es una mentirosa! ¡Nos cambiamos de vestido sólo por jugar! ¡Ni siquiera tiene traje de baño! ¡Debajo del blusón está en calzones! ¡Mírenla!

EL OTRO JOVEN: *(Haciéndole un gesto al JOVEN.)* ¡Vamos! Tú la tomas por los pies y yo por los brazos.

LA JOVENCITA: ¡Qué risa! ¡Dice que está en calzones!

Los dos JOVENES toman a la SEÑORA y se la llevan, mientras ésta se resiste y sigue gritando.

LA SEÑORA: ¡Suéltenme! ¡Yo no estoy loca! ¡Es ella! ¡Llamen a Alvarito! ¡El me reconocerá!

en brazos   *Mutis de los dos JOVENES llevando en peso° a la SEÑORA. La*
se acuesta   *EMPLEADA se tiende° sobre la arena, como si nada hubiera sucedido, aprontándose para un prolongado baño de sol.*

ayudarle   EL CABALLERO DISTINGUIDO: ¡Está Ud. bien, señora? ¿Puedo serle útil° en algo?

LA EMPLEADA: *(Mira inspectivamente al SEÑOR DISTINGUIDO y sonríe con amabilidad.)* Gracias. Estoy bien.

EL CABALLERO DISTINGUIDO: Es el símbolo de nuestro tiempo. Nadie parece darse cuenta, pero a cada rato, en cada momento sucede algo así.

LA EMPLEADA: ¿Qué?

EL CABALLERO DISTINGUIDO: La subversión del orden establecido. Los viejos quieren ser jóvenes; los jóvenes quieren ser viejos: los pobres quieren ser ricos y los ricos quieren ser pobres. Sí, señora. Asómbrese Ud. También hay ricos que quieren ser pobres. Mi nuera va todas las tardes *urban slums (chilenismo)*   a tejer con mujeres de poblaciones callampas.° ¡Y le gusta hacerlo! *(Transición.)* ¿Hace mucho tiempo que está con Ud.?

LA EMPLEADA: ¿Quién?

EL CABALLERO DISTINGUIDO: *(Haciendo un gesto hacia la dirección en que se llevaron a la SEÑORA.)* Su empleada.

LA EMPLEADA: *(Dudando, Haciendo memoria.)* Poco más de un año.

EL CABALLERO DISTINGUIDO: ¡Y así le paga a Ud.! ¡Queriéndose hacer pasar por una señora! ¡Como si no se reconociera a primera vista quién es quién! *(Transición.)* ¿Sabe Ud. por qué suceden estas cosas?

LA EMPLEADA: ¿Por qué?

EL CABALLERO DISTINGUIDO: *(Con aire misterioso.)* El comunismo...

LA EMPLEADA: ¡Ah!

EL CABALLERO DISTINGUIDO: *(Tranquilizador.)* Pero no nos inquie-temos.° El orden está restablecido. Al final, siempre el orden se resta-blece... Es un hecho... Sobre eso no hay discusión... *(Transición.)* Ahora, con permiso señora. Voy a hacer mi footing° diario. Es muy conveniente a mi edad. Para la circulación ¿sabe? Y Ud. quede tranquila. El sol es el mejor sedante.° *(Ceremoniosamente.)* A sus órdenes, señora. *(Inicia el mutis. Se vuelve.)* Y no sea muy dura con su empleada, después que se haya tranquilizado... Después de todo... Tal vez tengamos algo de culpa nosotros mismos... ¿Quién puede decirlo? *(El CABALLERO DISTINGUIDO hace mutis.)*

La EMPLEADA cambia de posición. Se tiende de espaldas para recibir el sol en la cara. De pronto se acuerda de Alvarito. Mira hacia donde él está.

LA EMPLEADA: ¡Alvarito! ¡Cuidado con sentarse en esa roca! Se puede hacer una nana° en el pie... Eso es, corra por la arenita... Eso es, mi hijito... *(Y mientras la EMPLEADA mira con ternura y delectación maternal cómo Alvarito juega a la orilla del mar se cierra lentamente el Telón.)*

Marginal glosses: nos preocupemos / mi paseo, caminata / calmante / lastimar

---

En torno al texto

Hay que fijarse bien

1. Lea otra vez esta obra de teatro. Luego ubique y copie las frases o los términos que usa el dramaturgo para describir y definir a:

   a. los hombres: _____
   b. las señoras: _____
   c. las empleadas: _____
   d. la gente «bien»: _____

2. Anote qué pronombre (**tú/usted**) usan la señora y la empleada antes y después del cambio de ropa. Anote también qué pronombre se usa para hablarle al niño. ¿Qué generalización puede hacerse en cuanto al trato (uso de **tú** y **usted**) en esta sociedad?

   a. señora a la empleada: al principio, _____; después, _____

    b. empleada a la señora: al principio, _____;
        después, _____

    c. señora al niño: _____

    d. empleada al niño: _____

3. Complete los siguientes grupos de palabras asociadas.

    a. tener calor, estar _____

    b. a primera vista, bajar la _____

    c. irse de vacaciones, _____

    d. señor, patrón, _____

    e. patrona, _____

En términos generales

1. Esta obra de teatro, ¿es una comedia o una obra seria? ¿Por qué?
2. En la sociedad que se pinta aquí, ¿hay movilidad? ¿Puede uno cambiarse de grupo social o no? ¿Por qué?
3. Según la obra, en la sociedad chilena, ¿están claramente divididas las clases sociales o no? Si lo están, ¿qué características se usan para dividirlas? ¿Se puede encontrar evidencia en la obra? Cítela.
4. Según sus respuestas a las preguntas 2 y 3, ¿qué diferencias hay entre la sociedad estadounidense y la chilena en cuanto a la posición y la movilidad sociales?
5. ¿En qué meses y dónde se debe veranear si uno es alguien de la clase alta, según la señora? ¿Qué ropa no se pondría ella jamás?
6. ¿Cuál es la intención del autor al terminar la obra como lo hace? Explique.

Los personajes y sus papeles

1. ¿Cómo se describe la señora? ¿A qué clase social pertenece? ¿Qué le gusta hacer?
2. ¿Qué piensa la señora de su marido? ¿Se casó por amor? ¿A qué edad se casó? ¿Para qué se casa uno según ella? ¿Qué es lo más importante para ella?
3. ¿Qué cambios se producen en la empleada después de sacarse el delantal? ¿Y en la señora después de ponérselo?
4. ¿Qué sabemos acerca de la empleada? ¿Por qué está en Viña? ¿Por qué se fue de su casa? ¿Qué indica esto sobre la vida de los campesinos? ¿Cuál es el sueño de la empleada? ¿Con quién se identifica? ¿Qué es la vida para ella? ¿Qué espera para poder cambiar?
5. ¿Qué papel tiene el marido? ¿Qué es? ¿Como es? ¿En qué se le parece su hijo? ¿Por qué no está veraneando con su mujer?

6. ¿Qué simboliza el caballero distinguido? ¿Cómo reacciona él? ¿Qué piensa de los tiempos modernos? ¿Por qué son irónicas sus palabras «el orden está restablecido»?

7. ¿Es importante el papel de Alvarito o no? ¿Por qué?

Más allá del texto

1. **¡Qué señora tan «esnob»!** Con un(a) compañero(a) dibujen a la señora en tenida de playa y en tenida de calle. Si prefieren, descríbanla en un párrafo.

2. **Publicidad inteligente.** Imagínese que trabaja para una agencia de publicidad y que tiene que hacer anuncios de ropa y otros productos para gente como «la señora». Escriba un anuncio comercial que le llame la atención a este grupo socioeconómico. Agréguele un buen dibujo o recorte (*clipping*) para que atraiga a los clientes.

3. **Los catálogos.** Existen cientos de catálogos de distintos productos y, a veces, es muy fácil adivinar para qué tipo de clientes fueron diseñados. Traiga dos o tres de estos catálogos a la clase, júntese con un(a) compañero(a) y discutan qué cosas les gustarían más a la señora y al caballero. Expliquen por qué.

4. **Veraneo a la moda.** Con un(a) compañero(a) preparen un folleto para hacerle publicidad a un balneario de moda. Después, muéstrenle el folleto al resto de la clase y escojan el mejor. Expliquen por qué es el mejor. ¿A quién está dirigido?

5. **Proverbios.** Con dos compañeros(as) estudien los siguientes proverbios y después digan cuál se asocia mejor con cada uno de los personajes de la obra. Expliquen por qué.

   - «Ojos que no ven, corazón que no siente».
   - «Aunque la mona se vista de seda, mona se queda».
   - «El hábito no hace al monje».
   - «Buen amigo es Don Dinero».
   - «No sólo de pan vive el hombre».
   - «El que a buen árbol se arrima, buena sombra le cobija».
   - «De tal palo, tal astilla».
   - «El que siembra vientos, recoge tempestades».
   - «La mujer y la mula en casa y con la pata quebrada».
   - «Ave de mucha pluma, poca carne».

6. **La escena final.** Escriba la escena que podría seguir al final de la obra. Trate de resolver los problemas de la llegada del marido a la playa, de la vida de la empleada haciendo otro papel y de la reacción de Alvarito.

▼

7. **Libertadores modernos.** Describa en uno o dos párrafos la obra de un hombre o una mujer que haya luchado contra las diferencias entre las clases sociales y sus estereotipos.

   Por ejemplo: *Toda la vida de… fue una lucha contra las diferencias sociales. El/Ella era de origen muy humilde, sin embargo, estudió/trabajó en… y, además,…*

8. **De los harapos al armiño.** Con un(a) compañero(a) escriban una escena sobre una de las siguientes situaciones. En seguida, represéntenla para todos.

   Una de las siguientes personas entra y se sienta en clase:

   a. Una persona totalmente harapienta (*in rags*).
   b. Una señora con un vestido largo de fiesta de los años 50.
   c. Un señor con un traje de franela gris.

9. **En mi caso.** Escriba la historia de su familia, dando especial énfasis a los períodos de cambio. Explique cómo se efectuó el paso de un nivel socioeconómico a otro (o explique la falta de movilidad). Analice los factores que influyeron en cada caso.

Temas de ensayo

Elija uno de los siguientes temas según las instrucciones de su profesor(a). Use sus apuntes sobre el texto, especialmente lo que anotó en la sección **En torno al texto.** Cada vez que use una cita del texto, póngala entre comillas («…») e indique en qué página aparece.

1. Analice la relación entre señora y empleada antes y después del cambio de ropa. Estudie tanto los cambios psicológicos como los físicos y sociales. Ilustre sus opiniones con citas del texto.
2. Desarrolle el paralelo que existe entre la obra y la historia que se cuenta en la fotonovela. Use citas del texto para apoyar sus ideas.
3. Estudie la actitud hacia la vida de la señora y de la empleada como reflejo de la sociedad chilena.
4. Analice la crítica que hace el autor de su propia sociedad a través de la obra. Estudie la importancia del cambio de ropa y de papeles en los personajes e identifique los vicios sociales que se critican.
5. Estudie la institución del matrimonio en esta sociedad según la vemos reflejada en esta obra. Describa la relación que se vislumbra entre hombre y mujer en las distintas clases sociales. Use citas del texto para respaldar sus argumentos.
6. Contraste esta obra con «¿Por qué me odias tú?» de Domitila Barrios, (pág. 192). Analice las leyes que rigen las relaciones de estos miembros de la clase baja entre sí y con sus patrones.

Ritmos negros del Perú

NICOMEDES SANTA CRUZ

Nombre:	Nicomedes Santa Cruz (1925–)
Nacionalidad:	Peruano, de origen africano
Ocupación:	Poeta, estudioso y recopilador de la décima peruana, músico, herrero forjador
Obras:	Décimas (1960)
	Cumanana (1964)
	Canto a mi Perú (1966)
	Décimas y poemas (1971)
	Ritmos negros del Perú (1973)
	La décima en el Perú (1982)
Otros datos:	Ha grabado muchos discos y se hizo famoso por sus éxitos en la radio y la televisión.

FICHA PERSONAL

Nicomedes Santa Cruz nace en el seno de una familia de artistas, cosa que lo prepara muy bien para la singular carrera artística que desarrolló después. Su padre era un conocido autor teatral y su madre era hija del pintor José Milagros Gamarra. Cuando era joven, su encuentro con el famoso decimista peruano Porfirio Vázquez lo hace dejar la cerrajería artística por la poesía. Después de oír declamar a Vázquez, su entusiasmo es tan grande que en ese mismo instante y lugar improvisa la siguiente cuarteta en su honor:

Criollo, no: ¡Criollazo!
Canta en el tono que rasques
Le llaman «El Amigazo»
Su nombre: Porfirio Vázquez. [*La décima en el Perú* (Lima: Instituto de Estudios Peruanos, 1982), pág. 110.]

La espontaneidad de su poesía—a menudo improvisada en el momento—
y la **negritud** (*blackness*) de su voz y temas lo distinguen claramente de
otros poetas. Su estudio y recopilación de la décima es importantísimo, ya
que es el primero de este tipo que aparece en el Perú. Las décimas reflejan
los problemas económicos, políticos y sociales del pueblo peruano. La que
aquí sigue, titulada «Ritmos negros del Perú» habla de la dura vida de los
esclavos africanos traídos a trabajar en las plantaciones de caña del norte
del Perú.

Es conveniente saber

De Tombuctú al Perú. La presencia del negro en el Perú comienza en el
siglo XVI, ya que siempre hubo negros que acompañaron a los conquistadores (véase la pág. 156). Estos negros eran llamados negros españoles o
«ladinos» (véase este término en la pág. 27) y eran los únicos que había en
el país. A los recién llegados de Africa en los siglos siguientes se les
llamaba «bozales» (*muzzles*) porque no hablaban español. Según James
Lockhart, en todas las capas de la sociedad española peruana de la época
existía gente que tenía esclavos negros que trabajaban de artesanos,
sirvientes u obreros agrícolas. Se calcula que para fines del siglo XVII
había cerca de 100.000 negros en el Perú. Digno de destacarse es el hecho
que indígenas y negros no se llevaban bien, a pesar de que sufrían los
mismos abusos por parte de los blancos. El indio consideraba al negro un
invasor más. [Véase el capítulo de Lockhart en: Ann M. Pescatello, ed.,
The African in Latin America (New York: Knopf, 1975), págs. 80–97.]

Aproximaciones al texto

1. **La tradición oral en una cultura.** Con un(a) compañero(a) nombren
   dos obras o textos que recibimos o heredamos por tradición oral. Den
   ejemplos en cada caso.
   Por ejemplo: *los dichos: «Más vale tarde que nunca».*

2. **Ritmos y sentimientos.** Diga qué ritmos o canciones asocia Ud. con
   los siguientes sentimientos y actividades.
   Por ejemplo: *alegría, carnaval = samba*

   a. trabajo
   b. fiesta, temprano por la noche

c. fiesta, tarde por la noche
   d. pena y dolor
   e. exaltación religiosa
   f. narraciones de episodios del oeste
   g. historias trágicas de amor
   h. protesta política
   i. desfiles militares
   j. baile de gala

3. **Salió verso, sin mayor esfuerzo.** Hay dichos, proverbios y nombres que tienen una melodía interior o que riman de alguna manera. Con un(a) compañero(a) nombren tres ejemplos en inglés y/o español.

	Español	**Inglés**
Por ejemplo:	*Igual, Pascual.*	*Ronald MacDonald*
	Adelante, elefante.	

....

Es conveniente saber

¿Qué es la décima? Es una forma poética muy antigua que fue perfeccionada en el siglo XVI en España por Vicente Espinel (de ahí que también se le llame *espinela*). La décima es una estrofa de diez versos octosílabos (de ocho sílabas) de rima consonante con el siguiente esquema: a b b a a c c d d c. Esta forma llega al Perú con los conquistadores españoles y se usa desde el siglo XVI en las ciudades más importantes de la sierra del Virreinato del Perú: Quito, Cajamarca, Cuzco, La Paz, Oruro, Potosí. Según Santa Cruz, a principios del siglo XIX la décima fue quedando relegada a la costa donde había más población mestiza: Trujillo, Lima, Arequipa, Tarapacá. Sin embargo, desde la segunda mitad del siglo XIX «...fueron los núcleos de población negra los que mantuvieron viva esta tradición» (*La décima en el Perú*, pág. 17). Esta forma poética es, sobre todo, una forma oral, en la que se reflejan las costumbres, tradiciones y problemática política y social del pueblo. La décima perdura a lo largo de los siglos en el folklore y en las recopilaciones como la de Santa Cruz.

....

▼▼ Ritmos negros del Perú

NICOMEDES SANTA CRUZ

A don Porfirio Vázquez A.

Ritmos de la esclavitud
contra amarguras y penas.
Al compás de las cadenas
ritmos negros del Perú.

        …y dice así:

De Africa llegó mi abuela
vestida con caracoles,
la trajeron lo'epañoles
en un barco carabela.

<table>
<tr><td>fuego</td><td>La marcaron con candela,°</td></tr>
<tr><td>marca de esclavo</td><td>la carimba° fue su cruz.</td></tr>
</table>

Y en América del Sur
al golpe de sus dolores

<table>
<tr><td>drums</td><td>dieron los negros tambores°</td></tr>
</table>

ritmos de la esclavitud.

Por una moneda sola
la revendieron en Lima
y en la Hacienda «La Molina»
sirvió a la gente española.
Con otros negros de Angola

<table>
<tr><td>trabajo</td><td>ganaron por sus faenas°</td></tr>
<tr><td>mosquitos</td><td>zancudos° para sus venas</td></tr>
</table>

para dormir duro suelo

<table>
<tr><td>alivio</td><td>y naíta'e consuelo°</td></tr>
</table>

contra amarguras y penas…

En la plantación de caña

<table>
<tr><td>décima cantada con guitarra</td><td>nació el triste socabón,°</td></tr>
<tr><td>molino donde se extrae el jugo de
la caña de azúcar</td><td>en el trapiche° de ron
el negro cantó la zaña.[1]</td></tr>
<tr><td>scythe</td><td>El machete y la guadaña°</td></tr>
</table>

curtió sus manos morenas;

<table>
<tr><td>flautas andinas</td><td>y los indios con sus quenas°</td></tr>
</table>

y el negro con tamborete
cantaron su triste suerte
al compás de las cadenas.

---

[1]Probablemente contracción de **hazaña** (*deed*).

Murieron los negros viejos
pero entre la caña seca
baile típico peruano   se escucha su zamacueca°
canción de trabajo   y el panalivio° muy lejos.
Y se escuchan los festejos
que cantó en su juventud.
De Cañete a Tombuctú,
de Chancay a Mozambique
acordes   llevan sus claros repiques°
ritmos negros del Perú.

En torno al texto

Hay que fijarse bien

1. Lea otra vez la estrofa 2 del poema y fíjese en la rima. Una los versos que riman con una flecha (→). ¿Ve Ud. ahora que los versos riman de esta manera?: a bb aa cc dd c

2. Copie las palabras que riman para estudiar el tipo de rima.

   Por ejemplo: *sola/española*
                  faenas/venas

   Ve Ud. ahora que los versos riman repitiendo exactamente la parte final de las palabras? Esta se llama «rima consonante».

3. Lea otra vez el poema. Con un(a) compañero(a) ubiquen en qué versos se dice lo siguiente.

   a. mi abuela llegó por mar con su traje típico
   b. la marcaron con fuego
   c. para olvidar sus penas ella cantaba
   d. la llevaron al mercado de esclavos
   e. trabajaba mucho y no ganaba nada
   f. los negros cantaban cuando trabajaban y para pasar las penas
   g. los indios también tocaban música
   h. los viejos murieron pero persiste la tradición musical

4. Puesto que este poema o canción es eminentemente oral, encontramos contracciones en el texto transcrito. ¿Puede Ud. entender las contracciones?

   a. naíta'e consuelo → nadita _____ _____
   b. lo'epañoles   → _____ _____

En términos generales

1. ¿Qué tipo de poema es éste, un poema lírico o una especie de narración?

2. ¿Cuál es el propósito del autor al escribir este poema?

3. ¿Con qué asocia Ud. este poema?

4. ¿Qué nos dice el poema acerca de la situación de los esclavos negros del Perú en el pasado? ¿Era semejante a la situación de los esclavos en este país? ¿Por qué?

Los personajes y sus papeles

1. ¿Cuál es el papel de los españoles o blancos?

2. ¿Qué papel tienen los negros? ¿Es una función activa o pasiva? ¿Por qué?

3. ¿Qué papel tiene la música?

Más allá del texto

1. **Mis abuelos.** Escriba un poema sobre uno(a) de sus abuelos(as) en una o dos estrofas. Escoja la forma y la rima que mejor le acomoden, o trate de escribir una décima.

2. **La tradición cultural.** Todo grupo que emigra o es forzado a emigrar trata de mantener sus tradiciones, al menos por un tiempo. Con dos compañeros(as) describan la situación de un grupo que Uds. conozcan en dos párrafos. Presten atención a las tradiciones que ellos han logrado conservar.

3. **Canción del estudiante.** Con dos compañeros(as) escriban una estrofa de una canción para celebrar el trabajo de los estudiantes. Háganla con ritmo de *rapping* o usen una melodía que conozcan bien como «La cucaracha» o «La bamba».

4. **La tradición oral.** Con dos compañeros(as) estudien algunos proverbios y dichos en español (véase la pág. 217). Luego escriban un informe de dos páginas en que explican lo que aprendieron de ellos. Busquen más información en la biblioteca.

5. **Mi propia décima.** Escriba una décima en que cuente algo divertido o trágico. No se preocupe mucho si la rima no le sale perfecta, pero sí trate de ser sincero(a) e interesante.

6. **Los negros hispanos.** Haga un trabajo de investigación de unas tres páginas sobre los negros hispanos del Caribe, del norte de Sudamérica, Centroamérica y/o los Estados Unidos. Su trabajo puede ser histórico o de tipo social. Analice su cultura, sus problemas sociales o laborales, su arte y sus logros. Consulte la bibliografía.

7. **¡Y ahora vamos a bailar!** Prepare una presentación con dos compañeros(as) sobre la influencia de los ritmos negros en la música caribeña o estadounidense. Toque algunos ejemplos de ritmos afrocubanos, colombianos, panameños o los que Ud. pueda conseguir. Consiga una pareja que baile o hágalo Ud. mismo(a).

Temas de ensayo

Elija uno de los siguientes temas según las instrucciones de su profesor(a). Use sus apuntes sobre el texto, especialmente lo que anotó en la sección **En torno al texto.** Cada vez que copie un verso del texto, póngalo entre comillas («...») e indique en qué página aparece.

1. Compare esta décima con la «Balada de los dos abuelos» (pág. 154). Destaque las semejanzas y diferencias entre los temas, los personajes, la forma poética y el tono. Ilustre con citas de los textos.

2. Compare este poema o canción de Santa Cruz con un poema o canción de los negros de los Estados Unidos. Puede ser un *spiritual*, un *rap* o cualquier otro que Ud. conozca. Estudie las semejanzas y diferencias, en especial aquéllas debidas a la influencia de la cultura dominante en el Perú y en los Estados Unidos. Respalde sus opiniones con citas de los poemas estudiados.

3. Analice los sentimientos y las actitudes del autor en este poema. Use citas del texto.

Que hay otra voz/ Convocación de palabras

Tino Villanueva

Nombre:	Tino Villanueva (1941–)
Nacionalidad:	Estadounidense de origen mexicano
Ocupación:	Profesor universitario, poeta, crítico, editor
Obras:	*Hay otra voz* (1972)
	Chicanos: Antología histórica y literaria (1980)
	Shaking off the Dark (1984)
	Crónica de mis años peores (1987)
Otros datos:	Hijo de una familia de trabajadores agrícolas migrantes de Texas, creció viajando de cosecha en cosecha con su familia. A pesar de lo irregular de su educación primaria y secundaria, se graduó en *South West Texas*, hizo una maestría en *SUNY Buffalo* y sacó el doctorado en literatura española en *Boston University*. En Buffalo, escribe gran parte de los poemas de *Hay otra voz*. En Boston, fundó y todavía edita la revista *Imagine: International Chicano Poetry Journal*.

FICHA PERSONAL

Laa poesía de Villanueva tiene como temas principales el tiempo, la muerte, el silencio, el sufrimiento y la opresión, tanto a nivel personal como a nivel social. Para él—como para Neruda (pág. 246) y Sastre (pág. 240)—es esencial que la literatura sea comprometida o que sirva a una causa, pues sólo así logrará el escritor el desarrollo y la expresión de su propia identidad (identidad chicana en este caso).

Siempre empeñado en la identificación con su pueblo, Villanueva ha publicado una antología de literatura chicana titulada *Chicanos: Antología histórica y literaria* (1980), en cuya introducción encontramos un largo análisis del origen y desarrollo del término *chicano*. Tanto su ensayo como la antología misma constituyen un valiosísimo aporte al estudio y la diseminación del arte chicano.

Al leer su obra oímos varias voces: la del poeta, la del pueblo chicano—a menudo oprimido—y la del terrateniente (*landowner*) opresor (algo que se ve también en Delgado pág. 11). Por un lado, estas voces presentan el conflicto socioeconómico, político y cultural que existe entre los trabajadores chicanos y sus patrones, como vemos en los poemas de *Hay otra voz* (1972) y en «Que hay otra voz», incluido en este libro.

Por otro lado, en *Crónica de mis años peores* (1987), el poeta nos habla de la lucha por su propia identidad. En este libro, Villanueva describe su autodescubrimiento y su autocreación a través del dominio de la palabra y de la reivindicación de su pueblo. El poema «Convocación de palabras» nos muestra claramente no sólo la importancia sino el poder de la palabra, tanto escrita como oral. Una vez dominado el idioma inglés, el poeta logra dos cosas: crearse—como dice él, «en mi propia imagen»— y adquirir la libertad de participar en la sociedad (véase la pág. 19—Rigoberta Menchú también aprendió un idioma para liberar a su pueblo).

Aproximaciones a los textos

1. **El regreso a casa.** Explique en qué piensa Ud. cuando va a regresar a casa de sus padres o de sus abuelos. ¿Qué es lo primero que quiere ver o hacer allá? Use la introducción «Lo único que quiero hacer es...»
   Por ejemplo: *Lo único que quiero hacer es...ver a mis primos y charlar con ellos.*

2. **De sol a sol.** Con un(a) compañero(a) hagan una lista en inglés de los trabajos del campo que se hacen a mano, no con maquinaria.

Es conveniente saber

El mundo del bilingüe. El fenómeno y la experiencia del bilingüismo son fascinantes; no sólo se tienen dos idiomas, sino también dos culturas y dos mundos. Por lo general, uno de los idiomas es dominante y una cultura es más fuerte que la otra. Ser bilingüe, por lo tanto, no significa necesariamente que se hablen dos idiomas con la misma facilidad. Ser bilingüe también implica la agonía de identificarse con una cultura en un instante y con la otra, en el siguiente.

A menudo, los dos idiomas tienen áreas de uso bien definidas, pues uno se usa en las relaciones personales y el otro en el trabajo, uno en el colegio y

el otro en la iglesia, y así por el estilo. Puesto que los bilingües se mueven en dos mundos, a menudo cambian de idioma para referirse a algo que pertenece al otro mundo. Este cambio a mitad de frase se llama en inglés *code-switching* y se puede ver a menudo en los estudiantes de un idioma extranjero o en las personas que hablan dos idiomas. En el Mundo Hispano hay mucha gente bilingüe. Por ejemplo, hay hispanos que hablan inglés y español (EE. UU.), catalán y español (España), vasco y español (España), náhuatl y español (México), guaraní y español (Paraguay), quechua y español (Ecuador y Perú). Un grupo muy importante de bilingües son los hispanos de los Estados Unidos, que serán la minoría más grande de este país dentro de pocos años.

En los poemas que aparecen a continuación, se pueden apreciar muchos casos de *code-switching*… y en esta nota también, por supuesto.

. . . .

3. **Soy bilingüe.** ¿Qué palabras o frases le gusta decir en español en la vida diaria? ¿Por qué? ¿Qué efecto tienen sobre Ud.? ¿Qué connotaciones les da?
   Por ejemplo: *Me gusta decir…«amigo» y «manos a la obra» en español, porque siento que…*

4. **Los hispanos.** Según el lugar y el tiempo, los *hispanoparlantes* o *hispanófonos* (los que hablan español) reciben muchos nombres diferentes. Con un(a) compañero(a) expliquen qué significan para Uds. los siguientes términos. Si no conocen alguno de ellos, márquenlo con una cruz, búsquenlo en un diccionario o pregúntenle a su profesor(a).

hispano	hispano de los EE. UU.	centroamericano
hispanoamericano	latino	sudamericano
iberoamericano	méxico-americano	norteamericano
latinoamericano	neorriqueño	chicano

Si Uds. saben otros nombres, agréguenlos a la lista y expliquen su significado. Indiquen si el término es despectivo o no.

¿Granjeros o trabajadores? Por razones históricas y culturales los trabajadores agrícolas migrantes no tienen tierra propia, sino que trabajan para
granjeros o para grandes hacendados. Por supuesto, ganan poquísimo y,
comúnmente, no gozan de ninguna de las garantías sociales (seguros
médicos y jubilación) que tienen los obreros de otros sectores de la
economía. Por lo tanto, cuando se habla de trabajador agrícola, no se puede
pensar en la idea tradicional estadounidense del granjero que trabaja su
propia tierra con sus hijos u otros familiares.

▼▼▼ # Que hay otra voz

TINO VILLANUEVA

God prepares those who have to
suffer and take punishment.
Otherwise, how could we exist?

César Chávez
TIME, July 4, 1969

...que hay otra voz que quiere hablar;
que hay un perfil de tez bronceada
        que de rodillas
arrastrándose camina por los
Cotton-fields de *El Campo* y *Lubbock, Texas.*
—¿A dónde voy?—, pregunta.
¿A los *cucumber patches* de *Joliet,*
a las *vineyards* de *San Fernando Valley,*
a los *beet fields* de *Colorado?*
Hay ciertas incertidumbres ciertas:

ácido/recoger
    lo amargo° de piscar° naranjas
    lo lloroso de cortar cebollas.

         * * *

Rutinas   Horarios° inalterables:
la madrugada mecánicamente despierta el
despertador   reloj de timbre° (¿de qué tamaño es el tiempo?)
Viene el desayuno: huevos rancheros,
                tortillas de harina,
                un cafecito.

empieza, dale
furrows/mezcla de agrio
y de dulce

remolacha (México)

¡Y éntrale° otra vez con la frescura!
Entrale a los surcos° agridulces° más largos
que la vida misma:

plums	beans
grapes	cotton
betabel°	pepinos
pruning	leafing
potatoes	apricots
chopping	plucking
soybeans	cebollas

no importa,
hay que comer, hacer pagos, sacar la ropa
del *Lay-Away*; *'55 Chevy engine tune-up*;
los niños en *seventh-grade* piden lápices
con futuro. Hay otra voz que quiere hablar.

* * *

Tú,
    cómotellamas, mexicano, latino, *Meskin,
    skin, Mex-guy, Mex-Am, Latin-American,
    Mexican-American*, Chicano,

tú,
    de los ojos tibios como el color de la
    tierra,

articulaciones
sol muy fuerte

tú,
    de las sudadas coyunturas° hechas sal por
    el solazo° desgraciado,

tú,
    de las manos diestras, y la espalda
    empapada desde que cruzó tu abuelo el Río,

trasero, cola
cae

tú,
    de la tostada rabadilla° por donde
    resbala° el sol con tu epidérmico sudor,

fértiles pedazos de tierra

tú,
    con ubérrimos terrones° en los puños,
    en los calcetines y zapatos,

tú,
    de los *blue-jeans* nuevos
    pareces
    retoñar cada año como fuerza elemental,

enraizado
obrero, trabajador

    temporal— arraigado° entre el ser y el estar
    de un itinerario. Eres ganapán,°
        estás aquí de paso.

▼

Convocación de palabras

230

El aplastante verano se ha quedado en
los ayeres: el perenne azadón° se recuesta,
hoe (gloss) — sediento, en la topografía de tu memoria;
blisters/callouses (gloss) — las ampollas° hoy son callos.°
Es el golpe helado del *Panhandle* que
penetra ahora
           tu chaqueta desteñida
           tu injuriada sangre
           tus rodilleras desgastadas.
Las mañanas llegan a tiempo aquí también,
cubiertas de escalofrío y escarcha.°
En tus sienes° te pesa° haber nacido; pesas
tu saco de algodón— cien libras
que en los sábados se convierten en pesos
miserables.

Pero en los sábados de noche
te endomingas° con corbata, y con la
luna en la frente cadenciosamente zapateas
polkas del *Top-Ten*:
   —¡Aviéntate otra Isidro López!
    ¡Que toquen *rock n' roll* Alfonso Ramos!
porque mañana es otro día y no lo es.

         * * *

En la ida y vuelta de tus pensamientos
anticipas
Central Texas.
Enraizado estás en ver de nuevo al
tax-collector
(a la parentela° y camaradas hasta el día
siguiente).
Los escolares regresan a las estereotipadas
aulas;° desde atrás contestan que no saben la
respuesta. Maestros que ni ven, ni oyen,
que hay otra voz que quiere hablar.

         * * *

Las estaciones siguen en su madura marcha
de generación en generación, de mapa en mapa,
de patrón en patrón, de surco en surco.

Surcos, viñas,
de donde ha brotado el grito audaz:
las huelgas siembran un día nuevo.
El *boycott* es religión,
y la múltiple existencia se confirma en celdas.°

Marginal glosses (left column):
- *hoe* — azadón
- *blisters/callouses* — ampollas / callos
- *frost* — escarcha
- *temples/te duele* — sienes / te pesa
- *te pones tu mejor ropa* — te endomingas
- *los familiares* — parentela
- *salas de clase* — aulas
- *cuartos de la cárcel* — celdas

En torno al texto

Hay que fijarse bien

1. Lea otra vez el poema. Con un(a) compañero(a) copien al menos tres referencias a:

   a. el tiempo como repetición sin fin
   b. el calor y el frío
   c. los trabajos del campo
   d. el chicano
   e. la estabilidad de la casa
   f. la inestabilidad del trabajo
   g. la conexión entre la tierra y el hombre
   h. la discriminación

2. Al principio del poema falta el comienzo de una frase. Escoja la más apropiada y explique por qué. ¿Cómo habría empezado Ud.?

   a. Pienso…   c. Dicen…
   b. No se dan cuenta…   d. Escuchen…

3. Hay varias imágenes en el poema. Ubiquen dónde se nombran las siguientes y cópienlas aquí.

   a. cosas dulces: _____   e. cosas largas: _____
   b. cosas ácidas: _____   f. cosas repetitivas: _____
   c. cosas frías: _____   g. cosas calientes: _____
   d. cosas agridulces: _____

4. Observe el uso de *ser* y *estar* al final de la invocación del chicano. ¿Para qué se usa *ser* y para qué *estar*? ¿Qué se puede aprender de esto?

En términos generales

1. Diga si estas afirmaciones son verdaderas o falsas y explique por qué.

   a. Como dice el poeta, este poema celebra un nuevo comienzo.
   b. Todas las características físicas del hombre están unidas a la tierra.
   c. Las rutinas diarias y las estaciones del año son el esqueleto de este poema.
   d. No hay tiempo para divertirse en este mundo.
   e. Esto no puede ocurrir en este país.
   f. En «certidumbres ciertas», la palabra «ciertas» significa «verdaderas» solamente.

2. Conteste las siguientes preguntas.

   a. ¿De quién es la voz que quiere hablar?

    b. ¿Qué quiere decir esta voz? ¿Por qué?

    c. Si no supiéramos que esto ocurre en los Estados Unidos, ¿con qué país o región lo asociaría Ud.? ¿Por qué?

    d. ¿Por qué se habla de las huelgas y el boycott como de una religión? ¿En qué años ocurrió todo esto más o menos?

Los personajes y sus papeles

1. Escriba una descripción detallada del chicano que se invoca en este poema. Diga de dónde viene, qué problemas tiene y qué siente.
2. Dibújelo según la descripción que nos da el poema.
3. ¿Qué función tienen los dos idiomas en este poema? ¿Para qué se usa uno y no el otro, según lo señalado en la nota sobre los bilingües?
4. ¿Qué efecto tiene el cambio de un idioma al otro en Ud.? ¿Cree Ud. que puede entender mejor al poeta por el cambio de idiomas?
5. ¿Qué papel tiene la educación en la vida descrita aquí? ¿Por qué? ¿Qué dice el poeta acerca de quién tiene éxito o no en la escuela? ¿Qué puede deducir Ud. sobre este tipo de educación?
6. ¿Hay otro personaje en este poema? ¿Qué evidencia hay?

. . . .

Es conveniente saber

Las familias de trabajadores migrantes. Tino Villanueva y otros artistas chicanos pasaron por la singular experiencia de tener una casa a la que volvía la familia por unos pocos meses al año (como lo hacía también la familia de Rigoberta Menchú, pág. 19). Estas familias de trabajadores agrícolas migrantes se desplazan de campo en campo y de estado en estado siguiendo las distintas cosechas de verduras, fruta y algodón. El ciclo anual de los *migrant workers* tiene graves consecuencias para los niños, cuyos estudios, intereses y amistades se interrumpen constantemente con el cambio de localidad. Peor aún, los niños de estas familias empiezan a trabajar desde muy chicos, porque ellos también tienen que ayudar a mantener a la familia. Villanueva sufrió en carne propia los resultados de esta dificilísima vida—como vimos en el poema que acabamos de leer—y por ello terminó la secundaria con una preparación deficiente que le impidió ingresar a la universidad por un tiempo.

En el siguiente poema, «Convocación de palabras», Villanueva habla de su lucha por dominar el inglés. **Convocar** significa *to convoke* o reunir y citar. El estudio de otro idioma es, en esencia, una «convocación de palabras» y, al tratar de dominarlo, todos pasamos por lo que ha experimentado Villanueva. Por eso le hemos dado el mismo título a este libro, que también es una «convocación» de textos de diversos países y autores que reflejan distintos aspectos de la cultura y el arte hispanos.

▼

▼▼▼ Convocación de palabras

TINO VILLANUEVA

Yo no era mío todavía.
Era 1960…
y lo recuerdo bien
porque equivocaba a diario

significado — el sentido° de los párrafos;
sombra — en la umbría° de una tarde
sucia/desamparado — enmugrecida° con aire desvalido°
asistía a la vergüenza
de no entender del todo
lo que el televisor

blanco y negro — estaba resonando en blanquinegro.°
Eliminarás — Desharás,° me dije,
las sanciones en tu contra.
Irresoluto adolescente,
recién graduado

atrasado en — y tardío para° todo,
disciplinado a no aprender nada,
harás por ti
lo que no pudo el salón de clase.

religión, ley — Esta será tu fe:°

Infraction
bedlam
ambiguous.

reuní — Las convoqué°
en el altar de mi deseo,
llevándolas por necesidad
a la memoria.
En la fecundidad de un instante
me fui multiplicando:
affable
prerogative
egregious.

Una — Cada° vez tras otra
asimilé su historia,

es lo mismo que/to rescue — lo que equivale° a rescatar°
lo que era mío:
priggish
eschew
impecunious.

Porque las hice doctrina
repetida horariamente,
de súbito
yo ya no era el mismo de antes:
assiduous
faux pas
suffragette.

vengo Ahora desciendo° inagotablemente
de ellas; son
herencia cultural mi hereditaria ofrenda,°
marcas huellas° de sangre vivida
sobre el papel constante:
exhume
querimonious
kibitzer.

trabajo Tenaz oficio°
el de crearme en mi propia imagen
cada vez con cada una al pronunciarla:
postprandial
subsequently
y de escribir por fin con voluntad
las catorce letras de mi nombre
y por encima
la palabra
libertad.

En torno al texto

Hay que fijarse bien

Lea el poema otra vez. Con un(a) compañero(a) completen las frases que
siguen. Después, encuentren y copien los versos a que se refiere cada una
de ellas.

a. No podía expresarme porque no sabía hablar bien; por ejemplo,...
b. Terminaste la secundaria pero, en realidad,...
c. Me educaré yo mismo y...
d. Me puse a estudiar vocabulario con mucho(s)...
e. Al aprender cada palabra nueva, mi capacidad de comprensión...
f. Mi horizonte cambió cuando...
g. Ahora, tengo una nueva...
h. Fue bastante difícil disciplinarme para...
i. Cuando terminé de estudiar...

En términos generales

1. Puesto que el poeta hablaba inglés en sus ocupaciones diarias, ¿qué otro tipo de inglés le faltaba? ¿Qué no le habían enseñado en el colegio? ¿Qué efecto tenía esto sobre él?

2. ¿Para qué le hacía falta dominar bien su segundo idioma?

3. Ordene las siguientes funciones de un idioma en orden de importancia, según las ideas del poeta. Después, ordénelas de nuevo, pero según lo que cree Ud. ¿Se parecen las listas? ¿Por qué?

   aprender, participar, comprenderse a sí mismo, desarrollar la propia identidad, comunicarse con los demás, pensar

4. Al lograr su propósito de dominar otra área del inglés, ¿qué patrones y qué estereotipos rompe el poeta? ¿Qué influencia cree Ud. que tiene este logro (*achievement*) sobre el individuo y su grupo?

Los personajes y sus papeles

1. ¿Quién habla en este poema?

2. ¿Qué importancia tiene la educación en «Convocación de palabras»? ¿Es igual o diferente del primer poema? ¿Por qué?

Más allá de los textos

1. **Palabras mayores.** Con dos compañeros(as) expliquen las palabras inglesas que aparecen en «Convocación de palabras». ¿Las conocían Uds.? ¿Cuándo tuvieron que estudiar este tipo de vocabulario? ¿Cómo se lo aprendieron? ¿Para qué sirven estas palabras? Después de discutir estos puntos, compartan sus ideas con otro grupo.

2. **Certidumbres ciertas.** Juguemos a ser poetas. Escriba un poema en que habla de las «certidumbres ciertas» de su vida: sus penas, sus alegrías, sus rutinas diarias, lo estable y lo inestable. Use algunos versos de los poemas leídos si lo desea, pero póngalos entre comillas.
   Por ejemplo: *Mi vida, ejercicio de reloj aeróbico,*
   cansancio de las cosas sabidas,
   sorpresas de amor y todo…
   «certidumbres ciertas» de mi mesa y mi silla.

3. **Canto a la gente común.** Escriba un poema en que canta a la gente común que Ud. conoce bien. Primero, escriba una invocación como

la de «Que hay otra voz» («Tú, de los ojos....») y después, narre los trabajos y vidas diarias de esta gente. Use algunos versos del poeta, si lo desea, pero póngalos entre comillas.

Por ejemplo: *«Tú, de los ojos tibios»*
que vives en el metro de la ciudad,
que no recuerdas dónde está tu cama,
porque vives en el trabajo y en...

4. **Los de abajo.** Escriba un artículo de tipo periodístico no muy largo, en que describe las olas de inmigración y los problemas de los inmigrantes en un área que conozca bien. Explique en qué orden llegaron los inmigrantes, qué trabajos empezaron a hacer y cómo fueron reemplazados después por oleadas de inmigración posteriores. Termine con un comentario sobre las tensiones que esto produce en la comunidad.

5. **Inmigrante.** Con dos compañeros(as) escriban un informe sobre lo que significa ser inmigrante. Preparen preguntas que pudieran contestar las dudas que tengan y entrevisten a una persona que haya inmigrado a este país. Si tienen tiempo, pueden entrevistar a gente de distintos grupos de inmigrantes para estudiar las diferencias.

6. **A mí también me pasó.** Converse con un(a) compañero(a) sobre sus propias experiencias como estudiante de idiomas y luego hagan un resumen oral para la clase. O bien, pueden conversar sobre alguna ocasión en que uno de Uds. estuvo en otro estado o pueblo, donde no conocía las tradiciones ni la manera de hablar. Analicen sus sentimientos, actitudes, frustraciones y estrategias. Si lo desea, escriba una composición en vez de charlar con un(a) compañero(a).

Temas de ensayo

Elija uno de los siguientes temas según las instrucciones de su profesor(a). Use sus apuntes sobre los textos, especialmente lo que anotó en las secciones **En torno al texto.** Cada vez que copie un verso de los textos, póngalo entre comillas («...») e indique en qué página aparece.

1. Estudie la paradoja del tiempo, del constante cambio en que no cambia nada en «Que hay otra voz». Describa los mecanismos que usa el poeta para lograr este efecto (uso de ciertas palabras asociadas con ciclos y maduración, por ejemplo). Respalde sus hipótesis con citas.

2. Analice el desarrollo del poeta desde los años de «Que hay otra voz» hasta la toma de conciencia de «Convocación de palabras». Busque diferencias y semejanzas. Trate de determinar si éste es un crecimiento individual o una conciencia más profunda de la tarea del hombre en la vida.

3. Estudie lo chicano y su problemática a través de uno o ambos poemas de Villanueva y el poema de Delgado (pág. 11). Trate de identificar los temas más importantes y analice las semejanzas y diferencias en la obra de los dos poetas. Use citas para respaldar sus opiniones.

4. Examine la educación según la presenta Villanueva. Parta de la premisa de que la educación es una tarea social que debe cambiar a la gente. Analice qué efecto tuvo sobre el poeta y su grupo social y cultural.

5. Analice el concepto de minoría según se puede apreciar en estos poemas. Estudie sus efectos tanto a nivel social como individual y determine cómo los expresa el poeta.

6. Si a Ud. le interesan los problemas socio-educacionales, use como base estos dos poemas y analice los problemas de la educación bilingüe o monolingüe para los niños que viven en dos culturas. Dé su propia visión del problema y/o use las ideas del poeta. Dé citas de los textos cuando sea necesario.

Artigas

Adolfo Halty Dubé

SEXTA PARTE

La política y el individuo

Nagasaki

ALFONSO SASTRE

Nombre:	Alfonso Sastre (1926–)
Nacionalidad:	Español
Ocupación:	Dramaturgo, cuentista
Obras más importantes:	*Escuadra hacia la muerte* (1953)
	La mordaza (1954)
	Drama y sociedad (1956)
	La cornada (1959)
	Las noches lúgubres (1964)

FICHA PERSONAL

Como a muchos de sus contemporáneos, a Sastre le preocupa y le duele la realidad de su época, tan profundamente marcada por la Guerra Civil española y la dictadura de Francisco Franco (1939–1975). Sin embargo, mientras algunos escritores como Mihura (véase la pág. 2) proponen una literatura de evasión y humor, Sastre busca una expresión artística que transforme la sociedad española. Esta función del arte es tan importante para él que en su manifiesto «Arte como construcción» (en *Drama y sociedad*, 1956) invita a todos los escritores, artistas plásticos y cineastas a compartirla cuando afirma que el arte debe representar los problemas sociales y cumplir una función de justicia.

Tan convencido está de su misión y de su deber para con la sociedad que declara que preferiría vivir en un mundo justo sin arte, que en una sociedad injusta que tuviera magníficas obras de arte. Las ideas y las emociones de su manifiesto se reflejan espléndidamente en toda la obra de este gran innovador del teatro español.

Además de teatro y ensayo, Sastre también escribe relatos como los de *Las noches lúgubres* (1964). Los cuentos que forman parte de este volumen tienen como tema el horror de la guerra, la defensa de la paz y la abolición de la tortura; son de un deliberado y crudo realismo. Resulta evidente que los temas de la ficción de Sastre son claro ejemplo de las ideas que expresara en su manifiesto literario. Como lo señala la crítica, no sólo quiere revolucionar el teatro, sino también transformar la vida española y con ella la de toda la humanidad. «Nagasaki» tiene un enorme impacto sobre el lector contemporáneo que vive a la sombra de la nube atómica, además de ser un magnífico ejemplo de las ideas de su manifiesto.

Aproximaciones al texto

1. **La energía atómica.** Por desgracia, la energía atómica es parte de nuestro diario vivir… y morir también. Prepárese para la siguiente lectura tachando todos los términos que *no* se refieran a la energía atómica.

explosión	triunfo	planta nuclear
electricidad	radiación	contaminación del suelo/aire
contadores Geiger	motor	lucha contra el cáncer
derrota	reactor	batalla
medicina	energía	síndrome de Chernóbil
quemaduras	fusión	torres de enfriamiento

2. **¿A favor o en contra?** Imagínese que Ud. va a ir a una manifestación callejera. Prepare tres pancartas o letreros para apoyar (¡Arriba!) o combatir (¡Abajo!) el uso de la energía atómica en su comunidad.

Por ejemplo: A favor: *¡Arriba la energía atómica! ¡Es más…!*
En contra: *¡Abajo la energía atómica! ¡Es muy…!*

Por si acaso

eficiente, limpia, rápida, barata, renovable, peligrosa, contaminante, da cáncer, mata, produce desechos radioactivos

3. **Vocabulario del miedo.** Con dos compañeros estudien las siguientes palabras relacionadas al terror. Luego, ordénenlas de menor a mayor intensidad.

   a. susto, horror, miedo, terror, pánico, espanto, temor
   b. me aterroriza, me paraliza el miedo, me llena de pánico, me horroriza, me enmudece de horror, me muero de miedo/de…, me da miedo/…, se me erizan los pelos de miedo…, se me ponen los pelos de punta cuando…, se me pone la carne de gallina cuando…

· ▼

Es conveniente saber

La Segunda Guerra Mundial (1939–1945). La Segunda Guerra Mundial fue muy larga y sangrienta. Las naciones que participaron perdieron muchos de sus hijos en la lucha contra el Eje formado por Alemania, Italia y Japón. El desastre de Pearl Harbor obligó a los Estados Unidos a declararse en guerra con el Japón el 7 de diciembre de 1941. Casi cuatro años más tarde, nuestro país apresuró el final de la guerra cuando lanzó dos bombas atómicas sobre dos ciudades japonesas: una sobre Hiroshima el 6 de agosto de 1945 y otra sobre Nagasaki, tres días después. Aunque se dice que las bombas salvaron muchas vidas porque pusieron fin a la guerra, el horror de la destrucción casi completa de dos ciudades con la mayoría de sus habitantes fue un golpe increíble para todo el mundo.

Hoy en día, la energía atómica nos rodea en todas partes. En este país y en el Mundo Hispano vemos diversas aplicaciones, como ser: centrales eléctricas atómicas, reactores experimentales, radioisótopos para la medicina y otros usos.

· ·

▼ # Nagasaki

Alfonso Sastre

Me llamo Yanajido. Trabajo en Nagasaki y había venido a ver a mis padres en Hiroshima. Ahora, ellos han muerto. Yo sufro mucho por esta pérdida y también por mis horribles quemaduras. Ya sólo deseo volver a Nagasaki con mi mujer y con mis hijos.

Dada la confusión de estos momentos, no creo que pueda llegar a Nagasaki enseguida, como sería mi deseo; pero, sea como sea, yo camino hacia allá.

No quisiera morir en el camino. ¡Ojalá llegue a tiempo de abrazarlos!

En torno al texto

Hay que fijarse bien

Lea otra vez el relato y ubique dónde se dice lo siguiente.
a. Creo que estoy muy mal porque murieron mis padres y estoy muy quemado.
b. Aquí nadie sabe ni lo que pasó ni lo que va a pasar.
c. No importa lo que pase, yo me voy caminando.
d. ¡Ojalá que no me muera antes de llegar!

En términos generales

1. ¿En qué fecha se desarrolla el relato? ¿Qué importancia tiene?
2. ¿Quién es el narrador?
3. ¿Dónde está esta persona? ¿A qué vino?
4. ¿Dónde vive? ¿Adónde va? ¿Por qué se va?
5. ¿Por qué no se llama «Hiroshima» este relato?

Los personajes y sus papeles

1. Aparte del narrador, ¿qué otra gente se menciona en el relato? ¿Qué función tienen?
2. ¿Cómo sabe el narrador que va a morir? ¿O no lo sabe?
3. ¿Estaba en Nagasaki ya cuando cayó la bomba?
4. Nombre al menos cinco problemas que le impiden al protagonista llegar a Nagasaki.

Más allá del texto

1. **Ojos que no ven, corazón que no siente.** Júntese con dos compañeros(as). Piensen en el relato y hagan una lista de cinco cosas que el narrador no sabe acerca de la bomba o de la situación en las dos ciudades. Expliquen cómo afectaría esta información los planes de Yanajido.
   Por ejemplo: *El aire está contaminado y...*

2. **¡Atención, situación de emergencia!** Imagínese que la radio anuncia que hay una emergencia grave y que la ciudad será evacuada dentro de una hora. ¿Qué cosas se llevaría Ud.? Haga una lista y explique por qué las llevaría consigo. No se puede llevar más que un maletín de mano.
   Por ejemplo: *Me llevaría las fotos de familia y un abrigo grueso y un... porque...*

3. **Crónica del horror.** Júntese con dos compañeros(as). Usen el calendario para escribir la crónica de esta tragedia día tras día en la semana que sigue al ataque atómico. Imiten el estilo de los reportajes periodísticos, con buenos titulares y subtítulos para cada día.

   Por ejemplo: *Hiroshima destruída. Ciudad en llamas.*

4. **Diario de vida (¿o muerte?).** Imagínese que Ud. es un(a) estudiante universitario(a) japonés/japonesa. Escriba su diario de vida durante estos días fatales.

5. **Al día siguiente.** Continúe el relato por unos tres o cuatro días más, en que el protagonista logra o no logra llegar a Nagasaki. Use la primera persona como lo hizo el autor o incluya otro narrador si lo desea.

6. **Hiroshima.** Escriba otro relato corto que se llame «*Hiroshima.*» Cambie el estilo y la perspectiva, si lo desea.

7. **Según mi parecer.** Escríbale una carta a un diario o a una revista importante dando su opinión sobre las posibles soluciones para deshacerse de los desechos atómicos o para producir energía barata de otras fuentes.

   Empiece así: *En cuanto al grave problema de contaminación atómica que nos afecta en este momento, pienso que...*

8. **Tribuna internacional.** Imagínese que Ud. es un(a) joven político(a) norteamericano(a) que está haciendo una gira internacional para preparar su campaña presidencial. Escriba un discurso en que explique no sólo su posición ante los problemas energéticos del mundo (o el uso de armas atómicas), sino también las soluciones más adecuadas, según su parecer.

Por ejemplo: *...No creo que podamos... Ha llegado el momento de... Estamos jugando con fuego porque... Es necesario que todos los ciudadanos del mundo pensemos en... porque... Sin embargo, es conveniente que también tomemos en cuenta que... Dadas las características de la economía mundial no creo que podamos...*

9. **Debate abierto.** Imagínense que tienen que aprobar o rechazar la instalación de una planta nuclear o de un basurero atómico en su comunidad. Dividan la clase en dos grupos: miembros de la comunidad y empleados de la municipalidad o gobierno local/estatal. Preparen su defensa a favor o en contra, con convincentes presentaciones orales, pancartas, cartas a las autoridades y otros medios de comunicación. Hagan un debate abierto e inviten a alumnos de otras secciones para que sirvan de jueces, si es necesario.

Por ejemplo: *Señores y señoras: Tengo el honor de representar al grupo de... y me parece que es un terrible error oponerse a... porque esto significaría, sin duda, el deterioro económico de... para evitar la contaminación podríamos...*

Temas de ensayo

Elija uno de los siguientes temas según las instrucciones de su profesor(a). Use sus apuntes sobre el texto, especialmente lo que anotó en la sección **En torno al texto.** Cada vez que copie una frase del texto, póngala entre comillas («...») e indique en qué página aparece.

1. Analice el desarrollo de la tensión dramática en este relato. Explique qué mecanismos usa el autor para lograr este efecto en un relato tan breve. Dé ejemplos del texto.

2. Describa la devastación interna y externa en este relato. Haga un contraste entre la destrucción de la ciudad y del protagonista. Explique cómo ha pintado la devastación el autor. Dé ejemplos del texto.

3. Analice la ironía en este breve relato. Use citas para demostrar cómo la usó el autor.

4. Examine las ideas políticas del autor a través de este texto y compárelas a las de otro autor si lo desea. Analice también el efecto que tienen sus ideas en el lector.

5. Estudie este cuento como ejemplo de la función de la literatura según Sastre.

La United Fruit Co.

PABLO NERUDA

Nombre:	Pablo Neruda (seudónimo de Neftalí Ricardo Reyes Basoalto, 1904–1973)
Nacionalidad:	Chileno
Ocupación:	Poeta, cronista, diplomático, senador
Obras más importantes:	*Crepusculario* (1923)
	El hondero entusiasta (1933), escrito en los años 20
	Veinte poemas de amor y una canción desesperada (1924)
	Residencia en la tierra (1925–1947)
	España en el corazón (1937)
	Canto general (1950)
	Odas elementales (1954)
	Nuevas odas elementales (1956)
	Confieso que he vivido (1974) (memorias póstumas)
Otros datos:	Fue editor de *Caballo de Bastos, Caballo Verde para la Poesía* y *Aurora de Chile*. Recibió el Premio Nobel de Literatura en 1971.

FICHA PERSONAL

Neruda es, sin duda alguna, uno de los poetas más importantes de Hispanoamérica. De familia modesta, nació y se crió en una ciudad de provincia, pero se trasladó a la capital para ingresar a la *Universidad de Chile*, donde estudió para profesor de francés. Allí, como señala en sus memorias, se incorpora a la revista *Claridad* «como militante político y literario» (pág. 58). Aun así, sus primeras obras, *Crepusculario* (1923), *El hondero entusiasta* (que no se publicó hasta 1933) y *Veinte poemas de amor y una canción desesperada* (1924), son muy líricas y, por lo general, de formas bastante tradicionales.

Muchos de los poemas que aparecen en *Residencia en la tierra* (tomos I y II) fueron escritos en el Lejano Oriente, donde fuera enviado en misión diplomática por el gobierno chileno. Durante esta época, se sintió muy solo y aislado, cosa que se refleja en el hermetismo y surrealismo de estos dos libros.

España en el corazón (1937) marca no sólo otra etapa de su obra, sino también el despertar de su conciencia política, razón por la cual algunos lo critican duramente. Su voz ahora se torna cada vez más didáctica y, como señala la crítica, de la *Tercera residencia* (1947) al *Canto general* (1950) aumentan la oratoria y la exaltación política a la vez que disminuyen las imágenes líricas (véase poesía épica y lírica en el Glosario). Las metáforas surgen ligadas por conceptos y sentimientos universales de horror ante las atrocidades de la Guerra Civil Española. Es en esta época que Neruda se hace miembro del Partido Comunista, decisión que le traerá acerva crítica, persecución y exilio.

Con *Odas elementales* (1954), *Nuevas odas elementales* (1956) y los muchos volúmenes que siguen, vemos que el poeta rechaza, en cierta forma, su pasado: su angustiada visión del mundo y su surrealismo hermético desaparecen para dar paso a una poesía sencilla dirigida a hombres sencillos.

A fines de los años 40, el Partido Comunista Chileno le pidió a Neruda que compusiera una nueva historia de su país. El resultado de este esfuerzo es *Canto general* (1950), una larga obra en verso dividida en quince secciones que, a su vez, están divididas en poemas. Es una historia de la América Hispana desde antes de la conquista española hasta el siglo veinte, vista a través de los ojos del poeta políticamente comprometido que cree que la poesía tiene como función denunciar la injusticia social y cantar el mundo para la gente común (compárese con lo que nos dice Sastre acerca de la función del artista, pág. 240).

«La United Fruit Co.» proviene del Quinto Canto titulado «La arena traicionada». Este empieza con una serie de poemas sobre diversos dictadores de los siglos XIX-XX y las alianzas entre sus gobiernos y las compañías multinacionales o transnacionales que, según escritores como Guillén (pág. 154) y el propio Neruda, explotan no sólo la riqueza natural sino también al pueblo hispanoamericano.

Es conveniente saber

La doctrina Monroe. Esta política norteamericana que data de 1823, estableció que cualquier tipo de intervención política o económica por parte de los países europeos en las Américas sería considerada un ataque directo a la «paz y seguridad» de Estados Unidos. En aquel entonces, Estados Unidos se constituyó en el poder que resguardaría al hemisferio de la influencia española, rusa, francesa, británica, holandesa y portuguesa. Invocando esta doctrina, Estados Unidos desalojó o impidió la expansión económica europea en el Caribe y Centroamérica y apoyó en cambio a aquellos regímenes locales que aceptaban la política estadounidense y protegían los intereses de las compañías norteamericanas. Estos regímenes a menudo han sido dictaduras militares corruptas. Monroe fue presidente de nuestro país de 1817 a 1825.

· ·

Aproximaciones al texto

1. **El Tercer Mundo.** Así se llama esa parte del mundo en que principalmente se producen *materias primas*, o sea productos agropecuarios o agrícolas y minerales sin elaborar. ¿Cuáles cree Ud. que son los otros dos mundos? Con dos compañeros nombren al menos cuatro países en las dos primeras columnas y diez en la tercera columna.

Primer Mundo	Segundo Mundo	Tercer Mundo
Japón	China	Indonesia

2. **Frutos de Hispanoamérica.** Con dos compañeros completen el cuadro que sigue con los nombres y marcas de frutas y otros productos de Centroamérica, Sudamérica y del Caribe que Uds. conozcan. En seguida, compárenlo con el de otro grupo.

País	Producto	Marca
Ecuador	plátanos	Turbana

3. **Las multinacionales.** Así se llaman las compañías que tienen operaciones en más de un país. Con otros compañeros hagan una lista de por lo menos cinco compañías que Uds. conozcan.
   Por ejemplo: *Exxon, Swift, Xerox* etc.

4. **Asociaciones.** Piense en las siguientes palabras y escriba otras palabras asociadas a ellas rápidamente.

   Coca-Cola Inc.   Dole   República Banana
   dictadores   corrupción

▼
Convocación de palabras

Es conveniente saber

Compañías estadounidenses en el extranjero. La presencia de compañías norteamericanas en Hispanoamérica data del siglo pasado o de principios de este siglo. Muchas se dedican a la explotación del petróleo, de minerales como cobre, estaño, bórax o a la agricultura (tabaco, café, cacao, algodón, azúcar y frutas). Las empresas norteamericanas se establecieron en Hispanoamérica y en otras partes por la mano de obra baratísima, falta de previsión social y, en muchos casos, ausencia de sindicatos (*unions*).

Como en el relato «El amigo de Él y Ella» (pág. 2), hay en el poema que sigue una alusión a la creación del mundo, aunque la perspectiva de Neruda es muy diferente. El presente poema también toca temas que aparecen en «Balada de los dos abuelos» (pág. 154) y sería una buena idea leerlo otra vez.

. . . .

▼▼ La United Fruit Co.

PABLO NERUDA

Cuando sonó la trompeta, estuvo
todo preparado en la tierra
y Jehová° repartió el mundo *Dios*
a Coca Cola Inc., Anaconda,
Ford Motors, y otras entidades:° *compañías, firmas*
la Compañía Frutera Inc.
se reservó lo más jugoso,° *delicioso, sabroso*
la costa central de mi tierra,
la dulce cintura de América.
Bautizó de nuevo sus tierras
como «Repúblicas Bananas»,
y sobre los muertos dormidos,
sobre los héroes° inquietos *padres de la Independencia*
que conquistaron la grandeza,
la libertad y las banderas,
estableció la ópera bufa:° *creó la farsa, el circo*
enajenó° los albedríos,° *alienated/las voluntades*
regaló coronas de César,
desenvainó° la envidia, atrajo *unsheathed*
la dictadura de las moscas,

	moscas Trujillos, moscas Tachos,
	moscas Carías, moscas Martínez,
	moscas Ubico, moscas húmedas
pobre	de sangre humilde° y mermelada,
buzz	moscas borrachas que zumban°
de la gente del pueblo	sobre las tumbas populares,°
amaestradas/expertas	moscas de circo,° sabias° moscas
que saben mucho de	entendidas en° tiranía.

crueles	Entre las moscas sanguinarias°
llega	la Frutera desembarca,°
llevándose	arrasando° el café y las frutas,
se llevaron	en sus barcos que deslizaron°
	como bandejas el tesoro
hundidas	de nuestras tierras sumergidas.°

chasms	Mientras tanto, por los abismos°
	azucarados de los puertos,
enterrados	caían indios sepultados°
	en el vapor de la mañana:
cadáver	un cuerpo° rueda, una cosa
	sin nombre, un número caído,
montón	un racimo° de fruta muerta
basural	derramada en el pudridero.°

▼

Convocación de palabras

250

Es conveniente saber

He aquí algunas «moscas sanguinarias»:

- **Rafael Leonidas Trujillo Molina,** dominicano, dictador de 1930 a 1961 y presidente en 1930–38 y 1942–52. Murió asesinado.
- **Anastasio Somoza García,** dictador nicaragüense que dominó la vida política del país desde los años treinta, primero como jefe de la Guardia Civil, y luego de 1937 a 1947 y de 1951 a 1956 como presidente.
- **Tiburcio Carías Andino,** hondureño, presidente de la República de 1933 a 1949.
- **Maximiliano Hernández Martínez,** salvadoreño, elevado a Jefe de Estado en 1931, reprimió una sublevación campesina en 1932 y fue elegido presidente en 1934; reformó la constitución y se hizo reelegir en 1939, pero una huelga lo obligó a dimitir en 1944.
- **Jorge Ubico,** dictador-presidente de Guatemala de 1931 a 1944, extendió su presidencia por medio de «plebiscitos» extra-legales. Una huelga lo obligó a renunciar en 1944.

. . . .

En torno al texto

Hay que fijarse bien

Lea el poema otra vez. Júntese con un(a) compañero(a) y hagan los siguientes ejercicios.

1. Ubiquen en qué versos se dice lo siguiente.
    a. un ángel tocó la trompeta y empezó la creación
    b. Centroamérica y los países donde se producen dulces frutas
    c. la compañía le dio un nuevo nombre a las tierras
    d. los libertadores habían declarado la independencia de España hacía poco
    e. la compañía estableció gobiernos títeres (*puppet*) o creó un mundo falso, de circo
    f. le quitaron la capacidad de decidir por sí mismos a estos países
    g. nombró a varios gobernantes, presidentes o jefes de gobierno
    h. atrajo, creó gobiernos de dictadores sucios y malvados
    i. los dictadores se alimentaban de la sangre de los obreros
    j. eran malvados y sabían manejar la intriga, la tortura y el vicio
    k. en el medio de las masacres y la corrupción llega la Compañía Frutera y se lleva el café y la fruta
    l. el dulce tesoro de frutas se va con gran facilidad, sin ninguna oposición, por el mar
    m. morían los indios en los puertos llenos de dulce fruta

n. pero no importa porque son apenas un número para la Frutera, un poco de fruta mala que se tira a la basura

2. Copien los versos que se refieran a…

a. la creación del mundo
b. la repartición de la riqueza del mundo
c. la influencia de Estados Unidos en Centroamérica
d. la historia hispanoamericana y la independencia de España
e. las dictaduras
f. las operaciones de la Frutera
g. la vida del trabajador indio

En términos generales

1. ¿Por qué cree Ud. que Neruda escribió este poema?
2. ¿Qué aprendió Ud. acerca del trabajo de los indígenas?
3. ¿Qué relaciones hay entre gerentes y dictadores?
4. ¿Qué relaciones hay entre gerentes y trabajadores?
5. ¿Cuándo desembarcó la Frutera, antes o después de la Creación de las Repúblicas Bananas?
6. ¿Por qué morían tantos indios? ¿Por qué no importaba que murieran?
7. ¿Qué relaciones hay entre Estados Unidos y las Repúblicas Bananas, según el poema?

Los personajes y sus papeles

1. ¿Quién habla en este poema? ¿A quién le habla?
2. ¿Qué otras personas o grupos de gente se mencionan? ¿Qué papeles tienen?
3. ¿A quién representa Jehová? ¿Es Dios el que reparte estas tierras realmente o es otra persona o entidad o país?
4. ¿Cuál es el papel de la Frutera?

Más allá del texto

1. **Mundo de imágenes y metáforas.** Los poetas usan imágenes para describir algo por medio de sensaciones opuestas a lo común. Las sensaciones pueden ser gustativas, visuales, auditivas, táctiles u olfatorias. Las metáforas son una descripción simbólica de algo. Con un(a) compañero(a) expliquen las siguientes.

Imágenes
- Jehová
- lo más jugoso, la costa central de mi tierra

- la dulce cintura de América
- Repúblicas Bananas
- desenvainó la envidia
- atrajo a las moscas
- moscas de circo
- nuestras tierras sumergidas
- los abismos azucarados de los puertos
- racimo de fruta muerta

Metáforas
- los héroes inquietos que conquistaron la grandeza, la libertad y las banderas
- estableció la ópera bufa
- regaló coronas de César
- moscas húmedas de sangre humilde y mermelada
- moscas que zumban sobre las tumbas populares
- sabias moscas entendidas en tiranía
- barcos que deslizaron como bandejas el tesoro
- racimo de fruta muerta derramada en el pudridero

2. **Jugando a ser Neruda.** Con dos compañeros anoten qué palabras asocian con lo siguiente.

   a. las entidades comerciales
   b. los muertos dormidos
   c. la libertad
   d. las banderas
   e. la ópera bufa
   f. la envidia
   g. las moscas
   h. la Frutera
   i. un racimo de fruta
   j. el pudridero

3. **El puerto.** Lea otra vez la última estrofa del poema y describa con detalles el puerto que pintó Neruda en nuestra memoria. Refiérase a las actividades, describa a la gente, los colores, ruidos y olores del puerto al amanecer. Le interesará saber que muchas veces las frutas se cargan por la noche, para evitar el calor del día que las puede estropear. Use el imperfecto para escribir su descripción.

4. **La compañía.** Muchos pueblos y ciudades tienen una compañía principal que parece dominar la vida del pueblo, especialmente si tanto padres como hijos han trabajado allí. Escriba Ud. un poema a la compañía, destacando las relaciones que existen (entre trabajadores/ sindicato, gente del pueblo, gerentes de la compañía). Ud. puede usar la misma perspectiva de Neruda u otra que le parezca mejor, según el tipo de relaciones que existan entre la compañía y la comunidad.

5. **Aroma de café.** Investigue la historia del café en Latinoamérica, o sólo en un país como Colombia o Brasil. Estudie la historia del café desde su llegada al continente hasta la formación de grandes compañías exportadoras y la situación actual. Presente un informe escrito y/u oral.

6. **Una multinacional.** Estudie una de las multinacionales (por ejemplo la United Fruit, Nestlé u otra nombrada en la actividad N°2 de **Aproximaciones al texto**). Prepare una presentación para sus compañeros. Investigue desde cuándo y dónde ha operado en Hispanoamérica esta compañía, en qué regiones y qué influencia ha tenido. Describa también su reacción a la información que encontró.

7. **Los dictadores.** Haga un trabajo de investigación sobre un dictador. Estudie sus relaciones con los Estados Unidos. Si es posible, entreviste a una persona que haya sufrido los efectos de su dictadura. Prepare un informe escrito y/u oral sobre su investigación.

Temas de ensayo

Elija uno de los siguientes temas según las instrucciones de su profesor(a). Use sus apuntes sobre el texto, especialmente lo que anotó en la sección **En torno al texto**. Cada vez que copie un verso del texto, póngalo entre comillas («...») e indique en qué página aparece.

1. Analice las ideas políticas de Neruda en este poema. ¿Cuál es su posición frente a las compañías, el destino de los indios, el impacto de los gobiernos y de la política norteamericana en Centroamérica y el Caribe?

2. Compare la posición política de Neruda con otro poeta o escritor como Heberto Padilla (pág. 255) o Cristina Peri Rossi (pág. 263).

3. Exprese sus propias ideas con respecto a la política y su relación con la poesía o el arte. ¿Se puede hacer arte y política a la vez? Defienda sus ideas con citas de este texto y de otros que haya leído. Por ejemplo, compare sus ideas con las de Neruda y las de Sastre (pág. 240).

4. Analice la técnica poética de Neruda, especialmente su uso de metáforas e imágenes en este poema. Agrúpelas y trate de ver qué tipos de ideas expresa el poeta con ellas. Dé citas del texto.

5. Estudie la conexión entre machismo y dictadura en los textos leídos Busque otras fuentes en la Bibliografía. Ilustre con citas de los textos.

Fuera del juego

HEBERTO PADILLA

Nombre:	Heberto Padilla (1932–)
Nacionalidad:	Cubano
Ocupación:	Poeta, novelista, periodista, profesor, editor
Obras principales:	*Las rosas audaces* (1948)
	El justo tiempo humano (1960) Premio Casa las Américas
	Fuera del juego (1970) Premio de la UNEAC (1968)
	Por el momento (1970)
	El hombre junto al mar (1981)
	En mi jardín pastan los héroes (1981)
	La mala memoria (1989)
Otros datos:	Fue fundador de la Unión de Escritores y Artistas de Cuba (UNEAC). Ocupó distintos cargos en el gobierno de Castro. Inicialmente apoyó la Revolución, pero después es encarcelado por criticarla. Sale de Cuba en 1980. Actualmente vive en Estados Unidos.

FICHA PERSONAL

El llamado «caso Padilla»—o persecución del escritor por parte del gobierno de Castro—empezó en 1967, cuando Padilla atacó una obra de un escritor que apoyaba al gobierno y defendió la famosa novela *Tres tristes tigres* de Guillermo Cabrera Infante. Cabrera Infante, que vivía en el extranjero en esa época, aún no había criticado al gobierno, pero su actitud cambió en 1968 cuando supo de la persecución de Padilla. En una entrevista con Tomás Eloy Martínez, Cabrera declaró:

Las últimas noticias presentan a Padilla en la posición de toda persona inteligente y honesta en el mundo comunista: un exilado interior con sólo tres opciones—el oportunismo y la demagogia en formas de contrición política, la cárcel o el exilio verdadero. [L. Casal, *El Caso Padilla: Literatura y revolución en Cuba* (Nueva York: Nueva Atlántida, 1971), pág. 13.]

De pronto, Padilla es culpable de haber defendido a un «traidor». A pesar de esto, su libro *Fuera del juego* resultó premiado por el jurado del Concurso de Poesía de la UNEAC en 1968. Sin embargo, el contenido de muchos poemas fue considerado contrarrevolucionario. Posteriormente, se publicaron artículos en los que se criticaba a Padilla y Cabrera Infante, entre otras cosas, por su «...despolitización, y cierta tendencia aristocratizante...» (*Ibid.*, págs. 7–8). Esto provocó un endurecimiento de la actitud del gobierno hacia los artistas. Las consecuencias fueron graves para Padilla y su esposa, la poeta Belkis Cuza Malé, pues ambos fueron finalmente detenidos el 20 de marzo de 1971. De inmediato, muchos intelectuales extranjeros—a pesar de ser simpatizantes de Castro—reaccionaron airadamente y enviaron una carta de protesta.

Padilla fue puesto en libertad el 27 de abril de ese año y tuvo que retractarse ante la UNEAC. Esta confesión pública provocó una segunda carta de intelectuales europeos, sud y norteamericanos, en la que comparaban los procedimientos usados contra Padilla con los que «...impuso el estalinismo en los países socialistas» [Mario Vargas Llosa, *Contra viento y marea*, (Barcelona: Seix Barral, 1983), pág. 167]. Padilla es entonces separado de la Universidad y de la UNEAC. Finalmente, en 1980 lo autorizaron a salir de Cuba. Luego de pasar unos meses en España, se radicó en los Estados Unidos.

Como tantos otros intelectuales que viven o vivieron bajo dictaduras de derecha (por ejemplo, véase a Cristina Peri Rossi, pág. 263), Padilla cuestiona la política del gobierno y es visto como una amenaza por éste; la única diferencia es que Padilla critica a un gobierno dictatorial de izquierda. Es claro entonces por qué, en el poema que sigue, Padilla pinta al poeta que no acepta incondicionalmente lo que dicen las autoridades y que tiene la temeridad de oponerse al gobierno. Por sus ideas, el poeta está «fuera» o es expulsado «fuera del juego».

Aproximaciones al texto

1. **La opresión.** Escriba diez palabras que Ud. asocie con la opresión política y la pérdida de las garantías individuales.
   Por ejemplo: *persecución*

2. **Los disidentes.** Recientemente, con el caso de Europa Oriental, hemos visto cómo los disidentes políticos han podido movilizar a las

masas para liberar a sus países o regiones de la opresión dictatorial. Con un(a) compañero(a) completen las listas que siguen después de analizar un poco la acción de los disidentes en una sociedad.

a favor de...	en contra de...
	la censura

Por si acaso

libertad individual	control de los viajes	control de la vivienda
elecciones democráticas	libertad de los sindicatos	la tortura
los presos políticos	la policía secreta	el terror
los desaparecidos	los rehenes	la censura

3. **Por la razón o la fuerza.** En cualquier conflicto político, la oposición puede combatir al gobierno de dos maneras: por medio de la palabra o por medio de la lucha armada. Escriba un párrafo en que Ud. apoye uno de estos procedimientos y explique por qué piensa que debe ser así. Dé ejemplos o refiérase a una situación específica si es necesario.

4. **Un mundo diferente.** En nuestro país, la política afecta muy poco nuestra vida diaria. Sin embargo, en muchas otras partes, la política tiene gran influencia sobre la vida de una persona. Júntese con dos compañeros(as) y traten de imaginarse qué cambios se producirían si Uds. vivieran en una dictadura. Describan al menos tres de los cambios.

Por ejemplo: *Si viviéramos en una dictadura, no podríamos escoger en cuál universidad estudiar. Todo dependería de dónde hubiera vacantes y qué profesiones le interesaran al gobierno.*

Es conveniente saber

Fidel Castro y la Revolución Cubana. Fidel Castro (1926–   ) es la figura que ha dominado la política cubana de los últimos treinta años. Hijo de una familia acomodada de la provincia de Oriente, Castro estudió en colegios católicos antes de ingresar en 1945 a la Universidad de La Habana donde cursó Derecho y participó activamente en la política estudiantil. Al recibirse en 1950, se dedicó a la defensa de clientes pobres y a la lucha contra el gobierno de Batista. Castro fue el líder del grupo que atacó el cuartel militar de Moncada el 26 de julio de 1953. A raíz de esto fue detenido, juzgado y encarcelado. Gracias a una amnistía, fue puesto en libertad en mayo de 1955. Dos meses más tarde, habiendo llegado a la conclusión de que la única solución era la lucha armada, salió para México, donde empezó los preparativos para la invasión de la isla.

El 1º de enero de 1959, después de asistir a una fiesta de Año Nuevo, el dictador cubano Fulgencio Batista (1901–1973) huyó del país marcando así el triunfo de Castro y de la Revolución Cubana. Todo el mundo salió a la calle a festejar la caída del tirano y el final de su gobierno corrupto. En ese momento, muchos latinoamericanos festejaron la victoria de Castro también.

Al principio, Castro no dio indicación alguna de que estaba a la cabeza de la primera revolución socialista lograda sin la participación del Partido Comunista local. La reacción extranjera a los primeros cambios—especialmente la de Estados Unidos—tuvo una enorme influencia sobre la creciente polarización de la revolución. Los líderes cubanos querían seguir adelante con sus reformas sin la intervención de Estados Unidos, que había apoyado a Batista. Pero los cambios que proponía el gobierno y que el pueblo pedía con entusiasmo afectaban seriamente los intereses de las grandes compañías estadounidenses (véase también «La United Fruit Co.» pág. 246). Todo esto llevó tanto al distanciamiento político y al bloqueo económico de la isla por los Estados Unidos como al creciente acercamiento de Cuba a los países socialistas.

. . . .

▼▼ Fuera del juego

HEBERTO PADILLA

A Yannis Ritzos, en una cárcel de Grecia.

mándenlo fuera	¡Al poeta, despídanlo!°
	Ese no tiene aquí nada que hacer.
	No entra en el juego.
	No se entusiasma.
	No pone en claro su mensaje.
se da cuenta	No repara° siquiera en los milagros.
reflexionando	Se pasa el día entero cavilando.°
criticar, rechazar	Encuentra siempre algo que objetar.°
hombre	A ese tipo,° ¡despídanlo!
que arruina la fiesta	Echen a un lado al aguafiestas,°
de mal genio	a ese malhumorado°
	del verano,

con gafas negras
bajo el sol que nace.
Siempre
aventuras, viajes le sedujeron las andanzas°
y las bellas catástrofes
del tiempo sin Historia.
Es
       incluso
            anticuado.
Sólo le gusta el viejo Armstrong.[1]
Tararea, a lo sumo,
una canción de Pete Seeger.[2]
Canta,
     entre dientes,
             La Guantanamera.[3]

Pero no hay
quien lo haga abrir la boca,
pero no hay
quien lo haga sonreír
cada vez que comienza el espectáculo
y brincan
clowns los payasos° por la escena;
cuando las cacatúas
confunden el amor con el terror
y está crujiendo el escenario
instrumentos de viento de y truenan los metales°
una orquesta/tambores y los cueros°
y todo el mundo salta,
se inclina,
retrocede,
sonríe,
abre la boca
       «pues sí,
       claro que sí
       por supuesto que sí…»
y bailan todos bien,
bailan bonito,
como les piden que sea el baile.
A ese tipo, ¡despídanlo!
¡Ese no tiene aquí nada que hacer!

[1]Louis Armstrong, gran músico de jazz estadounidense
[2]cantante de música folclórica y de protesta social de Estados Unidos; se le oía mucho en los años sesenta y setenta
[3]famosa canción cuya letra es un poema de José Martí (1853–1895), poeta cubano, apóstol de la independencia de su isla de España

En torno al texto

Hay que fijarse bien

Lea otra vez el poema. Con un(a) compañero(a) completen los siguientes ejercicios.

1. Vean cuántas veces y de qué manera se dice que...

   a. hay que expulsar o echar al poeta
   b. el poeta no se adapta a las reglas del gobierno revolucionario
   c. el poeta no quiere reconocer los éxitos del gobierno
   d. el poeta no les prestaba atención a las circunstancias políticas
   e. al poeta le gusta más lo extranjero que lo nacional
   f. el poeta no quiere unirse a los que alaban al gobierno
   g. los otros juegan bien el juego y siempre están de acuerdo
   h. el gobierno tiene ciertas reglas que hay que seguir

2. Ubiquen en qué versos se describe...

   a. una fiesta popular en honor del gobierno castrista
   b. ruidos desagradables
   c. gente a la que le gustan las cosas de antes de la revolución
   d. gente sometida y sin voluntad
   e. al poeta como un ser universal, que no debe depender de las circunstancias políticas, que busca su verdad en un sentido más amplio

3. Hagan las listas correspondientes:

   a. palabras negativas para referirse al poeta
   b. canción que simboliza las aspiraciones de la gente común y corriente
   c. verbos de significado negativo
   d. palabras que significan disidente
   e. palabras que sugieren un ambiente militar

En términos generales

1. ¿A qué se refiere el título? ¿Qué juego le evoca a Ud. el poema? ¿De qué juego se trata en realidad?

2. ¿Por qué se califica al poeta de anticuado? ¿Qué tipo de música le gusta?

3. ¿Qué evocan las imágenes de los payasos, la música, el baile?

4. ¿Qué sugiere el poema acerca del gobierno en esta sociedad? ¿Qué tipo de gobierno es? ¿Por qué?

Los personajes y sus papeles

1. ¿Qué representan los payasos?

2. ¿A quién representan las cacatúas, al pueblo o a los militares? ¿Por qué no ven el terror reinante?

3. ¿Qué papel tiene el poeta en esta sociedad? ¿Por qué se dice que usa gafas negras?

4. ¿Qué papel le gustaría al gobierno que hiciera el poeta?

5. ¿Por qué se rebela el poeta?

Más allá del texto

1. **¡Que muera el tirano!** Con un(a) compañero(a) escriban lemas para ayudar al poeta a combatir la opresión y la persecución en su país.

   Por ejemplo: *¡Viva la voz de Padilla!*
   ¡Muera el gobierno opresor!

2. **Periodistas.** Imagínese que Uds. están en Cuba en el momento en que toman presos a los poetas Padilla y Cuza Malé (su esposa) y que les hacen una entrevista en la cárcel. Júntese con dos personas y preparen cinco preguntas para los poetas.

   Por ejemplo: *Señora Cuza Malé, ¿piensa pedirle excusas a las autoridades o no?*

3. **La entrevista.** Por medio de una lotería o de voluntarios, formen dos grupos: uno de reporteros y otro de poetas encarcelados, y lleven a cabo la entrevista. Los periodistas deben trabajar con un(a) secretario(a) que tome apuntes para luego poder escribir el reportaje para su periódico. También pueden crear otros personajes como ser: guardias de la cárcel, familiares de los detenidos, sacerdotes que tratan de ayudar, etc.

4. **El artículo.** En sus grupos escriban los reportajes según los resultados de las entrevistas que les hicieran a los poetas. Escriban al menos tres párrafos lo más interesantes posible. Después, toda la clase debe elegir el mejor artículo, explicando qué criterios se aplicaron en la selección.

5. **El drama de la opresión.** Con dos compañeros(as) escriban una pequeña obra sobre un poeta encarcelado, usando la información que juntaron en la actividad Nº 3. Creen los personajes que sean necesarios. Representen la obra para la clase o grábenla en video.

Temas de ensayo

Elija uno de los siguientes temas según las instrucciones de su profesor(a). Use sus apuntes sobre el texto, especialmente lo que anotó en la sección **En torno al texto.** Cada vez que copie una frase del texto, póngala entre comillas («...») e indique en qué página aparece.

1. Analice qué nos dice el poema sobre el papel del poeta (y de los intelectuales) en la sociedad y en una tiranía o dictadura. Respalde sus hipótesis con citas del poema.

2. Estudie las maneras en que el poeta difiere del resto de la gente. ¿Qué imágenes y metáforas usa Padilla para mostrarnos esto? Ilustre con citas del poema.

3. Investigue otros casos de persecución de intelectuales en otras partes del mundo y compárelos con el caso de este poeta cubano. Por ejemplo, Ud. podría investigar las persecuciones en tiempos del senador McCarthy en este país.

4. Compare las imágenes usadas por Padilla y Neruda en sus poemas. ¿En qué se parecen y en qué difieren? Dé ejemplos de los poemas.

5. Analice la importancia del derecho de poder expresarse libremente y de poder cuestionar la política de su gobierno. Piense en cómo se sentiría Ud. si mañana fueran suspendidas las garantías constitucionales en este país. Ilustre sus ideas con ejemplos concretos.

El prócer

CRISTINA PERI ROSSI

Nombre:	Cristina Peri Rossi (1941–)
Nacionalidad:	Uruguaya
Ocupación:	Novelista, cuentista, ensayista, poeta, profesora
Obras más importantes:	*Viviendo* (1963)
	Los museos abandonados (1968), Premio Editorial Arca
	El libro de mis primos (1969), premiado por *Marcha*
	Indicios pánicos (1970)
	La tarde del dinosaurio (1980)
	La nave de los locos (1984)
	Una pasión prohibida (1986)
Otros datos:	Fue miembro del Consejo de Redacción de *Marcha*, uno de los semanarios más conocidos de Hispanoamérica de 1970 a 1972, año en que tuvo que exiliarse por razones políticas. Se radica en Barcelona, donde vive desde entonces. Ha recibido varios premios en España.

FICHA PERSONAL

Al principio, la obra de Peri Rossi está llena de personajes indecisos que se sienten fracasados y llevan vidas que podrían caracterizarse de marginales. Según Mario Benedetti «…padecen una congénita imposibilidad de actuar, de influir de algún modo en su propio destino…» [Mario Benedetti, *Literatura uruguaya siglo XX* (Montevideo: Alfa, 1969), pág. 323.]

A partir de *Indicios pánicos* (1970), sin embargo, la autora cambia de enfoque, pone en juicio los géneros literarios y divaga sobre el lenguage y la realidad política que se está viviendo en esa época en el Uruguay. A través de este examen, expone sus puntos de vista políticos y, de modo implícito, propone ciertos cursos de acción. En el Prólogo de la primera edición de este libro, la autora define la palabra *indicios* como «acciones o señales que dan a conocer lo oculto» (pág. 9). Añade que el hombre es «un cazador de indicios; [que] son las pistas, las pautas para interpretar la vida, la realidad…» (*Ibid.*) y la clave de algo más profundo. Así pues, la autora insiste en su calidad de presagios y de esta manera crea la tensión de los cuentos de este volumen, donde aparece la siguiente selección.

Al leer «El prócer», resulta evidente que la autora está muy consciente de los acontecimientos y los cambios del Uruguay de la época, muy especialmente de la transición de la democracia al estado de guerra interna declarado por el gobierno con el fin de combatir a los guerrilleros Tupamaros (véase la nota en la pág. 132). Esta es una visión profética de lo que sería la vida bajo la dictadura, ya que el cuento fue escrito antes del golpe de estado de 1973.

Aproximaciones al texto

1. **Los padres de la patria.** Hay grandes hombres o *próceres* que lucharon por la independencia de nuestras patrias, que establecieron los primeros gobiernos independientes de los nuevos países o que iniciaron grandes cambios sociales. Por ejemplo, el prócer de Uruguay es el General José Gervasio Artigas. En todas partes se conmemoran las acciones de estos grandes hombres en fechas importantes y además se les dedica monumentos, edificios, carreteras y escuelas. Haga una lista de próceres de este país, explique qué hicieron y en qué fecha se les recuerda.

Prócer	Fecha

2. **Los monumentos.** Desde la antigüedad el hombre ha erigido (construido) monumentos para conmemorar a individuos o acontecimientos importantes. Marque Ud. las palabras de la lista que Ud. asocie con monumentos y explique por qué. Agregue otras palabras si es necesario.

columna	ventana	busto	fuente
soldados	caballo	obelisco	vereda
asientos	palomas	niños	coronas de flores
policías	dignatarios	jardines	homenaje
escultura	desfile	discurso	guardia de honor
cadenas	gradas	plaza	embajadores

▼

Convocación de palabras

3. **Una vuelta por el centro.** Imagínese que un(a) amigo(a) extranjero(a) suyo(a) está en su ciudad o pueblo. Llévelo a dar una vuelta imaginaria por el centro, muéstrele los monumentos o las estatuas y explíquele por qué están allí. Dé su explicación oralmente o por escrito.

   Por ejemplo: *Este es el monumento de... El/Ella es muy importante para nosotros porque... (peleó en una batalla contra los ingleses/organizó el/la primer(a) y...*

Es conveniente saber

Parques y plazas. En la cultura hispana hay una marcada diferencia entre una plaza y un parque que, a veces, no es muy clara en esta cultura. Una plaza ocupa una manzana o una cuadra completa, mientras que un parque es generalmente más extenso, puede tener una forma irregular y casi nunca está en el centro de la ciudad. La diferencia más grande, sin embargo, es que mientras que el parque se reserva casi exclusivamente para la recreación, el descanso y los paseos, las plazas son un lugar en que, además del descanso, la gente también hace compras y se reúne a diario.

En la plaza de muchos pueblos, en ciertos días de la semana hay mercado al aire libre o bazar. Muchas plazas también tienen un quiosco donde toca una banda militar los domingos o días de fiesta. Por último, hay algunas muy antiguas donde no hay ni árboles ni jardines sino una gran explanada pavimentada o empedrada, como en México, Madrid, Salamanca y otras ciudades.

1. Si Ud. ha estado en el extranjero, haga una lista de las plazas y de los parques que visitó y diga qué actividades vio en cada uno de ellos.
2. Si Ud. no ha viajado, haga una lista de los lugares de su ciudad que serían plazas según la definición hispana y explique qué se hace allí.

4. **Perfección equina.** Estudie el siguiente dibujo para comprender mejor el cuento. ¿Qué impresión le da este magnífico animal? ¿Qué evoca en Ud.?

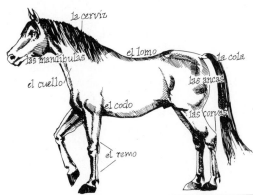

la cerviz
el lomo
la cola
las mandíbulas
las ancas
el cuello
el codo
las corvas
el remo

▼▼▼ El prócer

CRISTINA PERI ROSSI

Era un enorme caballo con un héroe encima. Los visitantes y los numerosos turistas solían detenerse a contemplarlos. La majestuosidad del caballo, su tamaño descomunal, la perfección de sus músculos, el gesto,° la cerviz, todo era motivo de admiración en aquella bestia magnífica. Había sido construido por un escultor profesional subvencionado° varias veces por el gobierno y que se había especializado en efemérides.° El caballo era enorme y casi parecía respirar. Sus magníficas ancas suscitaban siempre el elogio. Los guías hacían reparar al público en la tensión de sus músculos, sus corvas, el cuello, las mandíbulas formidables. El héroe, entre tanto, empequeñecía.

—Estoy harto° de estar aquí—le gritó, por fin, una mañana. Miró hacia abajo, hacia el lomo del caballo que lo sostenía y se dio cuenta cuán° mínimo, diminuto, disminuido, insignificante había quedado él. Sobre el magnífico animal verde, él parecía una uva. El caballo no dio señales de oírlo: continuó en su gesto aparatoso,° avanzando el codo y el remo, en posición de marcha. El escultor lo había tomado de un libro ilustrado que relataba las hazañas de Julio César, y desde que el caballo se enteró de cuál había sido su modelo, trataba de estar en posición de marcha el mayor tiempo posible.

—Schtttttttttttt —llamó el prócer.

El caballo miró hacia arriba. Arqueó las cejas y elevó los ojos, un puntito negro, muy alto, muy por encima de él parecía moverse. Se lo podía sacudir de encima apenas con uno de esos estremecimientos de piel con los cuales suelen espantarse las moscas y los demás insectos. Estaba ocupado en mantener el remo hacia adelante, sin embargo, porque a las nueve de la mañana vendría una delegación nipona° a depositar una ofrenda floral y tomar fotografías. Esto lo enorgullecía mucho. Ya había visto varias ampliaciones,° con él en primer plano, ancho, hermoso, la plataforma del monumento sobre el césped muy verde, la base rodeada de flores, flores naturales y flores artificiales regaladas por los oficiales, los marineros, los ministros, las actrices francesas, los boxeadores norteamericanos, los bailarines checoslovacos, el embajador pakistano, los pianistas rusos, la misión Por La Paz y La Amistad de los Pueblos, la Cruz Roja, Las Juventudes Neofascistas, el Mariscal del Aire y del Mar y el Núcleo de los Pieles Rojas Sobrevivientes.

Esta interrupción en el momento justo de adelantar el remo le cayó muy mal.

—Schtttt— insistió el héroe.

El caballo al fin se dio por aludido.°

—¿Qué desea usted? —interrogó al caudillo° con tono imperioso y algo insolente.

---

pose

subsidiado
conmemoraciones

cansado, aburrido

qué

exagerado, pomposo

japonesa

copias grandes de fotos

prestó atención
prócer, líder

—Me gustaría bajar un rato y pasearme por ahí, si fuera posible —contestó con humildad el prócer.

reprochó —Haga lo que quiera. Pero le advierto —le reconvino° el caballo— que a las nueve de la mañana vendrá la delegación nipona.

—Yo lo sé. Lo he visto en los diarios —dijo el caudillo—. Pero tantas ceremonias me tienen un poco harto.

El caballo se negó a considerar una respuesta tan poco protocolar.

—Es por los huesos, ¿sabe? —se excusó el héroe—. Me siento un poco *what pose to strike* duro. Y las fotografías, ya no sé qué gesto poner° —continuó.

—La gloria es la gloria —filosofó baratamente el caballo. Estas frases tan sabias las había aprendido de los discursos oficiales. Año a año los diferentes gobernantes, presidentes, ministros, secretarios, se colocaban delante del monumento y pronunciaban sus discursos. Con el tiempo, el caballo se los aprendió de memoria, y además, casi todos eran iguales, de manera que eran fáciles de aprender hasta para un caballo.

—¿Cree que si me bajo un rato se notará? —preguntó el héroe.

La pregunta satisfacía la vanidad del caballo.

—De ninguna manera. Yo puedo ocupar el lugar de los dos. Además, *con la cabeza baja* en este país, nadie mira hacia arriba. Todo el mundo anda cabizbajo.° Nadie notará la ausencia de un prócer; en todo caso, debe estar lleno de *candidatos* aspirantes° a subirse a su lugar.

sin que se notara Alentado, el héroe descendió con disimulo° y dejó al caballo solo. Ya en el suelo, lo primero que hizo fue mirar hacia arriba —cosa que nadie hacía en el país—, y observar el lugar al que durante tantos años lo habían relegado. Vio que el caballo era enorme, como el de Troya, pero no estaba seguro si tenía guerreros adentro o no. En todo caso, de una cosa estaba seguro: el caballo estaba rodeado de soldados. Estos, armados hasta los *filas* dientes, formaban dos a tres hileras° alrededor del monumento, y él se *La ley* preguntó qué cosa protegerían. ¿Los pobres? ¿El derecho?° ¿La sabiduría? *dizzy* Tantos años en el aire lo tenían un poco mareado:° hasta llegó a pensar que lo habían colocado tan lejos del suelo para que no se diera cuenta de nada de lo que sucedía allí abajo. Quiso acercarse para interrogar a uno de los soldados (¿Cuál es su función? ¿A quién sirve? —le preguntaría) pero no bien avanzó unos metros en esa dirección, los hombres de la primera *matarían a tiros* fila apuntaron todos hacia él y comprendió que lo acribillarían° si daba un *Cambió de idea* paso más. Desistió° de su idea. Seguramente, con el tiempo, y antes de la noche, averiguaría por qué estaban allí los soldados, en la plaza pública, qué intereses defendían, al servicio de quién estaban. Por un instante tuvo nostalgias de su regimiento, integrado voluntariamente por civiles que se *fighting tooth and nail* plegaron a sus ideas y avanzaban con él, peleando hasta con las uñas.° En *le dio náusea* una esquina compró un diario pero su lectura le dio asco.° El pensaba que la policía estaba para ayudar a cruzar la calle a los ancianos, pero bien se *pegando con un palo* veía en la foto que traía el diario a un policía apaleando° a un estudiante. *agitaba* El estudiante esgrimía° un cartel con una de las frases que él había pronunciado una vez, pero algo había pasado con su frase, que ahora no una cantinela

gustaba; durante años la había oído repetir como un sonsonete° en todas las ceremonias oficiales que tenían lugar frente a su monumento, pero ahora se veía que había caído en desuso, en sospecha o algo así. A lo mejor era que pensaban que en realidad él no la había pronunciado, que era falsa, que la había inventado otro y no él. «Fui yo, fui yo, la dije, la repito» tuvo ganas de gritar, pero quién lo iba a oír, mejor no la decía, era seguro que si se ponía a gritar eso en medio de la calle terminaba en la cárcel, como el pobre muchacho de la fotografía. ¿Y qué hacía su retrato, su propio retrato estampado en la puerta de ese ministerio? Eso no estaba dispuesto a permitirlo. Un ministerio acusado de tantas cosas y su retrato, el único legítimo, el único que le hacía justicia colocado en la puerta...

sobrepasado

Esta vez los políticos habían colmado la medida.° Estaba dispuesto a que su retrato encabezara las hojas de cuaderno, las tapas de los libros, mejor aún le parecía que apareciera en las casas de los pobres, de los humildes, pero en ese ministerio, no. ¿Ante quién podría protestar? Ahí estaba la dificultad. Era seguro que tendría que presentar la reclamación en papel sellado, con timbres de biblioteca en una de esas enormes y atiborradas oficinas. Luego de algunos años es posible que algún jerarca° se ocupara del caso, si él le prometía algún ascenso,° pero bien se sabía que él no estaba en condiciones de ofrecer nada a nadie, ni nunca lo había estado en su vida. Dio unos pasos por la calle y se sentó en el cordón de la vereda, desconsolado. Desde arriba, nunca había visto la cantidad de pobres y mendigos que ahora podía encontrar en la calle. ¿Qué había sucedido en todos estos años? ¿Cómo se había llegado a esto? Algo andaba muy mal, pero desde arriba no se veía bien. Por eso es que lo habían subido allí. Para que no se diera cuenta de nada, ni se enterara de cómo eran las cosas, y pudieran seguir pronunciando su nombre en los discursos en vano, ante la complacencia versallesca de los hipócritas extranjeros de turno.

jefe muy importante
promoción

Caminó unas cuantas cuadras y a lo largo de todas ellas se encontró con varios tanques y vehículos del ejército que patrullaban la ciudad. Esto lo alarmó muchísimo. ¿Es que estaría su país —su propio país, el que había contribuido a forjar— a punto de ser invadido? La idea lo excitó. Sin embargo, se dio cuenta de su error: había leído prolijamente° el diario de la mañana y no se hablaba de eso en ninguna parte. Todos los países —por lo menos aquellos de los que se sabía algo— mantenían buenas relaciones con el suyo, claro que uno explotaba a casi todos los demás, pero esto parecía ser natural y aceptado sin inconvenientes por los otros gobiernos, los gobiernos de los países explotados.

con mucho cuidado

Desconcertado, se sentó en un banco de otra plaza. No le gustaban los tanques, no le gustaba pasearse por la ciudad —una vez que se había animado a descender del monumento— y hallarla así, constantemente vigilada, maniatada, oprimida. ¿Dónde estaba la gente, *su* gente? ¿Es que no habría tenido descendientes?

Al poco tiempo, un muchacho se sentó a su lado. Decidió interrogarlo, le gustaba la gente joven, estaba seguro que ellos sí podrían responder todas esas preguntas que quería hacer desde que había bajado, descendido de aquel monstruoso caballo.

—¿Para qué están todos esos tanques entre nosotros, joven? —le preguntó al muchacho.

El joven era amable y se veía que había sido recientemente rapado.°

con el pelo muy corto

—Vigilan el orden —contestó el muchacho.

—¿Qué orden? —interrogó el prócer.

—El orden oficial —contestó rápidamente el otro.

—No entiendo bien, discúlpeme —el caudillo se sentía un poco avergonzado de su ignorancia— ¿por qué hay que mantener ese orden con los tanques?

—De lo contrario, señor, sería difícilmente aceptado —respondió el muchacho con suma amabilidad.

—¿Y por qué no sería aceptado? —el héroe se sintió protagonista de una pieza absurda de Ionesco.[1] En las vacaciones había tenido tiempo de leer a ese autor. Fue en el verano, cuando el gobierno trasladaba sus oficinas y sus ministros hacia el este, y por suerte, a nadie se le ocurría venir a decir discursos delante del monumento. El había aprovechado el tiempo para leer un poco. Los libros que todavía no habían sido decomisados,° que eran muy pocos. La mayoría ya habían sido o estaban a punto de ser censurados.

confiscados

—Porque es un orden injusto —respondió el joven.

—El héroe se sintió confundido.

—Y si es injusto, ¿no sería mejor cambiarlo? Digo, revisarlo un poco, para que dejara de serlo.

—Ja —el joven se había burlado° por primera vez—. Usted debe estar loco o vivir en alguna isla feliz.

reído de

—Hace un tiempo me fui de la patria[2] y recién he regresado, discúlpeme —se turbó° el héroe.

se avergonzó

—La injusticia siempre favorece a algunos, eso es —explicó el joven.

El prócer había comprendido para qué estaban los tanques. Decidió cambiar de tema.

—¿A qué se dedica usted? —le preguntó al muchacho.

—A nada —fue la respuesta tajante° del joven.

enfático

—¿Cómo a nada? —el héroe volvió a sorprenderse.

—Antes estudiaba —accedió a explicarle—, pero ahora el gobierno ha decidido clausurar indefinidamente los cursos en los colegios, los liceos y las universidades. Sospecha que la educación se opone al orden, por lo cual, nos ha eximido de ella. Por otra parte, para ingresar a la administración sólo será necesario aprobar examen de integración al régimen. Así se

---

[1]Eugène Ionesco (1912–   ), dramaturgo francés nacido en Rumania asociado con el teatro del absurdo

[2]El «prócer» alude aquí a los años que pasó en el exilio. Artigas salió del Uruguay en 1820 y vivió en el Paraguay hasta su muerte en 1850.

llenarán proveerán° los puestos públicos; en cuanto a los privados, no hay problemas: jamás emplearán a nadie que no sea de comprobada solidaridad con el sistema.

—¿Qué harán los otros? —preguntó alarmado el héroe.

—Huirán del país o serán reducidos por el hambre. Hasta ahora, este último recurso ha sido de gran utilidad, tan fuerte, quizás, y tan poderoso, como los verdaderos tanques.

El caudillo deseó ayudar al joven; pensó en escribir una recomendación *a fin de* para él, a los efectos de° obtenerle algún empleo, pero no lo hizo porque, a esa altura, no estaba muy seguro de que una tarjeta con su nombre no enviara directamente al joven a la cárcel.

—Ya he estado allí —le dijo el joven, que leyó la palabra cárcel en el pensamiento de ese hombre maduro vuelto a su patria—. Por eso me han cortado el pelo —añadió.

—No le entiendo bien. ¿Qué tiene que ver el pelo con la cárcel?

—El cabello largo se opone al régimen, por lo menos eso es lo que piensa el gobierno.

—Toda mi vida usé el cabello largo —protestó el héroe.

—Serían otras épocas —concluyó serenamente el joven.

Hubo un largo silencio.

—¿Y ahora qué hará? —interrogó tristemente el viejo.

—Eso no se lo puedo decir a nadie —contestó el joven; se puso de pie, lo saludó con la mano y cruzó la plaza.

Aunque el diálogo lo había llenado de tristeza, la última frase del *lo hizo sentirse bien* joven lo animó° bastante. Ahora estaba seguro de que había dejado descendientes.

En torno al texto

Hay que fijarse bien

Lea otra vez el cuento y júntese con otra persona para hacer los siguientes ejercicios.

1. Ubiquen dónde se dice lo siguiente en otras palabras
   (*págs.* 266–267)
   a. a todo el mundo le fascinaba el magnífico caballo
   b. montado sobre aquel caballo tan grande, el prócer parecía una cosa insignificante
   c. el caballo sabía que era de origen clásico y se creía indispensable
   d. como el prócer era chiquito era fácil sacárselo de encima como un insecto
   e. el caballo se había visto en unas fotos estupendas que habían sacado

▼
Convocación de palabras

f. el caballo repetía los lugares comunes que escuchaba en los poco originales discursos

g. el caballo creía que el prócer no hacía falta en realidad, que él podía manejar la situación solo

h. el prócer se dio cuenta que no se podía hacer ciertas preguntas

i. había una gran diferencia entre sus soldados y estos soldados modernos

j. era increíble lo que decía el diario y no pudo leerlo
   (pág. 268)

k. no podía entender por qué habían puesto su retrato en el ministerio del interior, ya que el gobierno había perseguido a tanta gente

l. estaba bien poner su retrato en los cuadernos y en las casas de los pobres

m. la burocracia exigía papel sellado y timbres, como también ofrecerle algo especial al jefe para que se ocupara del caso

n. lo tenían muy arriba para que no viera los problemas

o. muchos extranjeros que iban a las ceremonias eran de países oprimidos también

p. había un país que explotaba a todos los otros con su permiso

q. se sentó en la plaza a descansar
   (págs. 269–270)

r. los soldados están allí para imponer las ideas del gobierno a la fuerza

s. el prócer hizo una pregunta obvia y se sintió absurdo

t. el gobierno había prohibido ciertos libros y perseguía a los intelectuales

u. tampoco había clases, para evitar la insurrección en los centros educacionales pues los estudiantes son los primeros en reaccionar

v. el hambre ha eliminado la rebelión fácilmente

w. quiso ayudar al joven pero pensó que su nombre no era buena recomendación en este tiempo y lugar

2. Anoten aquí las frases que se refieran a…
   a. opresión: _____
   b. violencia: _____
   c. presencia militar: _____
   d. futura acción: _____

En términos generales

Lea el cuento y conteste las siguientes preguntas.

1. ¿Cuál es el personaje principal de este cuento?

2. ¿Por qué sale el prócer a dar una vuelta por la ciudad? ¿Con qué sorpresas se encuentra?

3. ¿Qué actitud tenía el caballo? ¿Cómo trata al prócer?

4. ¿Por qué se compara al caballo del prócer con el de Troya? ¿Qué tenía este último adentro?

5. ¿Que tipo de ceremonias hay en el monumento? ¿Cómo sabemos si cambian o no?

6. ¿Qué cosas no se atreve a hacer el prócer durante su paseo? ¿Por qué?

7. ¿Cuántas veces anduvo de paseo por la ciudad el prócer? ¿Cómo lo sabe Ud.?

8. Señale qué tipo de narrador vemos en este cuento y explique por qué.

   a. un narrador *omnisciente* que lo sabe todo como si fuera un dios; o sea, que puede analizar tanto las acciones como los pensamientos de todos los personajes.

   b. un narrador *observador*, o sea, un ser común que describe la acción tal cual la observa y sabe del personaje lo mismo que sabe el lector.

Los personajes y sus papeles

Lea el cuento otra vez y conteste las siguientes preguntas con otra persona.

1. ¿Qué simboliza el caballo? ¿Qué frase lo describe mejor? ¿Por qué está personificado?

2. ¿Qué simboliza el prócer? ¿Cuál es su misión en el cuento?

3. ¿A quién representa el alumno universitario? ¿Qué significa la última frase del cuento?

4. ¿Qué función tienen los soldados que están alrededor del monumento?

5. ¿Qué hace el ejército en las calles? ¿Por qué está ahí?

6. ¿Cuál será el país que explota a todos los demás?

7. ¿Por qué escribió este cuento la autora?

Más allá del texto

1. **Asociación de palabras.** Anote todas las palabras que se le vengan a la mente después de leer este cuento.
   Por ejemplo: *censura, soldados, dolor*

2. **Los estereotipos.** Hay ciertas características que la gente asocia con distintas nacionalidades. Júntese con dos compañeros y expliquen el origen de los estereotipos de la autora en la serie que empieza «las actrices francesas, los boxeadores norteamericanos, los bailarines

checoslovacos,...» en la página 266. Si no están de acuerdo con
un estereotipo, cámbienlo o agreguen lo que les parezca. Luego,
compartan sus resultados con otro grupo fijándose si tienen los
mismos estereotipos y por qué. Expliquen los problemas que puedan
surgir por estereotipar así a la gente.

Por ejemplo: *En vez de decir «pianistas rusos», nosotros habríamos
dicho «... rusos», porque...*

3. **¡Estoy harto!** Imagínese que el prócer decide tomar algunas medidas
   para solucionar los problemas de su país. Con dos compañeros hagan
   una lista de las cosas que él hace en orden de importancia. En
   seguida, comparen su lista con la de otro grupo y discutan las
   semejanzas y diferencias.

4. **Una efemérides.** Describa una ceremonia política o patriótica específica y analice los símbolos usados en ella como banderas, letreros,
   lemas, ciertos colores, etc. Compare los símbolos con los de este
   cuento. Si ha estado en el extranjero, sería ideal que describiera una
   ceremonia o manifestación política presenciada durante su viaje.

5. **La otra cara de la moneda.** Escriba otra vez el relato desde el punto
   de vista del caballo o del alumno universitario. Incluya detalles sobre
   lo que ve y piensa el personaje.

6. **El ausente.** Júntese con dos compañeros. Imagínense que los digna-
   tarios nipones llegan y se dan cuenta que no está el prócer. Escriban
   una escena en que ellos conversan con el caballo y después represéntenla para la clase.

7. **Aquí mismo.** Imagínese que Abraham Lincoln, George Washington
   u otro prócer se baja de su monumento y da una vuelta por la ciudad
   o el país. Escriba el relato de lo que pasó desde el punto de vista de
   un narrador omnisciente (que lo ve todo) o desde el punto de vista del
   prócer. Incluya detalles sobre lo que ve, lo que hace y no hace.

Por si acaso

adelantos, centros y galerías comerciales, puentes, edificios,
colegios, aparatos electrónicos, tecnología muy avanzada, etc.

los sin casa, basura, basura radioactiva, epidemia de SIDA,
hambre, delincuencia, hacinamiento urbano

8. **Ahora nos toca a nosotros.** Júntese con dos compañeros e imagínese que Ud. es el chico del cuento y que todos los ciudadanos deciden rebelarse contra el gobierno y reestablecer los ideales del prócer. Hagan un plan detallado de lo que harían Uds. para recuperar la libertad perdida.

Temas de ensayo

Elija uno de los siguientes temas según las instrucciones de su profesor(a). Use sus apuntes sobre el texto, especialmente lo que anotó en la sección **En torno al texto.** Cada vez que use una frase del texto, póngala entre comillas («...») e indique en qué página aparece.

1. Analice la posición política de Peri Rossi según se ve reflejada en este cuento. Apóyese en citas del texto y otras fuentes si fuera necesario.

2. Estudie los ideales y la posición política del prócer a través de sus reacciones, pensamientos y de lo que hace y no hace en este cuento. Respalde sus opiniones con citas del texto.

3. Investigue el período de los años sesenta y de los *hippies*. ¿Cuáles eran sus preocupaciones fundamentales, sus ideales, sus metas y sus símbolos? Use citas de este cuento para apoyar sus ideas.

4. Estudie el gobierno o los acontecimientos políticos de un país o grupo de países en particular y analice sus efectos en la literatura. Por ejemplo, estudie los efectos de la represión dictatorial. Use las obras que aparecen en esta Sexta Parte u otras que le interesen.

5. Contraste las posiciones políticas de dos o tres autores estudiados hasta aquí. Estudie sus tendencias (izquierdistas, derechistas; socialistas, capitalistas; totalitarias, democráticas) y sus actitudes. Busque más datos si es necesario y respalde sus opiniones con citas de los textos.

6. Compare este relato con alguna situación que se esté desarrollando en este momento en el mundo. ¿En qué se parecen? ¿En qué difieren? ¿Cómo reaccionan los intelectuales ante estos acontecimientos? Use citas del texto para ilustrar sus ideas.

7. Estudie el sistema de gobierno totalitario o dictadura según se describe en los textos leídos (y también en «El general en su laberinto», pág. 275, si es posible). ¿Qué caracteriza a este tipo de gobierno? ¿Qué generalizaciones se pueden hacer? Apóyese en citas de los textos.

El general en su laberinto

GABRIEL GARCÍA MÁRQUEZ

(fragmento)

García Márquez se inicia como periodista y cuentista. Según lo declara él mismo, durante 15 años estuvo tratando de escribir una novela que finalmente resultó ser *Cien años de soledad* (1967). A lo largo de estos años, publicó cuentos y novelas en que ya aparecen algunos de los personajes y un pueblo, Macondo, que van a ser elementos importantísimos de esta novela que hizo historia por su tremendo éxito.

La creación de Macondo (que aparece en varias obras y en el que adquieren proporciones míticas la agitada historia y el carácter nacional de Colombia) es parte de un proceso de «…edificación de la realidad ficticia», según lo sugiere Mario Vargas Llosa [*García Márquez: Historia de un deicidio* (Barcelona: Seix Barral, 1971), pág. 76.] Esta nueva realidad, este mundo que florece en su libro más vendido *Cien años de soledad,* se caracteriza por el choque constante entre la realidad y lo mágico. Esta yuxtaposición—llamada «realismo mágico» por la crítica— caracteriza sus obras y las de otros escritores de su generación.

Las páginas que siguen son un fragmento de su novela más reciente, *El general en su laberinto,* basada en los últimos días de Simón Bolívar, el Libertador. Bolívar, un hombre carismático y complejo que llega a controlar gran parte de Sudamérica, pierde el poder hacia el final de sus días. En la novela lo vemos enfermo y cercano a la muerte, un hombre solitario que tiene que enfrentarse al hecho de que ha sido abandonado por el pueblo que tanto lo había admirado y apoyado. Perdido todo lo que amaba en la vida, debe salir de Santa Fe de Bogotá a escondidas y el contraste entre sus llegadas triunfales del pasado y esta fuga al amanecer convierte al caudillo en una figura trágica, magníficamente pintada por García Márquez.

Aproximaciones al texto

1. **Libre asociación.** Escriba todas las palabras que Ud. asocie con la pérdida del poder o del prestigio.

   Por ejemplo: *renuncia, peligro, viaje...*

2. **Preferencias.** Casi todos tenemos preferencias en cuanto a la región, al clima en que nos gusta o gustaría vivir y a la gente con quien nos gusta o gustaría compartir la vida. Escriba un párrafo que describa y explique sus preferencias respecto a este tema.

3. **Ascenso y caída.** Júntese con un(a) compañero(a) y elijan a una persona que haya tenido mucha fama o mucho poder y después lo haya perdido. Hagan una lista de las etapas por las que pasó esta persona y expliquen cuál fue la reacción de la gente en cada caso. Escriban un párrafo con sus ideas.

   Por ejemplo: *Hija de una familia muy.../ estudia en.../ une a las mujeres de.../ pierde la elección de.../ vuelve a la arena política.../ gana apoyo para.../ se hace famosa por.../ comete el error de.../ pierde el apoyo de.../ porque.../ se retira de... en 19...*

guantes de cabritilla

chaleco de brocado

leontinas

montura

levita

estribo

espuelas de oro

4. **Un jinete apuesto.** Júntese con dos compañeros(as) y rotulen este dibujo con las palabras indicadas. Traten de adivinar antes de buscar en el diccionario. ¿Qué les parece este personaje? ¿Qué les recuerda?

. . . .

Es conveniente saber

Simón Bolívar (1783–1830), llamado el Libertador, fue el caudillo más importante en la lucha contra España por la independencia de las regiones norte y andina de Sudamérica (1810–1826). Nació en Caracas, Venezuela, hijo de una familia criolla rica. Su formación intelectual fue profundamente influida por su vida en Francia (1803–1807), las lecturas de los clásicos franceses y por sus maestros Simón Rodríguez y Andrés Bello, gran escritor y lingüista.

La carrera de Bolívar fue marcada por una serie de altibajos, exilios y triunfos. Fue elegido Presidente de Venezuela (1817); ganó la batalla de Boyacá contra los españoles y en 1819 fue elegido Presidente de la Gran Colombia (que incluía los territorios de Colombia, Venezuela, Ecuador y

Panamá); ganó la batalla de Carabobo y completó la independencia del norte (1821); liberó Ecuador (1822); y ganó la batalla de Ayacucho, que marca el triunfo de las guerras de independencia en gran parte de Sudamérica. Además de todas estas hazañas, organizó el gobierno del Perú y creó Bolivia. A pesar de su gran capacidad y su carismática personalidad, nunca vio realizado su sueño de unir a la América Hispana en una sola confederación como la de Estados Unidos de Norteamérica y no pudo evitar el desmembramiento de la Gran Colombia.

Bolívar era un hombre complicado y contradictorio, pero sumamente hábil y sagaz. Se le acusó de tener tendencias imperialistas y hubo revueltas y movimientos separatistas durante su gobierno. En septiembre de 1828 se declaró dictador y a la noche siguiente trataron de asesinarlo. Finalmente, enfermo y desilusionado, renunció a la presidencia en 1830. Poco después murió pobre y minado por la tuberculosis en Santa Marta, Colombia. A los pocos años de su muerte, los sudamericanos volvieron a venerarlo como el héroe hispanoamericano más importante de la independencia.

Caudillo. Este término se usa en español para referirse a un líder que muy a menudo es un jefe militar. En la primera mitad del siglo XIX, muchos caudillos hispanoamericanos importantes como Bolívar, San Martín, O'Higgins y Sucre subieron al poder a través de sus éxitos en el campo de batalla. Hoy en día, también se llama «caudillo» a un líder civil que es auto-crático y se entiende como «caudillismo» el tener gobiernos autocráticos y personalistas. En este siglo, el caudillo más conocido fue Francisco Franco, dictador de España (1939–1975).

. . . .

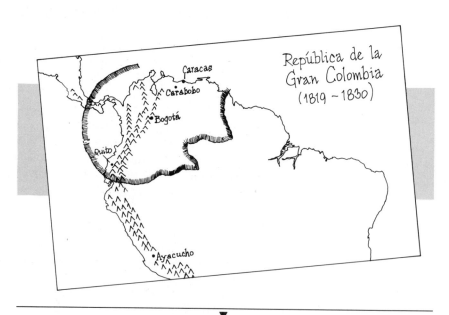

República de la Gran Colombia (1819 – 1830)

▼▼▼ El general en su laberinto *(fragmento)*

GABRIEL GARCÍA MÁRQUEZ

lo que se viaja en un día
La primera jornada° había sido la más ingrata, y lo habría sido incluso para alguien menos enfermo que él, pues llevaba el humor pervertido por la hostilidad larvada que percibió en las calles de Santa Fe la mañana de la
lluvia fina
partida. Apenas empezaba a clarear entre la llovizna,° y sólo encontró a su
odio
paso algunas vacas descarriadas, pero el encono° de sus enemigos se sentía en el aire. A pesar de la previsión del gobierno, que había ordenado conducirlo por las calles menos usuales, el general alcanzó a ver algunas
ofensas
de las injurias° pintadas en las paredes de los conventos.
montaba a caballo
José Palacios cabalgaba° a su lado, vestido como siempre, aun en el
in the din of battle
fragor de las batallas,° con la levita sacramental, el prendedor de topacio en la corbata de seda, los guantes de cabritilla, y el chaleco de brocado con las dos leontinas cruzadas de sus relojes gemelos. Las guarniciones de su montura eran de plata del Potosí,[1] y sus espuelas eran de oro, por lo cual lo habían confundido con el presidente en más de dos aldeas de los Andes. Sin embargo, la diligencia con que atendía hasta los mínimos
unthinkable
deseos de su señor hacía impensable° cualquier confusión. Lo conocía y lo quería tanto que padecía en carne propia aquel adiós de fugitivo, en una
nacionales/solo
ciudad que solía convertir en fiestas patrias° el mero° anuncio de su llegada. Apenas tres años antes, cuando regresó de las áridas guerras del sur
overwhelmed
abrumado° por la mayor cantidad de gloria que ningún americano vivo o muerto había merecido jamás, fue objeto de una recepción espontánea
fue inolvidable
que hizo época.° Eran todavía los tiempos en que la gente se agarraba del bozal de su caballo y lo paraba en la calle para quejarse de los servicios
impuestos/favores
públicos o de los tributos° fiscales, o para pedirle mercedes,° o sólo para sentir de cerca el resplandor de la grandeza. Él prestaba tanta atención a
quejas
esos reclamos° callejeros como a los asuntos más graves del gobierno, con
de la casa
un conocimiento sorprendente de los problemas domésticos° de cada uno, o del estado de sus negocios, o de los riesgos de la salud, y a todo el que hablaba con él le quedaba la impresión de haber compartido por un instante los deleites del poder.

Nadie hubiera creído que él fuera el mismo de entonces, ni que fuera
reservada[2]
la misma aquella ciudad taciturna° que abandonaba para siempre con
criminal/extranjero
precauciones de forajido.° En ninguna parte se había sentido tan forastero° como en aquellas callecitas yertas con casas iguales de tejados pardos y jardines íntimos con flores de buen olor, donde se cocinaba a fuego lento
afectadas/desconfiable
una comunidad aldeana, cuyas maneras relamidas° y cuyo dialecto ladino° servían más para ocultar que para decir. Y sin embargo, aunque entonces

---

[1]ciudad boliviana famosa por sus minas de plata

[2]Se dice en Colombia que la gente de «tierra fría», o sea de las regiones montañosas del país, es muy reservada mientras que la de «tierra caliente», o sea de los valles y las costas, es mucho más extrovertida y alegre.

▼

le pareciera una burla de la imaginación, era ésa la misma ciudad de brumas° y soplos° helados que él había escogido desde antes de conocerla para edificar su gloria, la que había amado más que a ninguna otra, y la había idealizado como centro y razón de su vida y capital de la mitad del mundo.

A la hora de las cuentas finales° él mismo parecía ser el más sorprendido de su propio descrédito.° El gobierno había apostado guardias invisibles aun en los lugares de menor peligro, y esto impidió que le salieran al paso las gavillas° coléricas que lo habían ejecutado en efigie la tarde anterior, pero en todo el trayecto se oyó un mismo grito distante: «¡Longaniiiizo!».° La única alma que se apiadó de él fue una mujer de la calle que le dijo al pasar:

«Ve con Dios, fantasma».°

Nadie dio muestras de haberla oído. El general se sumergió en una cavilación sombría,° y siguió cabalgando, ajeno al mundo, hasta que salieron a la sabana espléndida. En el sitio de Cuatro Esquinas, donde empezaba el camino empedrado, Manuela Sáenz° esperó el paso de la comitiva, sola y a caballo, y le hizo al general desde lejos un último adiós con la mano. El le correspondió de igual modo, y prosiguió la marcha. Nunca más se vieron.

La llovizna cesó poco después, el cielo se tornó de un azul radiante, y dos volcanes nevados permanecieron inmóviles en el horizonte por el resto de la jornada. Pero esta vez él no dio muestras de su pasión por la naturaleza, ni se fijó en los pueblos que atravesaban a trote sostenido, ni en los adioses que les hacían al pasar sin reconocerlos. Con todo, lo que más insólito° pareció a sus acompañantes fue que no tuviera ni una mirada de ternura para las caballadas° magníficas de los muchos criaderos de la sabana, que según había dicho tantas veces era la visión que más amaba en el mundo.

En la población° de Facatativá, donde durmieron la primera noche, el general se despidió de los acompañantes espontáneos y prosiguió el viaje con su séquito.° Eran cinco, además de José Palacios: el general José María Carreño, con el brazo derecho cercenado° por una herida de guerra; su edecán irlandés, el coronel Belford Hinton Wilson, hijo de sir Robert Wilson, un general veterano de casi todas las guerras de Europa; Fernando, su sobrino, edecán y escribano° con el grado de teniente, hijo de su hermano mayor, muerto en un naufragio durante la primera república; su pariente y edecán, el capitán Andrés Ibarra, con el brazo derecho baldado° por un corte de sable que sufrió dos años antes en el asalto del 25 de septiembre, y el coronel José de la Cruz Paredes, probado en numerosas campañas de la independencia. La guardia de honor estaba compuesta por cien húsares y granaderos escogidos entre los mejores del contingente venezolano.

José Palacios tenía un cuidado especial con dos perros que habían sido tomados como botín de guerra° en el Alto Perú. Eran hermosos, y

nieblas/vientos

balance final
desprestigio

gang of "toughs"

¡Bobo, idiota!

ánima

pensamientos tristes

amante de Bolívar

inesperado
grupos de caballos

pequeño pueblo

acompañantes
mutilado

secretario

inválido

riquezas ganadas en la guerra

valientes, y habían sido guardianes nocturnos de la casa de gobierno de Santa Fe hasta que dos de sus compañeros fueron muertos a cuchillo la noche del atentado. En los interminables viajes de Lima a Quito, de Quito a Santa Fe, de Santa Fe a Caracas, y otra vez de vuelta a Quito y Guayaquil, los dos perros habían cuidado la carga caminando al paso de la recua.° En el último viaje de Santa Fe a Cartagena hicieron lo mismo, a pesar de que esa vez la carga no era tanta, y estaba custodiada por la tropa.

grupo

El general había amanecido° de mal humor en Facatativá, pero fue mejorando a medida que descendían de la planicie por un sendero de colinas ondulantes, y el clima se atemperaba y la luz se hacía menos tersa. En varias ocasiones lo invitaron a descansar, preocupados por el estado de su cuerpo, pero él prefirió seguir sin almorzar hasta la tierra caliente. Decía que el paso del caballo era propicio para pensar, y viajaba durante días y noches cambiando varias veces de montura para no reventarla. Tenía las piernas cazcorvas° de los jinetes° viejos y el modo de andar de los que duermen con las espuelas° puestas, y se le había formado alrededor del sieso° un callo escabroso como una penca de barbero, que le mereció el apodo honorable de Culo de Fierro. Desde que empezaron las guerras de independencia había cabalgado dieciocho mil leguas[3]: más de dos veces la vuelta al mundo. Nadie desmintió nunca la leyenda de que dormía cabalgando.

despertado

was bow-legged/riders
spurs
trasero

Pasado el mediodía, cuando ya empezaban a sentir el vaho° caliente que subía de las cañadas, se concedieron una pausa para reposar en el claustro de una misión. Los atendió la superiora en persona, y un grupo de novicias indígenas les repartió mazapanes recién sacados del horno y un masato° de maíz granuloso y a punto de fermentar. Al ver la avanzada de soldados sudorosos y vestidos sin ningún orden, la superiora debió pensar que el coronel Wilson era el oficial de mayor graduación, tal vez porque era apuesto y rubio y tenía el uniforme mejor guarnecido, y se ocupó sólo de él con una deferencia muy femenina que provocó comentarios malignos.

vapor

bebida de maíz fermentado (paises andinos)

José Palacios no desaprovechó el equívoco para que su señor descansara a la sombra de las ceibas del claustro, envuelto en una manta de lana para sudar la fiebre. Así permaneció sin comer y sin dormir, oyendo entre brumas las canciones de amor del repertorio criollo que las novicias cantaron acompañadas con un arpa por una monja mayor. Al final, una de ellas recorrió el claustro con un sombrero pidiendo limosnas para la misión. La monja del arpa le dijo al pasar: «No le pidas al enfermo». Pero la novicia no le hizo caso. El general, sin mirarla siquiera, le dijo con una sonrisa amarga: «Para limosnas estoy yo, hija». Wilson dio una de su faltriquera° personal, con una prodigalidad° que mereció la burla cordial de su jefe: «Ya ve lo que cuesta la gloria, coronel». El mismo Wilson

cartera/generosidad

---

[3]antigua medida de distancia; una legua equivale a tres millas y media

manifestó más tarde su sorpresa de que nadie en la misión ni en el resto del camino hubiera reconocido al hombre más conocido de las repúblicas nuevas. También para éste, sin duda, fue una lección extraña.

«Ya no soy yo», dijo.

En torno al texto

Hay que fijarse bien

1. Lea otra vez el fragmento y complete las siguientes listas copiando en su cuaderno frases o términos del texto que se refieran a...

   a. su salida de Santa Fe de Bogotá como delincuente:
   b. su estado de ánimo o de humor:
   c. su enfermedad:
   d. su muerte cercana:
   e. que la gente no lo reconocía:
   f. las tierras frías:
   g. las tierras calientes:
   h. su poder:
   i. su gloria:
   j. sus amores:
   k. el intento de asesinarlo:
   l. animales que le gustaban:
   m. sus sirvientes:
   n. el nuevo gobierno:

2. Inserte los siguientes subtítulos en el texto según el contenido.

   El amanecer
   José Palacios
   Los bogotanos y Bolívar
   Santa Fe de Bogotá

   La salida de la ciudad y los bogotanos
   El séquito y la guardia de honor
   La sabana y el viaje

3. Busque el término opuesto a cada uno de los siguientes elementos del fragmento

   a. tierras calientes
   b. fuga
   c. ciudad relamida
   d. soplo helado
   e. comunidad aldeana
   f. adioses
   g. planicie, sabana
   h. mañana
   i. aire diáfano
   j. Bolívar en gloria
   k. dialecto que oculta
   l. longanizo
   m. séquito
   n. el coronel Wilson

En términos generales

1. ¿Por qué cree Ud. que se fue Bolívar de las tierras frías a las calientes? ¿Por su fiebre? ¿Por cuestiones políticas? ¿A qué otra parte se pudo haber marchado?

▼

Convocación de palabras

2. ¿Qué actitud tiene el narrador hacia las tierras frías de Santa Fe? ¿Las prefiere a las tierras calientes de la costa del Caribe? ¿Cómo lo sabe Ud.? Dé las citas correspondientes.
3. ¿Qué actitud tiene el narrador hacia Bolívar? ¿Por qué?
4. ¿Qué actitud tienen los bogotanos hacia Bolívar ahora y antes?
5. ¿Qué actitud tiene el narrador hacia las religiosas? ¿Cómo lo sabe Ud.?

Los personajes y sus papeles

1. Describa a José Palacios. ¿Cuál es su papel con respecto a Bolívar?
2. Describa a Bolívar. ¿Qué piensa de sí mismo, de la gente y de los animales?
3. Si Bolívar ya había renunciado, ¿qué función tienen el séquito, los soldados, los caballos y los perros?
4. ¿Qué papel tiene Bogotá en este fragmento?

Más allá del texto

1. **Pancartas.** Con un(a) compañero(a) escriban tres frases para poner en letreros o pancartas en contra de un personaje político que Uds. conozcan. Comparen sus letreros y escojan los tres mejores de la clase. En español, se puede usar el subjuntivo para escribirlas.
   Por ejemplo: *¡Que muera el tirano…!*
   ¡Abajo el sinvergüenza…!

2. **Líderes en vivo.** Júntese con un(a) compañero(a) y hagan dos listas de los atributos buenos y malos de los políticos, dirigentes sindicales, deportistas, líderes estudiantiles y demás figuras conocidas.
   Por ejemplo: *hábil*   *pero*   *abusador*

Por si acaso

corrupto	tiránico	individualista	autoritario
emprendedor	mentiroso	abusador	violento
listo	astuto	introvertido	manipulador
malhumorado	tiene memoria de elefante		encantador
carismático	hábil	honrado	corrupto

3. **Un viaje irreal.** Escriba dos párrafos que describan un viaje muy difícil, largo o incómodo que haya hecho. Dé detalles y diga adónde fue y con quién. Describa sus reacciones y sentimientos y compárelos con los del general.

4. **Por la ventanilla.** La gente tiene distintas preferencias en cuanto al paisaje que les gusta ver por la ventanilla del avión, auto o autobús cuando viajan. Describa su propio paisaje ideal en un párrafo. Use principalmente el pasado imperfecto para describir el paisaje.
   Por ejemplo: *Una vez fui en... a... y nunca podré olvidar ese paisaje. Por la ventanilla se podía ver... y también había...*

5. **Angel caído.** Júntese con un(a) compañero(a) y elijan a una persona conocida que haya caído en desgracia. Descríbansela a la clase sin decirles el nombre. Vean si la clase puede adivinar de quién se trata. Después que adivinen, analicen las razones de su caída y las reacciones de distintos compañeros(as).
   Por ejemplo: *Era muy querido en la ciudad. Toda la gente votaba por él porque confiaban en él. Pero después la policía lo encontró comprando drogas. Desde entonces...*

6. **Una ciudad ingrata.** Júntese con un(a) compañero(a) y piensen en una ciudad, pueblo o población que haya sido ingrata con alguien que vivió o nació en ella. Expliquen por qué debieran hacer algo por recordar a esta persona.
   Por ejemplo: *Creo que la ciudad de... debió haberle hecho una estatua a..., porque él/ella trabajó mucho por..., aunque después haya perdido la simpatía del público porque...*

Temas de ensayo

Elija uno de los siguientes temas según las instrucciones de su professor(a). Use sus apuntes sobre el texto, especialmente lo que anotó en la sección **En torno al texto.** Cada vez que copie una frase del texto, póngala entre comillas («...») e indique en qué página aparece.

1. Analice los contrastes o contrapuntos que se encuentran en el texto: tierras frías/calientes; la gloria/la caída; la bruma/el sol, etc. Explique cómo los usa el autor y lo que esto nos indica acerca de sus actitudes frente al hombre (Bolívar), su ciudad y su misión. Respalde sus ideas con citas del texto.

2. Lo dramático de la caída de Bolívar sugiere la magnitud de su poder. Analice los problemas del poder según este texto. Ilustre sus ideas con citas.

3. Analice el uso de la naturaleza para crear el tono en este fragmento. Estudie cómo estas descripciones reflejan las actitudes del protagonista. Use citas del texto.

4. Examine el uso de lo que no está dicho para construir la historia. Comience con la cita «Ya no soy yo» y explique cómo se logra el efecto de lo ausente. Ilustre con ejemplos del texto.

Bibliografía

Esta bibliografía no pretende ser más que un punto de partida para el estudiante que quiera investigar algún autor o tema un poco más a fondo. Como muchos títulos tratan de temas que aparecen en más de una parte del texto, conviene consultar toda la bibliografía.

GENERAL

Brown, G. G. *A Literary History of Spain. The Twentieth Century.* London: Ernest Benn Ltd., 1972.

Delpar, Helen, ed. *Encyclopedia of Latin America.* New York: McGraw-Hill, 1974.

Franco, Jean. *A Literary History of Spain. Spanish American Literature Since Independence.* London: Ernest Benn Ltd. 1973.

_____. *The Modern Culture of Latin America. Society and the Artist.* London: Pall Mall, 1967.

Keen, Benjamin, and Mark Wasserman. *A Short History of Latin America.* Boston: Houghton Mifflin, 1984.

Perricone, Catherine R. "A Bibliographic Approach to the Study of Latin American Women Poets." *Hispania*, 71.2 (1988): 262–287.

Solé, Carlos, ed. *Latin American Writers.* New York: Scribner, 1989.

Torrente Ballester, Gonzalo. *Panorama de la literatura española contemporánea.* Madrid: Guadarrama, 1965.

I. EN FAMILIA.

Achugar, Hugo. *Ideología y estructuras narrativas en José Donoso.* Caracas: Centro de Estudios Latinoamericanos Rómulo Gallegos, 1979.

Carmack, Robert M., ed. *Harvest of Violence: The Maya Indians and the Guatemalan Crisis.* Norman: University of Oklahoma Press, 1988.

Elendorf, Mary Lindsay. *Nine Mayan Women: A Village Faces Change.* Cambridge: Schenkman, 1976.

Garfield, Evelyn Picón. *Julio Cortázar.* New York: Ungar, 1975.

McKay, Douglas R. *Miguel Mihura.* Boston: Twayne, 1977.

McMurray, George. *José Donoso.* Boston: Twayne, 1979.

Mihura, Miguel. *Mis memorias.* Barcelona: Mascarón, 1981.

Montejo, Víctor. *Testimony: Death of a Guatemalan Village.* Trans. Víctor Perera. Willimantic: Curbstone Press, 1987.

Pescatello, Ann M., ed. *Power and Pawn: The Female in Iberian Families, Societies and Cultures.* Westport, CT: Greenwood Press, 1976.

Roy, Joaquín. *Julio Cortázar ante su sociedad.* Barcelona: Península, 1974.

Swanson, Philip. *José Donoso, the "Boom" and Beyond*. Liverpool: F. Cairns, 1988.

Whitlock, Ralph. *Everyday Life of the Maya*. New York: Dorset Press, 1987.

Véase también la bibliografía de **Ser y estar: Identidad, ¿Qué significa ser mujer?** y **La trama social.**

II. ¿QUE SIGNIFICA SER MUJER?

Buvinc, Mayra, Margarette Lycette, and William Paul McGreevey, eds. *Women and Poverty in the Third World*. Baltimore: Johns Hopkins University Press, 1983.

Bourque, Susan C., and Kay Barbara Warren. *Women of the Andes: Patriarchy and Social Change in Two Peruvian Towns*. Ann Arbor: University of Michigan Press, 1981.

Díaz, Janet Winecoff. *Ana María Matute*. New York: Twayne, 1971.

Gilberti, Eva, and Ana María Fernández, comps. *La mujer y la violencia invisible*. Buenos Aires: Sudamericana, 1989.

Hahner, June E., ed. *Women in Latin American History*. Los Angeles: University of California Press, 1976.

Jones, Sonia. *Alfonsina Storni*. Boston: Twayne, 1979.

Latin American and Caribbean Women's Collective. *Slave of Slaves: The Challenge of Latin American Women*. Trans. Michael Pallis. London: Zed Press, 1980.

Latin American Perspectives. *Women in Latin America: An Anthology from Latin American Perspectives*. Riverside, CA: Latin American Perspectives, 1979.

Lavrín, Asunción, ed. *Latin American Women*. Westport, CT: Greenwood Press, 1978.

Macías, Anna. *Against All Odds: The Feminist Movement in Mexico to 1940*. Westport, CT: Greenwood Press, 1982.

Martín, Luis. *Daughters of the Conquistadores: Women of the Viceroyalty of Peru*. Albuquerque: University of New Mexico Press, 1983.

Nalé Roxlo, Conrado, and Mabel Mármol. *Genio y figura de Alfonsina Storni*. Buenos Aires: EUDEBA, 1966.

Naranjo Coto, Carmen. *Mujer y cultura*. San José, Costa Rica: Editorial Universitaria Centroamericana (EDUCA), 1989.

Pérez, Janet W., ed. *Novelistas femeninas de la postguerra española*. Madrid: Porrúa, 1983.

Pescatello, Ann M., ed. *Female and Male in Latin America. Essays*. Pittsburgh: University of Pittsburgh Press, 1973.

Smith, Mark I. *El arte de Alfonsina Storni*. Bogotá: Editorial Tercer Mundo, 1986.

Torrejón, Alfredo. "Acerca del **voseo** culto de Chile." *Hispania* 69.3 (1986): 677–689.

Uber, Diane Ringer. "The dual function of **usted**: Forms of address in Bogotá, Colombia." *Hispania* 68.2 (1985): 388–391.

Véase también la bibliografía de **Ser y estar: Identidad, Aquí, en familia, Desencuentros** y **La trama social.**

III. DESENCUENTROS

Alfaro, Hugo. *Mario Benedetti (detrás de un vidrio claro)*. Montevideo: Trilce, 1986.

Arce de Vázquez, Margot. *Gabriela Mistral, The Poet and Her Work*. New York: New York University Press, 1964.

Concha, Jamie. *Gabriela Mistral*. Madrid: Júcar. 1987.

Dorn, Georgette M. "Four Twentieth Century Latin American Women Authors" (Agustini, Storni, Ibarbourou and Mistral). *Southeastern Conference on Latin American Studies*, 10 (1979): 125–133.

Fox-Lockert, Lucía. *Women Novelists in Spain and Spanish America*. Metuchen, NJ: The Scarecrow Press, 1979.

Gatell, Angelina. "Delmira Agustini y Alfonsina Storni: Dos destinos trágicos." *Cuadernos Hispanoamericanos*, 58 (1964): 583–594.

Manteiga, Roberto C., Carolyn Galerstein and Kathleen McNerney, eds. *Feminine Concerns of Contemporary Spanish Fiction by Women*. Potomac, MD: Scripta Humanistica, 1988.

Miller, Yvette E. and Charles M. Tatum, eds. *Latin American Women Writers: Yesterday and Today*. Pittsburgh: Latin American Literary Review, 1977.

Rufinelli, Jorge, comp. *Mario Benedetti: Variaciones críticas*. Montevideo: Libros del Astillero, 1973.

Zeitz, Eileen M. *La crítica, el exilio y el más allá en las novelas de Mario Benedetti*. Montevideo: Amesur, 1986.

Véase también la bibliografía de **Aquí, en familia, ¿Qué significa ser mujer?** y **La trama social.**

IV. SER Y ESTAR: IDENTIDAD

Acosta-Belén, Edna, ed. *The Puerto Rican Woman*. New York: Praeger, 1979.

Ahern, Maureen, and Mary Seale Vásquez, eds. *Homenaje a Rosario Castellanos*. Valencia: Albatros, 1980.

Alazraki, Jaime. *Jorge Luis Borges*. Madrid: Taurus, 1976.

Báez, Yvette Jiménez de. *Julia de Burgos. Vida y poesía*. San Juan: Coquí, 1966.

Barrenechea, Ana María. *Borges, the Labyrinth Maker*. New York: New York University Press, 1965.

Bell-Villalda, Gene. *Borges and His Fiction: A Guide to His Mind and Work*. Chapel Hill: University of North Carolina Press, 1981.

Calderón, Germaine. *El universo poético de Rosario Castellanos*. México: Universidad Nacional Autónoma de México, 1979.

Chaney, Elsa M. *Supermadre: Women in Politics in Latin America*. Austin: University of Texas Press, 1979.

Cuchí Coll, Isabel. *Dos poetisas de América: Clara Lair y Julia de Burgos*. Barcelona: Pareja-Montaña, 1970.

Ellis, Keith. *Cuba's Nicolás Guillén: Poetry and Ideology*. Toronto: University of Toronto Press, 1983.

Fresán, Juan. *Bioautobiografía de Jorge Luis Borges*. Buenos Aires: Siglo XXI, 1970.

Knight, Franklin W. *Slave Society in Cuba During the Nineteenth Century*. Madison: University of Wisconsin Press, 1970.

Lewis, Gordon K. *Puerto Rico. Freedom and Power in the Caribbean*. New York: Harper, 1963.

Maldonado-Denis, Manuel. *Puerto Rico: A Socio-Historic Interpretation*. New York: Vintage, 1972.

Miller, Beth. *Mujeres en la literatura*. México: Fleischer, 1978.

Miller, Yvette E. "El temario poético de Rosario Castellanos." *Hispamérica* 10.29 (1981): 107–150.

Mörner, Magnus. *Race and Class in Latin America*. New York: Columbia University Press, 1970.

Morejón, Nancy. *Nación y mestizaje en Nicolás Guillén*. La Habana: UNEAC, 1982.

Naranjo, Carmen, comp. *La mujer y el desarrollo. La mujer y la cultura: Antología*. México: Sep Diana, 1981.

Nash, June, and Helen I. Safa, eds. *Sex and Class in Latin America*. New York: Praeger, 1976.

Pescatello, Ann, ed. *The African in Latin America*. New York: Knopf, 1975.

————. *Old Roots in New Lands: Historical and Anthropological Perspectives on Black Experiences in the Americas*. Westport, CT: Greenwood Press, 1977.

Rout, L. B., Jr. *The African Experience in Latin America: 1502 to the present day*. Cambridge: Cambridge University Press, 1971.

Sardinha, Dennis. *The Poetry of Nicolás Guillén: An Introduction*. London: New Beacon Books, 1976.

Tannenbaum, Frank. *Slave & Citizen. The Negro in the Americas*. New York: Vintage, 1946.

Véase también la bibliografía de **Aquí, en familia, ¿Qué significa ser mujer?** y **La trama social.**

V. LA TRAMA SOCIAL

Acuña, Rodolfo. *Occupied America: The Chicano's Struggle Toward Liberation*. San Francisco: Caufield, 1972.

Bruce-Novoa, Juan. *Chicano authors: Inquiry by Interview*. Austin: University of Texas Press, 1980.

Binder, Wolfgang. *Partial Autobiographies: Interviews with Twenty Chicano Poets*. Erlangen: Palm & Enke, 1985.

Candelaria, Cordelia. *Chicano Poetry: A Critical Introduction*. Westport, CT.: Greenwood Press, 1986.

Guerra-Cunningham, Lucía, ed. *Mujer y sociedad en America Latina*. Santiago: UCI/Pacífico, 1980.

Lipset, Seymour Martin, and Aldo Solari, eds. *Elites in Latin America*. London: Oxford University Press, 1967.

Meier, Matt S., and Feliciano Rivera. *The Chicanos: A History of Mexican Americans*. New York: Hill & Wang, 1972.

Rama, Angel. *Literatura y clase social*. México: Folios, 1983.

Samora, Julián, ed. *La Raza: Forgotten Americans*. Notre Dame: University of Notre Dame Press, 1971.

Santa Cruz, Nicomedes. *La décima en el Perú*. Lima: Instituto de Estudios Peruanos, 1982.

Shirley, Carl R. *Understanding Chicano Literature*. Columbia: University of South Carolina Press, 1988.

Stavenhagen, Rodolfo. *Agrarian Problems and Peasant Movements in Latin America*. New York: Anchor, 1970.

Véliz, Claudio, ed. *Obstacles to Change in Latin America*. London: Oxford University Press, 1969.

_____. *The Politics of Conformity in Latin America*. London: Oxford University Press, 1967.

Villanueva, Tino, comp. *Chicanos: Antología histórica y literaria*. México: Fondo de Cultura Económica, 1985.

Vodanović, Sergio. *Teatro*. Santiago: Nascimento, 1978.

Véase también la bibliografía de **Aquí, en familia, Desencuentros** y **¿Qué significa ser mujer?**

VI. EL INDIVIDUO Y LA POLITICA

Acosta Saigués, Miguel. *Introducción a Simón Bolívar*. México: Siglo XXI, 1983.

Anderson, Farris. *Alfonso Sastre*. New York: Twayne, 1971.

Avril, Bryan T. *Censorship and Social Conflict in The Spanish Theatre: The Case of Alfonso Sastre*. Washington, D.C.: University Press of America, 1982.

Bell-Villalda, Gene. *García Márquez: The Man and His Work*. Chapel Hill: University of North Carolina, 1990.

Brotherston, Gordon. *Latin American Poetry. Origins and Presence*. Cambridge: Cambridge University Press, 1975.

Casal, Lourdes, comp. *El Caso Padilla: Literatura y revolución en Cuba. Documentos*. Miami: Ediciones Universal, 1971.

Costa, René de. *The Poetry of Pablo Neruda*. Cambridge: Harvard University Press, 1979.

Cuba: Nueva política cultural. El Caso Padilla. Montevideo: Cuadernos de Marcha, 49, 1971.

Finch, H. M. J. "Three Perspectives on the Crisis in Uruguay." *Journal of Latin American Studies*, 3, part 2 (November 1971).

Flores, Angel, ed. *Nuevas aproximaciones a Pablo Neruda*. México: Fondo de Cultura Económica, 1987.

Kaufman, Edy. *Uruguay in Transition: From Civilian to Military Rule*. New Brunswick: Transaction Books, 1979.

Lernoux, Penny. *Cry of the People: The Struggle for Human Rights in Latin America. The Catholic Church in Conflict with U.S. Policy*. New York: Penguin-Doubleday, 1982.

McCann, Thomas. *An American Company: The Tragedy of United Fruit*. New York: Crown Publishers, 1976.

Pendle, George. *Uruguay*. London: Oxford University Press, 1963.

Schlesinger, Stephen C., and Stephen Kinser. *Bitter Fruit: The Untold Story of the American Coup in Guatemala*. Garden City, NJ: Doubleday, 1982.

Taylor, Philip, Jr. *Government and Politics of Uruguay*. New Orleans: Tulane Studies in Political Science, vol. 7, 1960.

Worcester, Donald Emmet. *Bolívar*. Boston: Little, Brown, 1977.

Glosario de Términos Literarios

acento · énfasis que se le da en la pronunciación a una sílaba de una palabra o de un verso. En español, el verso lleva acento en la penúltima sílaba. Si el verso termina en palabra esdrújula, se le saca una sílaba; si termina en palabra aguda se le añade una sílaba.

acto · cada una de las partes principales en que se dividen las obras de teatro.

alejandrino · verso de catorce sílabas, generalmente dividido en dos **hemistiquios**. El alejandrino francés sólo tiene doce sílabas. Véase el siguiente ejemplo de Rubén Darío:

> *Era un aire suave   de pausados giros*
> *el hada Harmonía   ritmaba sus vuelos.*

aliteración · repetición del mismo sonido o grupo de sonidos, sobre todo los consonánticos, en una frase o un verso. Sigue un ejemplo de Rubén Darío:

> *…Y es el mágico pájaro regio*
> *que al morir rima el alma en un canto.*

aparte · técnica teatral en la que un personaje le comunica al público cierta información, sin que los demás personajes se enteren.

argumento · narración de los acontecimientos de acuerdo al orden en que ocurren en un relato u obra de teatro. En el ensayo es el razonamiento que se usa para demostrar una proposición.

canto · cada parte en que se divide un poema largo. Se asocia, en particular, con la poesía épica. Dentro de la poesía moderna, por ejemplo, el *Canto general* de Neruda está dividido en cantos.

caricatura · retrato o bosquejo satírico o exagerado de una persona que puede ser literario o pictórico. Véase, por ejemplo, el cuadro titulado «Autorretrato» en la página 164.

cesura · pausa que se hace en el interior de un verso. Sigue un ejemplo tomado de Rubén Darío:

> *El mar como un vasto / cristal azogado*
> *refleja la lámina / de un cielo de zinc.*

clímax · punto culminante de la acción en una obra literaria.

comedia · obra de teatro divertida, de desenlace feliz. A menudo, este término se usa para designar cualquier obra de teatro.

cuarteta · estrofa de cuatro versos endecasílabos (de once sílabas), de rima a-b-a-b. Véase el siguiente ejemplo tomado de Antonio Machado:

> *Anoche cuando dormía*
> *soñé ¡bendita ilusión!*
> *que una fontana fluía*
> *dentro de mi corazón.*

cuarteto · estrofa de cuatro versos endecasílabos (de once sílabas) de rima a-b-b-a. Este ejemplo es de Enrique González Martínez:

> *A veces una hoja desprendida*
> *de lo alto de los árboles, un lloro*
> *de las ninfas que pasan, un sonoro*
> *trino de ruiseñor, turban mi vida.*

cuento · género literario. Narración de una acción ficticia, de carácter sencillo y breve extensión, de muy variadas tendencias. Por ejemplo: «El amigo de Él y de Ella» (pág. 2), «La salud de los enfermos» (pág. 49), «La guerra y la paz» (pág. 131).

décima · estrofa de diez versos octosílabos (de ocho sílabas) consonantes de rima a-b-b-a-a-c-c-d-d-c. Véase el poema de Nicomedes Santa Cruz en la página 219.

encabalgamiento · ocurre en poesía cuando, para completar el significado, el final de un verso tiene que enlazarse al verso que sigue.

endecasílabo · verso de once sílabas. Sigue un ejemplo de Garcilaso de la Vega:

> *El dulce lamentar de dos pastores,*
> *Salicio juntamente y Nemoroso,*
> *he de cantar, sus quejas imitando.*

ensayo · género literario. Composición en prosa, generalmente breve, que trata un tema específico y es de carácter analítico, especulativo o interpretativo.

epístola · carta en prosa o en verso.

epíteto · adjetivo que se añade con un fin estético, ya que no es necesaria su presencia. Ejemplo: «Los solitarios campos estaban cubiertos de blanca nieve». Aquí los adjetivos tienen como fin colocar en primer plano la soledad y la blancura; sin ellos no sufriría el sentido lógico, pero sí disminuiría el efecto imaginativo.

escena · parte de un acto en que participan los mismos personajes; si sale o entra un personaje diferente, empieza otra escena.

estribillo · verso que se repite a intervalos o al final de cada estrofa.

estrofa · grupo de versos que obedecen a ciertas reglas mediante las cuales se logra la unidad estructural del poema.

estructura · la armazón de una obra literaria planificada de acuerdo a ciertas normas.

hemistiquio · la mitad de un verso separado de la otra mitad por la cesura. He aquí un ejemplo de Rubén Darío:

Era un aire suave   de pausados giros
el hada Harmonía   ritmaba sus vuelos.

imagen · representación literal o figurativa de un objeto o de una experiencia sensorial. La relación poética establecida entre elementos reales e irreales. La impresión mental—de un objeto o de una sensación— evocada por una palabra o una frase. Véase el siguiente ejemplo de Pablo Neruda que abunda en imágenes: la noche estrellada, la ausencia, la pérdida de la amada, etc.

Puedo escribir los versos más tristes esta noche.
Escribir, por ejemplo: «La noche está estrellada,
y tiritan, azules, los astros, a lo lejos».

Puedo escribir los versos más tristes esta noche.
Yo la quise, y a veces ella también me quiso.

En las noches como ésta la tuve entre mis brazos.
La besé tantas veces bajo el cielo infinito…

indianismo · tendencia que forma parte del romanticismo hispanoamericano que idealiza al indígena y lo presenta como figura exótica y decorativa.

indigenismo · tendencia existente dentro del realismo hispanoamericano que describe al indígena, su vida y sus problemas, denunciando su opresión y el racismo existente.

ironía · figura que opone el significado a la forma de las palabras con fines de burla, para expresar una idea de tal manera que, debido al tono, se entienda lo contrario. La ironía amarga o cruel se llama **sarcasmo.**

metáfora · traslación en que el significado de una palabra se emplea en un sentido que no le corresponde; traslación del sentido de una palabra a otro figurado para los efectos de una comparación tácita. Ejemplos: «Las perlas de las boca», «Mi hija es una alhaja», «Vive a la sombra de alguien», «Al morir el día, regresamos a casa».

métrica · conjunto de reglas de versificación y su estudio.

metro · medida aplicada a las palabras para formar un verso.

novela · una obra de ficción escrita en prosa que, a diferencia del cuento, es generalmente larga. Este género crea un mundo cerrado en el que viven y se desarrollan diversos personajes.

octosílabo · verso de ocho sílabas. Se usa mucho en la poesía popular.

personificación · atribución de cualidades o actos propios de los seres humanos a los objetos inanimados. Véase el caballo del prócer en el cuento de Cristina Peri Rossi (pág. 263).

poema · obra en verso (véase **poesía**).

poesía · género literario que se caracteriza comúnmente por escribirse en verso. Además de atenerse a las reglas de versificación, su lenguaje debe convenir al tema elegido por el autor. Hay poesía lírica, épica, didáctica, etc.

prefiguración · indicio o presagio de lo que sucederá más tarde.

protagonista · personaje principal.

realismo mágico · término usado por el crítico alemán Franz Roh para caracterizar la pintura postexpresionista a mediados de los años veinte. En 1948, el escritor venezolano Arturo Uslar Pietri lo empleó refiriéndose a ciertas obras literarias hispanoamericanas que sugerían una capa más profunda de la realidad. Basándose en el surrealismo, el cubano Alejo Carpentier propuso teorías propias sobre lo que él llama «lo real maravilloso americano». El término «realismo mágico» se ha aplicado a tantas obras disímiles que ha perdido efectividad.

rima · semejanza o igualdad entre los sonidos finales de las palabras en que acaban dos o más versos, a partir de la última vocal acentuada. Existen dos tipos de rima: a. La rima **asonante** ocurre cuando los sonidos vocálicos de las últimas palabras son iguales a partir de la última vocal tónica. Véase este ejemplo de Federico García Lorca:

> Muerto se quedó en la ca<u>lle</u>
> con un puñal en el <u>pe</u>cho.
> No lo conocía <u>na</u>die.

b. La rima **consonante** ocurre cuando los últimos sonidos, tanto vocales como consonantes, son iguales a partir de la última vocal tónica. Sigue un ejemplo de Rubén Darío:

> ¡Ay! La pobre princesa de la boca de <u>rosa</u>
> quiere ser golondrina, quiere ser mari<u>posa</u>,
> tener alas ligeras, bajo el cielo vo<u>lar</u>;
> ir al sol por la escala luminosa de un <u>rayo</u>,
> saludar a los lirios con los versos de M<u>ayo</u>,
> o perderse en el viento sobre el trueno <u>del mar</u>.

ritmo · cadencia o repetición de un fenómemo a intervalos regulares, o el refuerzo a intervalos iguales de un movimiento, sonido u otro fenómeno. En la poesía en español tenemos los siguientes factores rítmicos: el acento, el tono, la rima y la cantidad (o duración del sonido o las sílabas y las relaciones de tiempo entre ellas).

romance · composición poética de versos octosílabos (de ocho sílabas) y de rima asonante en los versos pares. El romance es de origen anónimo-popular. Es probablemente el verso que más se usa en español. Por ejemplo, véase este trozo de autor anónimo de los siglos XV-XVI:

> Cabalga Diego Laínez
> al buen rey besar la m<u>a</u>no;
> consigo se los llevaba,
> los trescientos hijosd<u>a</u>lgo;
> entre ellos iba Rodrigo,
> el soberbio castell<u>a</u>no.
> Todos cabalgan a mula,
> sólo Rodrigo a cab<u>a</u>llo;
> todos visten oro y seda,
> Rodrigo va bien arm<u>a</u>do;
> todos guantes olorosos,
> Rodrigo guante mall<u>a</u>do...

sátira · obra cuyo objetivo es censurar, criticar o poner en ridículo.

símil · comparación de una cosa con otra para dar una idea más viva de una de ellas. A veces es breve y otras no. El siguiente ejemplo es de Andrés Fernández de Andrada:

> ¿Qué es nuestra vida más que un breve día,
> do apenas sale el sol, cuando se pierde
> en las tinieblas de la noche fría?

> ¿Qué más que el heno, a la mañana verde,
> seco a la tarde? ¡Oh ciego desvarío!
> ¿Será que de este sueño me recuerde?

soneto · composición poética de catorce versos distribuidos en dos cuartetos y dos tercetos. Véase el «Soneto de la muerte N°2» (pág. 104).

surrealismo o **superrealismo** · movimiento literario que surgió en Francia durante la segunda década del siglo XX. Los surrealistas proponen un arte que supere la realidad objetiva y refleje el subconsciente y los aspectos irracionales de la existencia humana. El resultado en la literatura y la pintura son obras en que se agolpan imágenes imprevistas, caóticas y, al parecer, incongruentes, semejantes a la sucesión de hechos propia de los sueños y pesadillas.

teatro · no es un género exclusivamente literario, ya que la obra dramática es escrita para ser representada en escena y no simplemente para ser leída. Las obras de teatro pueden ser comedias, dramas o tragedias. Por ejemplo, «El delantal blanco» (pág. 204).

tema · la idea central o mensaje de un texto.

terceto · estrofa de versos endecasílabos (de once sílabas) de rima consonante en la cual el primer verso rima con el tercero. Si hay varios tercetos, el esquema de rima es a-b-a, b-c-b, c-d-c,... xyx y se termina con un **serventesio**, que son cuatro endecasílabos con rima alterna y-z-y-z. Sigue un ejemplo de Francisco de Quevedo:

> En otros siglos pudo ser pe<u>cado</u>
> severo estudio y la verdad des<u>nuda</u>,
> y romper el silencio el bien hab<u>lado</u>.

> Pues sepa quien lo niega, y quien lo <u>duda</u>,
> que es lengua la verdad de Dios <u>severo</u>,
> y la lengua de Dios nunca fue <u>muda</u>.

testimonio · Ejemplos: «La familia» (pág. 19), «¿Por qué me odias tú?» (pág. 192), «Lección sobre ruedas» (pág. 70).

tono · actitud del autor hacia lo narrado en el texto.

verso · unidad de la versificación, o sea, cada una de las líneas que componen un poema. Palabra o grupo de palabras que obedecen a ciertas reglas de medida y cadencia.

verso blanco · también llamado **verso libre** o **suelto**. Dícese del verso que no tienen medida ni acento. Si además pierde la rima, no se le puede distinguir de la prosa rítmica. Ejemplo: «Autorretrato» (pág. 164).

voz · (narrativa o poética) persona del narrador o poeta en la obra literaria.

Text Credits

"El amigo de Él y Ella," by Miguel Mihura, from Jerónimo Mihura

"Homenaje a los padres chicanos," 1980, by Abelardo Delgado, from Fondo de Cultura Económica de México

"La familia," 1985, by Rigoberta Menchu, Editores Siglo XXI, S.A. de C.V.

"En la redoma," by José Donoso, from Agencia Literaria Carmen Balcells

"La salud de los enfermos," by Julio Cortázar, from Agencia Literaria Carmen Balcells

"Lección sobre ruedas," 1985, by Domitila Barrios de Chungara, from Editores Siglo XXI, S.A. de C.V.

"Kinsey Report: 6," 1985, by Rosario Castellanos, Fondo de Cultura Económica de México

"Tú me quieres blanca," by Alfonsina Storni, reprinted by permission of the author.

"A Julia de Burgos," by Julia de Burgos, reprinted by permission of the author.

"Soneto de la muerte No.2," 1968, by Gabriela Mistral, from Aguilar Ediciones

"Una carta de amor," by Mario Benedetti, from Mercedes Casanovas

"El amante," by Silvina Bullrich, from Editorial Sudamericana, S.A.

"La guerra y la paz," by Mario Benedetti, from Mercedes Casanovas

"Las sutiles leyes de la simetría," by Esther Tusquets, from Mercedes Casanovas

"Balada de los dos abuelos," by Nicolás Guillén, reprinted by permission of the author.

"Borges y yo," 1957, by Jorge Luis Borges, from Emecé Editores, S.A.

"Autorretrato," 1972, by Rosario Castellanos, from Fondo de Cultura Económica de México

"Muy contento," 1982, by Ana María Matute, from Ediciones Destino

"¿Por qué me odias tú?," 1985, by Domitila Barrios de Chungara, Editores Siglo XXI, S.A. de C.V.

"El delantal blanco," 1964, Sergio Vodanovic, from José Jaime Bordes

"Ritmos negros," 1973, by Nicomedes Santa Cruz, from Emecé Editores

"Que hay otra voz," 1972, by Tino Villanueva, Editorial Mensaje

"Convocación de palabras," 1972, by Tino Villanueva, Lalo Press

"Nagasaki," 1986, by Alfonso Sastre, from Ediciones Catedra, S.A.

"La United Fruit Co.," by Pablo Neruda, from Agencia Literaria Carmen Balcells

"Fuera del juego," 1970, by Heberto Padilla, from Espasa-Calpe, S.A.

"El prócer," 1981, by Cristina Peri Rossi, International Editors S.A.

"El general en su laberinto," 1987, by Gabriel García Márquez, from Agencia Literaria Carmen Balcells

18